国家社会科学基金青年项目"人民美好生活视域下乡村振兴战略高质量发展机制研究"(21CKS038)阶段性成果

相对贫困治理与乡村振兴系列丛书

朱天义 张立荣 著

乡村农业产业培育中县域政府的行动逻辑

中国社会科学出版社

图书在版编目（CIP）数据

乡村农业产业培育中县域政府的行动逻辑 / 朱天义，张立荣著 . —北京：中国社会科学出版社，2023.5

（相对贫困治理与乡村振兴系列丛书）

ISBN 978 - 7 - 5227 - 1931 - 3

Ⅰ.①乡… Ⅱ.①朱…②张… Ⅲ.①农业产业—产业发展—研究—中国 Ⅳ.①F323

中国国家版本馆 CIP 数据核字（2023）第 087034 号

出 版 人	赵剑英
责任编辑	孔继萍
责任校对	杨　林
责任印制	郝美娜

出　版	中国社会科学出版社
社　址	北京鼓楼西大街甲 158 号
邮　编	100720
网　址	http://www.csspw.cn
发 行 部	010 - 84083685
门 市 部	010 - 84029450
经　销	新华书店及其他书店
印刷装订	北京市十月印刷有限公司
版　次	2023 年 5 月第 1 版
印　次	2023 年 5 月第 1 次印刷
开　本	710×1000　1/16
印　张	16.75
插　页	2
字　数	273 千字
定　价	98.00 元

凡购买中国社会科学出版社图书，如有质量问题请与本社营销中心联系调换
电话：010 - 84083683
版权所有　侵权必究

编委会名单

（排名不分先后）

主　编

　　李晓园

成　员

　　李晓园　江西师范大学二级教授、博士生导师
　　张立荣　华中师范大学二级教授、博士生导师
　　李燕萍　武汉大学二级教授、博士生导师
　　朱天义　江西师范大学副教授、硕士生导师
　　陈　武　江西师范大学副教授、硕士生导师
　　滕玉华　江西师范大学副教授、硕士生导师
　　胡　翔　湖北大学副教授、硕士生导师

推荐序

"十三五"时期,我国完成了消除绝对贫困的艰巨任务,创造了彪炳史册的人间奇迹,但是相对贫困仍然存在,全面建设社会主义现代化国家,最艰巨最繁重的任务在农村,实现共同富裕的重点和难点在农村,乡村振兴是全面建设社会主义现代化国家,实现共同富裕的必经之路。当前,农产品阶段性供过于求与供给不足并存,农民适应生产力发展与激烈市场竞争所需能力不足,农民和农村内生发展动力亟待跃迁,农村基础设施与民生领域欠账较多,城乡之间要素流动不畅,农村环境与生态亟待优化,乡村治理体系与治理能力亟待强化等依然严重制约乡村振兴的顺利实施。《相对贫困治理与乡村振兴系列丛书》直面相对贫困治理与乡村振兴中的问题,从县域政府治理、产业融合发展、居民生活亲环境行为等方面展开大量社会调查研究,揭示数字技术赋能相对贫困治理与产业发展的作用机理,探索提升乡村治理能力现代化、乡村产业持续发展和乡村人居环境持续改善的行动路径。研究成果具有重要的学术价值和实践意义。

县域政府是直接面向乡村的基层政府,是相对贫困治理与实施乡村振兴的核心力量,负有重要的领导、组织、服务与监管职能。数字技术正成为激活县域政府有效治理的新动能,为政府推动农村产业价值链重构和乡村人居环境治理质量提升,扎实推进共同富裕提供有力的新技术手段。《乡村振兴中的数字技术治理逻辑》一书从数字技术治理角度解构中国特色反贫困理论,系统梳理我国反贫困的历史演进、政策特征,并通过典型案例解析,总结地方脱贫攻坚经验与模式;基于扎根理论,构建数字技术赋能乡村振兴的作用机理,并进行实证检验,探究乡村振兴中数字技术治理的理论与实践逻辑。

产业兴旺是乡村振兴的基础,是实现基层治理能力现代化的"牛鼻子"。随着国家系列政策不断释放，各类开发主体纷纷进场，康养、文旅、田园小镇、田园综合体、现代农业产业园等名目众多，政府面临着如何打造乡村产业振兴样板、企业如何解决获取土地最大化收益及管控投资风险等问题。普通农民群众又当如何迎接乡村振兴这一政策机遇？《数字化赋能乡村产业融合发展研究》一书为各类主体从宏观逻辑理解我国农业农村的发展规律提供了系统思路。该书着重从政策、市场、技术三个层面分析"十四五"时期乡村产业发展的现实条件与困境，采用扎根理论方法探索数字化赋能乡村产业融合发展的作用机理，并结合鲜活的实践案例提出数字技术赋能乡村产业生产、加工和流通过程管理的"可视数字环"和连接三产参与主体的"可视数字桥"，提出乡村中小微企业数字化成长与乡村产业融合发展的未来研究框架。

  据农业农村部发布的《中国乡村振兴产业融合发展报告（2022）》，全国乡村产业融合发展势头良好，产业规模初具，农业产业链和多种功能不断延伸延展，产业融合主体规模不断壮大。然而，受多种因素影响，欠发达地区县域政府培育的农业产业项目只有少数能正常对接市场，其他产业项目多处于封闭、停滞和同质化状态，是何原因导致欠发达地区县域政府培育农业产业的行动出现如此迥异的结果？《乡村农业产业培育中县域政府的行动逻辑》独辟蹊径，从政府系统与社会系统协同互动的角度构建分析框架，为解释上述疑惑提供了"对症良方"。该书从"情境—过程"分析视角，分别从欠发达地区县域政府培育农业经营主体、促进农业产业技术革新和建设农业市场流通体系三个方面论述了欠发达地区农业产业培育的内在逻辑关系，不仅为优化欠发达地区县域政府培育农业产业的行动策略提供理论工具，而且为规避乡村振兴战略实施中的政策执行偏差、拓新县域政府培育农业产业行动研究提供新分析范式。

  乡村振兴，人才是关键。壮大乡村振兴发展人才队伍是突破"农村空心化"、撬动沉睡资源、推动特色产业发展的重要途径，中共十八大以来，我国开始加快探索依托创业孵化平台载体吸引和培育扎根乡村发展人才的新路子，创业孵化平台载体如雨后春笋般涌现于全国农村地区，形成了"繁荣"与"过剩"发展并存的局面，如何促进创业孵化平台载体从量变走向质变？《创业孵化平台组织研究》一书以"创业孵化平台组织构建机理与培育效果评价"为主线，探索出独特的创业孵化平台组织竞争力结构与培育路径，并设计出一套科学客观的发展质量评价指标体系，为推动创业孵化平台组织高质量发展和创新创业人才培育提供了新思路。

生态宜居是乡村振兴战略的总要求之一。农村居民是农村人居环境治理的主体，引导农村居民在生活中实施亲环境行为是推进生态宜居美丽乡村的关键。然而，当前公众在绿色消费、减少污染产生和分类投放垃圾等行为领域的积极性处于较低水平。《农村居民生活亲环境行为的发生机制研究》一书以国家生态文明试验区（江西）为案例，以农村居民为研究对象，从组态视角、行为主动视角、生产与生活环境政策交互视角对农村居民的生活亲环境行为的生成机制进行深入研究，揭示农村居民生活亲环境行为的发生机制，并提出相关建议。

时代在变迁，破解乡村发展困局当需引入新思维，开发新工具。总体而言，该丛书文献调研深入全面，立题指导思想明确，研究设计合理，研究方法适当，研究过程严谨，研究结论具有较强的科学性、针对性和较好的创新性，丰富了具有中国特色的乡村振兴理论体系。该丛书不仅可为优化乡村振兴战略相关政策提供理论分析工具，而且也将为读者从多学科、多方法视域理解中国乡村振兴理论与实践提供重要启示。

厦门大学公共政策研究院教授、院长

2023 年 2 月 23 日

总　　序

"大国小农"的基本国情农情一直是横亘在我国推进农业农村现代化、建设世界农业强国的一座大山，中国共产党矢志不渝地探索引领农业农村走向富强之路。《井冈山土地法》的颁布拉开了中国农业农村改革发展的序幕，历经几代人长期的艰苦奋斗，农业农村改革和现代化发展迈上了全新台阶，特别是2020年我国脱贫攻坚战取得了全面胜利，完成了消除绝对贫困的艰巨任务。当前，乡村振兴战略扎实推进，广大乡村正实现从"吃得饱"到"吃得好"，从"满足量"到"提升质"的飞跃，乡村"硬件""软件"持续提升。

以云计算、人工智能、生命科学等为代表的第四次工业革命深刻影响着人类发展。农业农村各个领域随着新技术革命的持续推进发生着颠覆性变革，呈现出新业态、新模式、新产业、新服务、新产品、新职业、新农人等乡村发展新图景，诸多乡村振兴理论与实践问题也亟待新的诠释与理论指导。《相对贫困治理与乡村振兴系列丛书》以此为出发点，深入探讨政府、居民、技术等多元化主体或要素与乡村振兴互融、互生、互嵌、互促的理论机理，以期为读者把握数字技术治理与乡村振兴规律，前瞻性地分析乡村振兴中的问题，提出更优的解决方案以供借鉴和启示。

乡村振兴是乡村的全面振兴，产业兴旺、生态宜居、乡风文明、治理有效和生活富裕是乡村振兴的总要求。其中产业兴旺是乡村振兴的基石，生态宜居是提高乡村发展质量的保证，乡风文明是乡村振兴的精神支持，治理有效是乡村振兴的基础，生活富裕则是乡村振兴的根本目标。本丛书不追求面面俱到，着重从实现产业兴旺、生态宜居、治理有效三方面，选取某一典型问题深入研究，探讨政府、居民、技术等多元化主体或要素与乡村振兴互融、互生、互嵌、互促的理论与实践方面的重点问题。本丛书共包括《乡村振兴中的数字技术治理逻辑》《乡村农业产业培育中县域政府的行动逻辑》《数字化赋能乡村产业融合发展研究》《农村居民生活亲环境行为的发生机制研究》《创业孵化平台组织研究》五册，主要研究内容为：一是聚焦治理有效，研究数字技术赋能地方政府相对贫困治理，促进乡村振兴的行动逻辑。着重探究地方政府相对贫困治理与乡村振兴中的数字技术治理的现实逻辑、理论逻辑与实践逻辑，揭示数字化赋能政府相对贫困治理与乡村振兴的作用机制，信实呈现数字技术赋能地方政府相对贫困治理与乡村振兴的经验与模式。二是围绕产业兴旺，研究政府、数字技术与乡村产业发展关系。一方面，从"情境—过程"分析视角解析县域政府培育农业产业的行动逻辑。另一方面，在全面把握我国乡村产业政策演变、现实条件与困境的基础上，对比世界发达农业国家经验，深刻揭示数字技术对乡村产业融合发展的赋能关系，试图丰富和拓展技术与乡村产业融合的内在规律。三是专注生态宜居，研究农村居民亲环境行为发生规律。综合实施地点、组态、行为主动和生产与生活环境政策交互视角，全面解析农村居民"公""私"领域节能行为"正向一致"和"负向一致"发生机制，心理因素联动对农村居民"公"领域亲环境行为的影响，农村居民生活自愿亲环境行为的发生机制和组态路径。提出建设生态宜居美丽乡村的前瞻对策。

  各分册具有共同的逻辑框架。首先，溯源乡村振兴相关思想与理论，以时间为轴，系统地、完整地追溯和回顾乡村贫困治理、产业发展、政府治理、居民行为、创业孵化平台组织相关理论体系、政策体系，探讨相关理论或政策体系的演变，为后续进行案例剖析、理论解析奠定理论基础。其次，系统开展田野调查，综合运用访谈、问卷、座谈、现场考察、网络资料等方法系统性收集研究素材，力求基于科学、客观、真实的数据素材，采用科学契合的方法还原乡村振兴实践。再次，建构创新性的理论框架，基于理论思想溯源和田野调查，构建数字技术治理逻辑框架、基层政府农业产业培育行动逻辑框架、数字化赋能产业融合理论框架、农村居民生活亲环境行为理论框架、创业孵化平台组织培育与评价理论框架，丰富和发展乡村振兴理论体系。最后，构建前瞻性的政策工具箱，科学理论的价值在于指导实践，本丛书基于理论研究，从提升县域政府数字治理效能、促进乡村产业高质量发展、科学培育与评价创业孵化平台组织、养成居民生活自愿亲环境行为等方面提出相关政策建议，为促进乡村振兴提供理论指导和建议参考。

本丛书遵循马克思主义理论与实践相统一的基本原则，以新时代中国特色社会主义思想为指引，以植根乡村、振兴乡村为使命，基于公共管理、工商管理、应用经济、社会心理学等多学科视角，融合扎根理论、案例研究、比较分析、对比分析、数理统计等多种方法，围绕地方政府治理、产业发展、创业孵化和人居环境优化等内容展开研究，既丰富了具有中国特色的乡村振兴理论体系，也可促进国际乡村发展研究交流互鉴，呈现学科交叉、方法融合、理论互鉴等研究特色。

本丛书试图进行以下创新：一是构建数字技术赋能政府治理与乡村发展理论模型。数字乡村建设正在如火如荼地开展，数字技术已广泛嵌入乡村各个方面并引发深度变革。本丛书紧密结合乡村数字技术情境，构建乡村振兴数字技术治理模型（数字技术与相对贫困治理，数字经济与乡村创业）、数字化赋能乡村产业融合发展作用机理模型，探索乡村振兴中的数字技术治理规律，是对技术与乡村发展关系理论的深化。二是整合多学科理论与方法，构建县级政府促进乡村振兴行为理论框架。县级政府数量众多，是乡村振兴的重要执行主体和直接面向乡村的领导者。本丛书以县级政府为核心研究对象，构建了欠发达地区县级政府培育农业行动策略理论框架，丰富和发展了县级政府与农业经营主体培育、农业产业技术革新、农业市场流通体系建设方面的公共管理理论。三是基于心理与组织行为理论，从微观视角构建农村居民生活自愿亲环境行为理论框架。居民是乡村的主人，也是乡村振兴的主力军，激活他们的自愿行为对促进乡村振兴具有十分重要的现实意义。本丛书以居民生活自愿亲环境行为为对象，发现生产命令型政策、生产技术指导型政策、生活经济型政策和生活服务型政策对农村居民生活自愿亲环境行为存在差异化影响，为激励乡村居民自觉优化人居环境提供政策参考。四是基于资源依赖等理论，构建了创业孵化平台组织培育与评价理论框架。创业孵化平台组织是乡村初创企业诞生的重要载体，更是培育和壮大乡村企业规模与人才队伍的关键利器。本丛书以创业孵化平台组织为对象，发现了创业孵化平台组织实现自我成长与发展的培育路径，并为创新性地评价创业孵化平台组织发展成效提供了科学评价指标体系。

实现共同富裕的重点难点在农村，全面推进乡村振兴是新时代建设社会主义现代化国家的重要任务。这套丛书凝结了七位老中青学者深耕乡村发展研究的感悟与思考，期待其出版，为相关政府部门健全乡村振兴政策，推进乡村治理能力现代化提供助力；为社会大众深度认知乡村、热爱乡村、扎根乡村、建设乡村提供行动指引；为企业、社会组织积极参与乡村振兴建设提供路径参考；为广大学界同行研究乡村振兴理论与实践提供启示。

"路漫漫其修远兮，吾将上下而求索"，我们将"并天下之谋，兼天下之智"，围绕推动乡村振兴、实现共同富裕而展开更深入的研究，推出更高质量的研究成果，也热切期盼广大专家学者与实践界的同志们提出宝贵意见和建议。

2023 年 2 月 23 日

前　言

受农业产业发展耗时长、见效慢、市场供求关系难预见性和农户收益预期短期化等主客观因素影响，县域政府成为欠发达地区培育农业产业的核心行动者。然而，欠发达地区县域政府培育农业产业的行动普遍且长期存在差异化的行动结果，即同一政府在执行同一产业政策时可能同时存在政策执行结果与政策目标趋近或者执行结果与政策目标背离的现象。

深度剖析欠发达地区县域政府培育农业产业的行动逻辑，不仅有助于厘清县域政府培育农业产业的规律，调适县域政府的行动策略，为新冠肺炎疫情结束后尽快恢复欠发达地区农业产业发展，顺利实现乡村振兴战略目标提供助益，而且有助于丰富欠发达地区县域政府培育农业产业行动逻辑的研究范式和理论工具。

本书立足于公共管理学、政治学、社会学等学科经典理论及分析视角，从情境、行动者、过程、结果四个要素入手构建了"情境—过程"分析视角，采用扎根理论研究法、多案例比较研究法、深度访谈法解析欠发达地区县域政府培育农业产业的行动逻辑。

全书分为三部分，由绪论部分、主体部分和结论、建议与研究方向展望部分组成。（1）绪论即第一章主要凝练本书的问题意识。（2）主体部分包括第二、三、四、五、六章，采用总分总的写作思路。第二章构建"情境—过程"分析视角，并总体提出欠发达地区县域政府培育农业产业行动逻辑的核心论点和分论点；第三、四、五章分别从欠发达地区县域政府培育农业经营主体、促进农业产业技术革新和建设农业市场流通体系三个方面验证上述论点，并阐述欠发达地区县域政府的行动逻辑、结果及潜在风险；第六章对欠发达地区县域政府培育农业产业的角色进行延伸性讨论。（3）结论、建议部分包括第七章，概括本书核心逻辑线索及观点，就如何优化欠发达地区县域政府培育农业产业的行动策略提出政策建议并归纳未来继续研究的方向。

本书在绪论部分梳理"县域政府培育农业产业差异化行动结果的生成逻辑"相关文献的基础上归纳出两种解释路径：乡村特质取向和政策执行取向，并基于这两条解释路径初步提出本书的问题意识：政府内部政策运行环境塑造了欠发达地区县域政府的初始行动策略，但县域政府会依据农业产业政策实施地的乡村社会条件而灵活地调整上述初始行动策略，从而引发差异化的行动结果。之后，继续阐述本书的核心概念、公共管理学经典理论及其在本书中的应用。最后，描述本书的研究方法和研究设计。

沿着上述两种解释路径，本书在第二章继续从政策执行取向解释路径梳理了包括"委托—代理"模型、压力型体制、晋升锦标赛、行政发包制、项目制、统合主义、嵌入性自主、发展型政府理论等在内的诸多分析范式对政府行动逻辑的解释。从乡村特质取向梳理了以恰亚诺夫为代表的实体主义经济学派、Eric Wolf、中国本土"三农"问题研究学派对影响政府行动的社会条件变量的解释。

在分析上述两种解释路径局限性的基础上，本书从情境、行动者、过程、结果四个要素入手，构建了"情境—过程"分析视角，并将本书的问题意识最终确定为：纵向的政策压力与激励、横向的府际竞争压力、财政能力等组织内情境约束和塑造着县域政府的初始行动策略，但是县域政府会依据乡村自组织能力、自主经营能力等组织外情境而灵活地调整上述行动策略。

最后本书将核心论点确定为：不同类型的压力型体制所引导的组织内情境决定了欠发达地区县域政府培育农业产业过程中究竟是采取追求稳定还是发展主义的行动策略，而农业产业政策执行过程中欠发达地区县域政府则会依据组织外情境的强弱调整上述行动策略，最终导致培育农业产业的行动出现差异化结果。

借助"情境—过程"分析视角，本书从欠发达地区县域政府培育农业经营主体（第三章）、促进农业产业技术革新（第四章）和建设农业市场流通体系（第五章）三个层面对上述核心论点进行了验证，并阐述了欠发达地区县域政府培育农业产业的行动逻辑。

欠发达地区县域政府培育农业产业的行动逻辑总体包括两点：（1）在试点性压力型体制所引导的组织内情境的约束下，欠发达地区县域政府在乡村自组织能力和自主经营能力等组织外情境较强的村庄采取协调和辅助策略，助推辖区内多种经营主体开展合作，政策执行结果与政策目标之间趋近，形成名实相符现象。此外，欠发达地区县域政府在自组织能力和自主经营能力等组织外情境较弱的村庄采用行政主导的行动方式推进产业培育政策，易发生"一刀切""精英俘获"等问题，造成政策执行结果与政策目标之间背离，形成名实分离现象。（2）在普惠性压力型体制引导的组织内情境的约束下，欠发达地区县域政府会在组织外情境较弱的村庄采取稳定优先的行动策略，而在组织外情境较强的村庄采取发展主义的行动策略。结果大量产业资源集中于个别中心村，造成资源投资的同质化和资源堆积，进一步拉大了村庄之间的差距，与政策目标相悖，形成名实分离现象。

这一行动逻辑分别贯穿于欠发达地区县域政府培育农业产业经营主体、促进农业产业技术革新和农业市场流通体系建设全过程。（1）第三章阐述欠发达地区县域政府培育农业经营主体的行动逻辑。在试点性压力型体制引导的组织内情境下，欠发达地区县域政府倾向于采取"兜底铁三角"的行动策略。县域政府会结合组织外情境的差异而对已有的行动策略做出调整。在组织外情境较强的村庄，县域政府的行动策略由"兜底铁三角"转变为有限兜底，辅助这些村庄培育经营主体的组织能力和经营能力，产生名实相符现象；对组织外情境较弱的村庄，欠发达地区县域政府虽然延续"兜底铁三角"的行动策略，但单向度由外向内嵌入统一的培训内容由于忽略了村庄之间的差异，致使名实分离现象发生。在普惠性压力型体制引导的组织内情境下，欠发达地区县域政府一般倾向于对标完成考核任务。但是对于组织外情境较强的村庄，县域政府会调整已有的行动策略，对这些村庄的经营主体予以重点扶持。（2）第四章阐述欠发达地区县域政府促进农业产业技术革新的行动逻辑。在试点性压力型体制引导的组织内情境下，欠发达地区县域政府会采取"发展型政府"的行动策略。县域政府会结合组织外情境的差异而对已有行动策略做出调整。在组织外情境较强的村庄，欠发达地区县域政府会积极吸纳多元经营主体共同推进农业产业技术的革新，形成名实相符的现象。但是在组织外情境较弱的村庄，欠发达地区县域政府倾向于优先扶持农业企业或者个别农业大户提升生产技术能力，致使名实分离现象产生。在普惠性压力型体制引导的组织内情境下，欠发达地区县域政府会采用"任务型治理"的行动策略。县域政府会结合组织外情境的差异而对已有行动策略做出调整。在组织外情境较弱的村庄，欠发达地区县域政府只为了应对考核压力。但是在组织外情境较强的村庄，欠发达地区县域政府则会更具备发展主义的行动特点，积极扶持这些中心村提升生产技术水平。（3）第五章阐述欠发达地区县域政府建设农业市场流通体系的行动逻辑。在试点性压力型体制引导的组织内情境下，欠发达地区县域政府会在组织外情境较强的村庄坚持市场需求导向的行动策略，为这些村庄的农产品品牌形象建设和市场营销流通体系建设提供辅助。在组织外情境较弱的村庄，县域政府则会凸显行政任务导向的行动策略，对标上级政府的任务指标采取行动。在普惠性压力型体制引导的组织内情境下，欠发达地区县域政府在推进农业市场流通体系建设过程中往往采取稳定优先的行动策略。当面对的组织外情境较弱时，欠发达地区县域政府则会坚持行政任务导向的行动策略，采取临时性补贴、政企合作的方式来完成考核指标，对农业市场流通体系建设的影响微乎其微，与普惠性农业产业政策的目标相去甚远。当面对的组织外情境较强时，欠发达地区县域政府则会采取市场需求导向的行动策略，积极吸纳多元经营主体共同参与农业市场流通体系建设，甚至有时会为组织外情境较强的产业政策实施地兜底。第六章围绕本书核心论点，对欠发达地区县域政府培育农业产业的行动逻辑及结果进行总体性分析。

目 录

第一章 绪论 …………………………………………………… (1)
 一 问题提出及研究意义 ………………………………… (1)
  （一）问题提出：县域政府培育农业产业为何出现
    差异化结果？ ……………………………………… (1)
  （二）研究意义 ……………………………………… (3)
 二 相关概念厘定及阐释 ………………………………… (5)
  （一）欠发达地区 …………………………………… (5)
  （二）县域政府 ……………………………………… (5)
  （三）县域政府培育农业产业 ……………………… (6)
  （四）行动逻辑 ……………………………………… (8)
  （五）压力型体制 …………………………………… (10)
 三 理论基础 ……………………………………………… (20)
  （一）元治理理论：问题指向、核心要义及在本研究中的
    应用 ……………………………………………… (20)
  （二）新结构经济学理论：核心要义及在本研究中的应用 …… (23)
 四 研究方法与案例介绍 ………………………………… (28)
  （一）研究方法 ……………………………………… (28)
  （二）案例介绍 ……………………………………… (36)
 五 逻辑架构与创新意图 ………………………………… (41)
  （一）逻辑架构 ……………………………………… (41)
  （二）创新意图 ……………………………………… (42)

第二章 "情境—过程"：县域政府培育农业产业的分析视角……（44）
一 县域政府培育农业产业的组织内情境……………………（44）
（一）纵向权力协调与管控的分析视角………………………（45）
（二）横向府际竞争的分析视角…………………………………（49）
二 县域政府培育农业产业的组织外情境……………………（55）
（一）"小农"的理论源流与争论…………………………………（55）
（二）争论焦点与分歧………………………………………………（58）
（三）理论与研究视野拓展：政府的作用…………………………（60）
（四）农业经营模式的选择…………………………………………（62）
（五）小农到小农户：概念的扩展………………………………（64）
三 传统分析视角的困顿……………………………………（65）
（一）组织内情境视角对制度失灵解释力不足……………………（65）
（二）静态分析无法捕捉政府复杂的行动策略……………………（66）
（三）组织内情境视角忽略了政府行动的社会条件变量………（67）
四 "情境—过程"：县域政府培育农业产业的分析视角……（68）
（一）"情境—过程"新分析视角的构成要素及内涵……………（69）
（二）"情境—过程"视角的适切性………………………………（70）
五 小结……………………………………………………（74）

第三章 县域政府培育农业经营主体的行动逻辑………………（76）
一 县域政府培育农业经营主体：从主体特质分析到组织情境………………………………………………………（77）
二 试点性压力型体制下县域政府培育农业经营主体的行动策略……………………………………………………（80）
（一）农民职业技能的培训…………………………………………（80）
（二）农民企业家的培育……………………………………………（88）
（三）村干部等积极分子的培育……………………………………（93）
（四）政府柔性引才…………………………………………………（95）
三 普惠性压力型体制下县域政府培育农业经营主体的行动策略……………………………………………………（96）
（一）农民职业技能培训……………………………………………（97）

（二）农民企业家的培育 …………………………………（100）
　　（三）村干部等积极分子的培育 …………………………（105）
　　（四）政府柔性引才 ………………………………………（107）
四　组织外情境下县域政府培育农业经营主体行动
　　策略的调整 ……………………………………………………（112）
　　（一）试点性压力型体制下县域政府培育农业经营
　　　　　主体行动策略的调整 ………………………………（112）
　　（二）普惠性压力型体制下县域政府培育农业经营主体
　　　　　行动策略的调整 ……………………………………（118）
五　县域政府培育农业经营主体行动策略的结果 ……………（123）
　　（一）政策的非连续性与资源浪费 ………………………（124）
　　（二）高强度激励与政策执行"一刀切" …………………（127）
六　小结 …………………………………………………………（128）

第四章　县域政府促进农业产业技术革新的行动逻辑 …………（130）
一　农业产业技术革新动力：行政主导下的多元主体
　　合作供给 ………………………………………………………（130）
　　（一）农民接受技能培训的普及率偏低 …………………（131）
　　（二）贫困户以村庄社会为主导的科技扶贫网络仍然
　　　　　占主导地位 …………………………………………（131）
　　（三）贫困户对于农业科技扶贫的政策知晓度 …………（131）
　　（四）科技扶贫存在的"门槛效应" ………………………（132）
二　试点性压力型体制下县域政府的农业产业技术供给策略 …（133）
　　（一）公共物品类农业产业技术地供给 …………………（134）
　　（二）私人物品类农业产业技术地供给 …………………（141）
三　普惠性压力型体制下县域政府的农业产业技术供给策略 …（145）
　　（一）公共物品类农业产业技术供给 ……………………（146）
　　（二）私人物品类农业产业技术供给 ……………………（149）
四　组织外情境下县域政府农业产业技术供给策略调整 ………（151）
　　（一）试点性压力型体制下县域政府农业产业技术供给
　　　　　策略调整 ……………………………………………（152）

（二）普惠性压力型体制下县域政府农业产业技术供给
　　　　策略调整 ……………………………………………… （156）
　五　组织内外情境约束下县域政府农业产业技术供给
　　　策略的结果 ……………………………………………… （161）
　　（一）产业帮扶资源配置低效 ………………………………… （162）
　　（二）培训内容与欠发达地区乡村产业发展需求匹配度低 …… （163）
　　（三）政策执行中的"一刀切"现象 ………………………… （164）
　六　小结 ……………………………………………………… （164）

第五章　县域政府建设农业市场流通体系的行动逻辑 ……… （167）
　一　农业市场流通体系建设的方式：行政任务导向或
　　　市场需求导向 …………………………………………… （167）
　　（一）县域政府建设农业市场流通体系的两种方式 ………… （168）
　　（二）县域政府建设农业市场流通体系两种方式的
　　　　运行逻辑 ……………………………………………… （168）
　二　试点性压力型体制下县域政府农业市场流通体系
　　　建设策略 ………………………………………………… （171）
　　（一）市场营销流通体系建设 ………………………………… （171）
　　（二）农产品品牌形象建设 …………………………………… （184）
　三　普惠性压力型体制下县域政府农业市场流通体系
　　　建设策略 ………………………………………………… （186）
　　（一）市场营销流通体系建设 ………………………………… （186）
　　（二）农产品品牌形象建设 …………………………………… （193）
　四　组织外情境下县域政府对农业市场流通体系建设
　　　策略的调整 ……………………………………………… （195）
　　（一）县域政府对试点性压力型体制下农业市场流通
　　　　体系建设策略的调整 ………………………………… （195）
　　（二）县域政府对普惠性压力型体制下农业市场流通体系
　　　　建设策略的调整 ……………………………………… （197）
　五　组织内外情境下县域政府农业市场流通体系建设
　　　策略的结果 ……………………………………………… （200）

（一）市场低效化风险 …………………………………………（200）
　　（二）龙头企业差异化的带农效果 ……………………………（202）
　六　小结 ……………………………………………………………（203）

第六章　精明政府：乡村产业振兴中县域政府角色调适 ………（205）
　一　县域政府如何提升乡村产业政策的持续性 …………………（205）
　　（一）公共政策的持续性因何重要？ …………………………（205）
　　（二）压力型体制下政策持续性的运行机理 …………………（207）
　　（三）公共政策持续的要素 ……………………………………（212）
　二　县域政府是产业的保障者而非利己的行动者 ………………（213）
　　（一）企业与农户的利益联结机制 ……………………………（214）
　　（二）县域政府为农业固定资产投资托底 ……………………（216）
　三　成本分担与产业资本形成 ……………………………………（217）
　四　农资冲突的缓冲阀 ……………………………………………（219）
　五　农业产业发展的带头人 ………………………………………（219）

第七章　结论与政策建议 …………………………………………（222）
　一　结论：组织内外情境约束下县级政府行动逻辑 ……………（222）
　二　优化县域政府培育农业产业行动策略的建议 ………………（225）
　　（一）县域政府培育农业产业行动的组织内情境优化路径 …（225）
　　（二）县域政府培育农业产业行动的组织外情境优化路径 …（226）

参考文献 ……………………………………………………………（228）

第 一 章

绪　　论

一　问题提出及研究意义

（一）问题提出：县域政府培育农业产业为何出现差异化结果？

供给信贷约束和需求信贷约束[1]、多维贫困因素并存、整体经济发展薄弱、基础公共设施滞后、人口素质普遍偏低、脱贫攻坚缺乏动力、建设经费严重缺乏、基层工作力量不足[2]等因素是制约欠发达地区农业产业发展的关键因素。由于资本的逐利本质，依靠市场化方式很难解决欠发达地区农业产业培育的难题。因此，政府在培育欠发达地区农业产业中处于核心主导者位置。

在贯彻落实政府系统自上而下的产业政策目标的过程中，欠发达地区县域政府积极推动了本辖区农业的产业化进程。然而，在相同的制度环境和相似的产业组织模式下，欠发达地区县域政府培育的农业产业项目只有少数能够有效对接市场，从而在产业组织过程、市场结构、政策机会利用和创新能力等方面具有竞争力，趋近于自上而下的政策目标，达到名实相符的效果。而其他产业项目则处于封闭、停滞和同质化状态，与政策目标相去甚远，形成名实分离现象。为什么欠发达地区县域政府培育农业产业的行动会出现如此迥异的结果？

---

[1] 郭学军、杨蕊、刘浏、郭立宏：《欠发达地区农户金融素质与信贷约束——基于甘肃省辖集中连片特殊困难地区实地调查》，《兰州大学学报》（社会科学版）2019年第2期。

[2] 陈荣卓、翁俊芳：《深度欠发达地区农村社区治理的逻辑策略与经验启示——以云南省怒江州为例》，《中国矿业大学学报》（社会科学版）2019年第2期。

那么，欠发达地区县域政府培育农业产业差异化结果的生成逻辑是什么？学术界针对此问题也做出了一定的探索性研究。第一种研究取向将欠发达地区县域政府培育农业产业结果的差异化归结为乡村特质对产业培育的制约。他们认为贫困群体中存在的"等靠要"思想和发展的内生动力不足[1]、贫困人口素质低和技能培训与小额信贷不足[2]、贫困群体的贫困心理[3]、乡村青壮年劳动力向城市流动导致的欠发达地区乡村劳动力不足[4]、资源分散等因素阻碍了欠发达地区农业产业的发展，致使政府培育农业产业行动的效果不佳。第二种研究取向将欠发达地区县域政府培育农业产业结果的差异化归结为政府部门在政策执行过程中的消极作为。他们认为行政部门将帮扶资源用来塑造政绩典型[5]、上级政府"超常规施压"和"超常规问责等政策压力与下级政府部门策略性应对之间的冲突关系所诱发的基层干部对政策的选择性阐发和选择性执行等因素阻碍了欠发达地区县域政府产业政策执行的效率，从而形成了名实分离的产业培育结果"。

前述第一种研究取向能够解释贫困群体特质对产业培育的影响，但有两个问题需要进一步厘清，即欠发达地区贫困群体的特质是否会对县域政府的行动选择产生影响？如果这种影响存在，运行逻辑是什么呢？这些因素如何最终影响到欠发达地区县域政府培育农业产业的差异化行动结果？第二种研究取向解释了欠发达地区政府系统内部在执行产业政策时的诸多影响要素及其运行逻辑。但是需要进一步解释为何欠发达地区县域政府会依据各个贫困村的差异而采取灵活的产业培育行动策略，这些行动策略的选择如何最终致使培育农业产业的行动出现差异化结果。为了能够解答上

---

[1] 刘智勇、吉佐阿牛、吴件：《民族地区扶贫的"兴业难"与政府扶贫模式研究——基于凉山彝族自治州M村的实地调查》，《西南民族大学学报》（人文社科版）2020年第2期。

[2] 王卓、胡梦珠：《民族地区产业扶贫效果及影响因素研究——以川滇彝区为例》，《经济体制改革》2019年第3期。

[3] 王卓、胡梦珠：《家庭禀赋、家庭决策与民族地区产业扶贫效果——兼析乡村振兴战略中产业发展的路径与策略》，《西南民族大学学报》（人文社科版）2019年第9期。

[4] 李超、张超：《农村精准扶贫的实践困境及其深层原因探析——基于山区贫困村的扶贫调研》，《社会科学家》2018年第8期。

[5] 金江峰：《产业扶贫何以容易出现"精准偏差"——基于地方政府能力视角》，《兰州学刊》2019年第2期。

述疑惑，更全面、完整地解释欠发达地区县域政府培育农业产业差异化结果的生成逻辑，本书试图构建一个包含上述两种研究取向的分析视角，并主要回答如下几个问题：

问题一：在面对自上而下的农业产业政策所带来的政策压力与激励、横向的府际竞争压力的时候，欠发达地区县域政府会采取何种行动策略来应对？这些应对策略的内在机理是什么？

问题二：在欠发达地区培育农业产业过程中，县域政府如何依据贫困村的差异调适上述行动策略？这些行动策略有哪些类型？每种类型的行动策略的运行机理是什么？

问题三：在农业产业政策的约束下，欠发达地区县域政府因贫困村差异而采取的策略行动如何最终影响到政府培育农业产业的结果？

问题四：欠发达地区县域政府培育农业产业的这些结果存在哪些潜在风险？

（二）研究意义

1. 现实意义

为顺利实现乡村振兴战略目标，为提高政府产业政策实施效率提供借鉴，加大对欠发达地区的乡村振兴力度，确保欠发达地区人民群众能够共享改革发展的成果是党和政府重点关注的内容。自党的十八大以来，以习近平同志为核心的党中央励精图治始终将扶贫开发、化解贫困问题作为党中央的重要政策目标。中共中央办公厅、国务院办公厅相继发布了《关于创新机制扎实推进农村扶贫开发工作的意见》《中共中央国务院关于打赢脱贫攻坚战的决定》等文件，精准扶贫开始作为我国新时期的扶贫政策。截至2020年2月，全国832个贫困县中已有601个宣布"摘帽"，179个正在进行退出检查，"未摘帽"县还有52个，区域性整体贫困基本得到解决。2013年至2019年，832个贫困县农民人均可支配收入由6079元增加到11567元，年均增长9.7%。中共中央、国务院印发的《乡村振兴战略规划（2018—2022）》也将坚持农业农村优先发展作为党和政府实施乡村振兴战略的基本原则。然而，我们不得不看到脱贫攻坚与乡村振兴政策实施过程中依然存在很多问题。那么，在自上而下的政策压力与激励下欠发达地区县域政府采取何种行动策略，这些行动策略对自上而下投入的涉农专项资金的使用效率有何影响？如何保证县域政府政策执行结果与中央政策目标保持一致？这都是需要认真研究的问题。

为优化欠发达地区县域政府培育农业产业的行动策略提供理论工具。欠发达地区县域政府在培育农业产业中需要面对三种压力：自上而下的政府系统内部的政策压力、欠发达地区薄弱的经济发展条件以及横向的政府之间的竞争压力。一方面，为了能够将有限的财政资源的作用发挥到极致，县域政府往往倾向于采用塑造典型的方式来使用资源；另一方面，县域政府为了完成绩效考核任务可能会与基层干部、企业等合谋，以应付考核任务。上述两种情形都可能违背农业产业政策的初衷。因此，研究欠发达地区县域政府培育农业产业的行动逻辑及由此所形成的结果对于上级政府部门加强对县域政府的监督，帮助县域政府提升产业培育能力和优化县域政府的行动策略提供了理论抓手。

为规避乡村振兴战略实施中的政策执行偏差提供借鉴。脱贫攻坚的战略目标在于消除绝对贫困问题，而乡村振兴的目标在于提升欠发达地区的内生发展动力。但是无论哪种战略，如何保障政府培育农业产业行动的有效性才是关键。研究县域政府产业培育的行动逻辑，找到县域政府行动的有益经验，剖析县域政府政策执行偏差的根源，对于乡村振兴中调适和纠正这些问题，提升政策的有效性具有较大的价值。

2. 理论意义

有助于拓新县域政府培育农业产业行动研究的分析范式。本书整合并借鉴了县域政府行动偏差根源相关研究中的乡村特质研究取向和政府行动研究取向的分析优势，从情境、行动者、过程、结果四个要素入手构建了新的分析视角，进一步丰富和完善了县域政府培育农业产业行动逻辑的研究脉络。

有益于扩展县域政府培育农业产业行动相关研究的理论概念。本书将压力型体制的"压力源"扩展为：自上而下的压力、横向的府际竞争压力、社会压力以及县域政府自身财政能力压力。将压力型体制类型扩展为试点性压力型体制和普惠性压力型体制。

有利于丰富欠发达地区县域政府培育农业产业行动逻辑研究的学术资源。本书尝试解释欠发达地区县域政府作为一个行动者，其行动同时嵌入在政府组织运行体系和社会环境中，分析政府的行动逻辑需要将政府系统运作和社会基础条件两种变量整合起来。欠发达地区县域政府培育农业产业行动中出现差异化结果是其在既有组织内情境约束下，因应政府行动的社会基础条件而做出的策略选择。

二 相关概念厘定及阐释

（一）欠发达地区

欠发达地区是指生活标准处于国家规定的贫困线以下的贫困户相对集中成片的地区，而集中连片特困地区指的是特别贫穷的地区。1994年国务院发布的《国家八七扶贫攻坚计划》将分布在中西部的深山区、石山区、荒漠区、高寒山区、黄土高原区、地方病高发区以及水库区的592个县作为重点扶持的贫困县。这些县因为交通不便、地处偏僻、经济发展缓慢、生产生活条件极其恶劣成为名副其实的欠发达地区。中共中央、国务院印发的《中国农村扶贫开发纲要（2011—2020年）》文件将六盘山区61县、秦巴山区75县、武陵山区64县、乌蒙山区38县、滇桂黔石漠化区80县、滇西边境山区56县、大兴安岭南麓山区19县、燕山—太行山区33县、吕梁山区20县、大别山区36县、罗霄山区23县等连片特困地区和包括西藏自治区74县、四川藏区77县、新疆南疆三地州24县作为脱贫攻坚的欠发达地区。

（二）县域政府

农业要素禀赋结构是农业经济问题中的核心议题，也是影响农业经济发展效率的关键因素。农业环境效率的提升不仅取决于外部资源禀赋条件，更内在地决定于要素禀赋结构升级和人力资本积累水平，且表现出显著的非线性特征[①]。由此，农业要素禀赋结构的比较优势直接影响着农业产业化的效率。然而，欠发达地区推进农业产业过程中，无论是靠乡村社会的自主能力还是市场资本力量都无法有效提升农业的要素禀赋结构比较优势，只有在县域政府的主导下通过逐步培育乡村社会的自组织能力、自

[①] 姚增福、刘欣：《要素禀赋结构升级、异质性人力资本与农业环境效率》，《人口与经济》2018年第2期。

主经营能力以及优化产业基础设施建设、生产技术服务等来实现。本书基于问题研究的需要将目标锁定在县域政府范畴内。

英国古典政治思想家约翰·洛克将政府定义为"针对自然状态的种种不方便情况而设置的正当救济办法"①。国内邓初民先生最早将政府界定为执行政治任务、运用国家权力的一种机关。"由于国家权力的运用，必须发出一系列的立法、行政、司法的政治行动，要司掌这些行动就必须有立法、司法、行政等机关。"② 基于以上论述，本书做出如下定义：政府是国家进行政治统治和社会管理的工具，是国家表示意志、发布命令和处理事务的机关，实际上是国家代理组织和官吏的总称。政府的内涵有广义和狭义之别，在中国广义的政府是指党委、人大、政府、政协、法院、检察院等在内的所有机关。狭义的政府仅指各级政权中的行政机关。本书在广义的层面上运用政府概念。

县域政府与县级政府存在很大的差异。"县级"强调县级政权在国家权力体系中的层级或管辖可能。"县域"则强调县级政权辐射的空间范围或地理区域③。县级政府强调的是"县级"级别的政府，而县域政府既包含"县级"级别的政府，也包含乡（镇）政府④。本书在县域层面使用政府概念的理由如下：第一，县乡行政机构并非欠发达地区培育农业产业的唯一主体，包括党委、人大、政府、政协、法院、检察院等在内的所有机关都是产业发展的推动主体，因此本书在广义上使用。第二，县域范围内各级政府及相关部门在产业发展中都发挥了重要作用，县级政府概念难以囊括产业发展中各级政府及部门上下互动的复杂机制，相比之下使用县域政府更为适宜。

（三）县域政府培育农业产业

概念是研究者在认识事物的过程中，从感性认识上升到理性认识，把所感知到的事物的共同本质特征进行抽象化概括的结果。任何社会科学研

---

① ［英］洛克：《政府论》（下），叶启芳、瞿菊农译，商务印书馆1986年版，第10页。
② 邓初民：《新政治学大纲》，中国社会科学出版社1984年版，第110页。
③ 丁志刚、陆喜元：《论县域政府治理能力现代化》，《甘肃社会科学》2016年第4期。
④ 史云贵、刘晓燕：《县域政府绿色治理体系的构建及其运行论析》，《社会科学研究》2018年第1期。

究都是从概念的清晰界定起步的。那么,研究县域政府培育农业产业就需要知道这个概念研究对象是什么,内涵及外延是什么?

为了更深入地了解欠发达地区县域政府培育农业产业的深刻内涵,本书以近年来党和国家领导人的讲话文本为分析对象,试图解释县域政府培育农业产业的内涵及特征(如图1-1所示)。

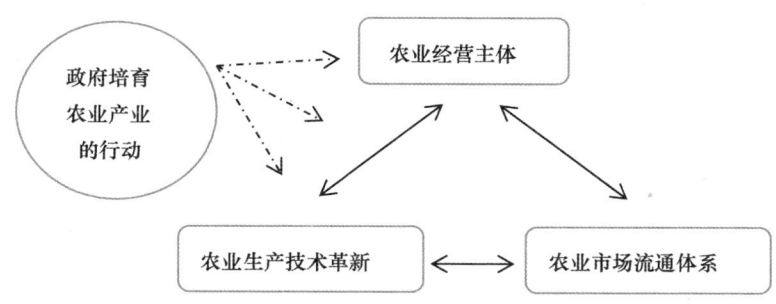

图1-1 县域政府培育农业产业的主要内涵

第一,从文本关注焦点来看,从2005年到2019年之间中央政府对欠发达地区农业产业的培育理念实现了从宏观环境向具体的人的需求转变,更加强调经济发展对农村人口收入的影响。

第二,从农业产业所嵌入的社会环境来看,中央政府对于欠发达地区基层的认识正逐渐由个体的村庄向更加全面的乡村转变,将欠发达地区乡村基层视为城乡互动的一个全新场域,并将"发展农业、富裕农民和建设乡村的政策措施视为乡村振兴的重要内容"[1]。

第三,基于近年来党和国家领导人的讲话,多元化规模化的科研体系、主体多元化的农技推广体系和多层次人才培育体系成为产业扶贫过程中政府行动的重要抓手。

第四,农业产业发展的定位从基本保障向市场化改革推进,要求农业发展不仅要保障民众的基本生活需求,还需要积极创新经营结构去应对市场需求。中共中央、国务院《关于打赢脱贫攻坚战三年行动的指导意见》在产业扶贫一栏中强调,多渠道拓宽农产品营销渠道,帮助欠发达地区农

---

[1] 孔繁金:《乡村振兴战略与中央一号文件关系研究》,《农村经济》2018年第4期。

户建立与批发市场、电商企业、大型超市之间的营销网络，鼓励供销合作社、企业、邮政将服务工作点下沉到贫困村。

第五，由于欠发达地区农户生产销售技能比较弱，需要国家采取多元化的方式去培育。农业经营主体的多元化发展是一种趋势，政府应当采取措施保障小农处境[①]，国家将着力于进一步扩大财政资金对合作社的补贴范围，加大对合作社创新发展、监管和规范化建设的支持[②]。

综上所述，欠发达地区县域政府培育农业产业至少分为三个分析层次：宏观制度框架层次、中观政策执行层次和微观管理层次。

从农业经营主体培育来看，宏观层次讨论欠发达地区县域政府是选择培育本土人才的内生发展能力还是选择"借鸡下蛋"靠柔性引进来发展产业。中观分析层次主要讨论在上述两种育人策略下欠发达地区县域政府制定的相关制度机制。微观层次主要讨论政府动员企业、农户以及乡村治理精英参与乡村产业发展的策略。

从农业产业技术革新来看，宏观分析层次主要讨论欠发达地区县域政府究竟选择在既有基础上改良，还是选择大胆引进先进的生产管理技术。中观分析层次主要讨论技术引进的启动资金、维护以及日常运营等方面的制度。微观层次主要讨论政府围绕用何种技术，如何使用技术与多元主体展开互动。

从农业市场流通体系建设来看，宏观分析层次主要讨论欠发达地区县域政府选择外向型还是内向型的市场结构。中观分析层次主要讨论市场秩序维护、流通体系、风险防控制度、关系协调等的制度设计。微观层次主要讨论政府与资本、民众互动关系，政府协调民众和资本互动的策略。

（四）行动逻辑

在促进乡村经济发展中，实现培育农业产业的政策目标需要政府、市场和社会多元主体的共同参与。但受到欠发达地区农民自组织能力和自主

---

① 韩国明、郭鹏鹏：《我国农业经营主体变迁的政策意图及其演化路径——基于中央一号文件（1982—2016年）的文本分析》，《中国农业大学学报》（社会科学版）2017年第2期。

② 张连刚、支玲、谢彦明、张静：《农民合作社发展顶层设计：政策演变与前瞻——基于中央"一号文件"的政策回顾》，《中国农村观察》2016年第5期。

经营能力较低且对市场供求关系把控能力不足、生产技术水平落后等因素影响，欠发达地区县域政府在培育农业产业过程中发挥的作用与发达地区存在较大差异。与发达地区发挥市场基础性调节作用不同，欠发达地区，尤其是深度贫困地区，需要县域政府在培育农业产业过程中充当主导者和主要推动者的角色。那么，在实践层面欠发达地区县域政府培育农业产业的行动策略是什么？遵循何种行动逻辑？影响欠发达地区县域政府行动逻辑的因素是什么？

在《社会行动的结构》一书中，帕森斯对行动体系的单位进行了分析，他认为具体的行动是被分解为若干单位和部分。这些基本的分析单位就叫作"单位行动"[1]。他还对行动的内容进行了细分。"行动"必须具备如下要件：（1）行动者。（2）目的，即行动所指向的最终结果。（3）该项行动必然处在一种境遇中。这种境遇可以分为两种：一种境遇是指行动者不能以其目的而对其进行改变或者不能防止其被改变，即行动的条件。另一种境遇是指行动者能够进行控制或者进行改变的，即行动的手段。（4）行动始终是由规范来确定的。在行动者控制的范围内，行动手段的选择既不是随意选择的，也不完全是由条件决定的，而是受一种独立的、明确的选择性因素的影响。科尔曼对帕森斯的这种观点提出了异议。他认为这种人们行为受规范确定的决定论只能将人变成规范指导下的机器人。科尔曼继承理性选择的观点，将"不受规范约束、追求自我利益"作为行动的出发点，当然个体性也会受到特定结构的制约[2]。国内学者李振等认为，考核激励结构从以经济建设为中心向多元化的"重点任务"转变使得地方政府原本就有限的注意力左支右绌[3]。臧雷振、翟晓荣在研究中揭示了政府行动偏好对行为结果的影响[4]。

综上所述，本书认为行动是指理性的主体在既有结构或者制度的约束

---

[1] ［美］塔尔科特·帕森斯：《社会行动的结构》，张明德等译，译林出版社2012年版，第48页。

[2] ［美］詹姆斯·S. 科尔曼：《社会理论的基础》（上），社会科学文献出版社1999年版，第38—42页。

[3] 李振、刘阳：《有限注意力、考核激励体系转型与地方政府行动逻辑：以H区夜间马拉松赛事为例》，《甘肃行政学院学报》2019年第5期。

[4] 臧雷振、翟晓荣：《政府行为偏好与约束机制的政治学解释》，《公共行政评论》2018年第4期。

下灵活选择手段而达到特定目的的活动，其中理性的主体即行动者。行动者既包括个体，也包括化约为个体的组织。在本书研究语境中，行动是指理性的县域政府在外在条件和制度的约束下，灵活采取策略和手段实现产业培育目标的政策活动。行动者采取行动的条件包括行动者内在的条件，比如行动偏好、利益权衡等，也包括行动者之外的条件，比如制度约束等。逻辑在《辞海》中的定义为：思维的规律性和客观规律性。行动逻辑是指行动者在行动条件的约束下采取多种策略和利用多种手段实现目标的过程中所内含的客观规律。

（五）压力型体制

县域政府作为基层最完备的政权，直接面对民众的地方决策中心。作为整体国家与民众之间的"接点"[①]，国家自上而下的政策压力都会通过县一级最终通向基层自治空间。由于自上而下压力体制类型的差异，县域政府应对压力的策略和组织设置也会做出灵活调整。由于较低的财政能力和培育农业产业任务异常艰巨，欠发达地区县域政府在应对自上而下的政策压力时所表现出来的行动逻辑更为多样。

1. 压力型体制的类型扩展

所谓"压力型体制"是指在中国政治权力体系下从中央到地方各级政府为了保证本级政府决策目标能够在基层落地，通过将任务目标进行量化拆解，并进行相应考核的管理机制的综合。为完成各项指标，各级政府把这些任务与指标层层分解，发包给下级政府部门或者个体公务员。责令这些主体在限定时间内完成，并依据任务指标的完成情况进行相应的奖励和惩罚。

"压力型体制"概念主要包括六方面内容：第一，数量化的任务分解机制。政府及其相关部门会将政策内容量化分解，通过签订目标责任书的形式分派到下级政府或者个人，并要求其在限定时间内完成。第二，各部

[①] 徐勇：《"接点政治"：农村群体性事件的县域分析——一个分析框架及以若干个案为例》，《华中师范大学学报》（人文社会科学版）2009年第6期；谢小芹：《"接点治理"：贫困研究中的一个新视野——基于广西圆村"第一书记"扶贫制度的基层实践》，《公共管理学报》2016年第3期。

门共同参与的问题解决机制。政府会要求相关部门将政策内容作为中心工作或者各部门抽调人手和多部门联合来完成上级政府下达的临时性任务。第三，激励与惩罚并重的考核机制。对完成既定任务的个人或组织，上级政府除了授予称号等精神性鼓励外，还会提供升级、提资、提拔、奖金等物质奖励。在惩罚上，对一些重要任务实行"一票否决"制。第四，多层次评价体系。评价主体不仅包括党委系统的组织部门、政府系统的人事部门、本部门的组织人事部门，还增加了纪律检查委员会、部门内部的下级干部和普通工作人员等。[1] 第五，上级政府"一把手"是最主要的"压力源"，高额的量化指标任务直接由上级政府及部门制定和派发，中间不允许下级职能部门参与讨论[2]。第六，行政包干制。在行政包干制中，县级党委通过党委会议的形式，将县域范围内那些重要的、行政科层制难以胜任的治理事务转化为政治任务，改变治理事务的性质，并对党政部门进行结构整合、资源聚集与功能重组，以完成政治任务，从而在较短时间内较好地改变县域经济社会面貌[3]。

政府体制改革的持续深入以及城乡社会环境也丰富了压力型体制的"压力源"。县域政府要面对的不再仅仅是政府系统内部自上而下传导的压力。第一，发端于晋升锦标赛的横向府际竞争压力促使基层政府需要应对来自周边同级政府的竞争或努力，需要超越周围同级政府。第二，依靠自上而下增压和行政主导的方式调动和整合资源，人为地压低劳动力价格、原材料等价格分摊资本形成的成本，以实现经济增长的模式逐渐招致自主意识觉醒的民众的反对[4]。这为基层政府开展治理实践形成了新的压力。第三，政府干预对经济发展的效应出现弱化现象，政府行动也不得不受到社会条件，比如社会主体经营能力、组织能力及其他要素禀赋结构的约束。因此，在乡村振兴的背景下讨论县域政府如何推进农业产业的发展

---

[1] 杨雪冬：《压力型体制：一个概念的简明史》，《社会科学》2012年第11期；荣敬本、崔之元、王栓正、高新军、何增科、杨雪冬：《从压力型体制向民主合作体制的转变：县乡两级政治体制改革》中央编译出版社1998年版，第17—28页。

[2] 薛泉：《压力型体制模式下的社会组织发展——基于温州个案的研究》，《公共管理学报》2015年第4期。

[3] 杨华、袁松：《行政包干制：县域治理的逻辑与机制——基于华中某省D县的考察》，《开放时代》2017年第5期。

[4] 王立胜：《中国工业化成本的解决之道》，《文化纵横》2019年第1期。

需要对传统的压力型体制概念进行一定的修正。由此,本书将横向的府际竞争压力、应对外部社会需要的压力纳入压力型体制的压力源。

此外,随着社会形势的变迁和政府管理体制优化,本书发现由于中央或者上级政府实施政策的靶向范围不同,压力型体制在政府治理实践中呈现出不同的类别,即试点性压力型体制与普惠性压力型体制。试点性压力型体制是指中央或地方政府在全面、正式制定政策之前,选择特定的试验单位,进行持续的检验互动,并自上而下逐级施加压力以保证政策目标的实现,并对每阶段目标实现给予奖惩的组织机制。试点性压力型体制的形成有两种途径:第一种形成机制是中央或地方政府掌握政策的控制权和决定权的条件下,指定下一层级单位执行其政府权威所制定的政策,并负责监督协调和配置资源。第二种形成机制是在中央或者地方政府实行政策动议,基层、地方向上一层级单位主动自愿申请申报,得到上一层级准许授权,拥有较大的自由裁量权,结合自身实际情况设计和实施政策方案。两种形成途径的差异在于试点方案执行单位的自主性存在一定差异,共同之处在于一旦政策试点确立,中央乃至地方政府会赋予实施单位较大的自主权和政策扶持。两种途径形成的试点性压力型体制的第二个共同点在于从政策设定一开始中央或者地方政府就是为了解决某一问题提出动议的,执行对象和区域从一开始就已经明确了,但压力型体制在启动之初并没有确定非常详细的考核标准,一切需要政策执行单位先行先试。

普惠性压力型体制与试点性压力型体制存在很大的差别。从形成途径来分析,普惠性压力型体制是中央或者地方政府在自身掌握相关信息的基础上,自上而下提出政策动议,并指定特定区域政府作为执行单位。从执行对象来看,普惠性压力型体制要求在特定区域或者全国面上扩散,并没有精准瞄准特定对象。县域政府可以结合本地实际积极争取,扮演发展型政府的角色,促进本地区产业的发展,也可以只以达标为目标,以维护社会稳定为主。从政策考核机制来讲,普惠性压力型体制在政策制定之初已经设定好详细的考核标准,虽然这些标准会随着实践逐步调整,但是政策执行主体只需要动员各种力量达标即可。

2. 双重压力型体制形成的结构条件

自脱贫攻坚任务完成后,欠发达地区绝对贫困问题已经基本解决,贫困群体的生活收入水平有了较大幅度的提升，但是相对贫困问题依然是挡在欠发达地区乡村发展道路上的"绊脚石"。贫困区与非贫困区的差距、城乡差距以及民族地区与内陆之间的差异[①]，都对促进欠发达地区乡村发展形成了较大制约。为了规避欠发达地区农业产业培育政策可能遭遇治理偏差和精英俘获[②]等问题，保证中央或地方政府产业扶贫政策能够实行，从中央到地方政府在培育农业产业过程中不得不选择差异化的治理策略，即实行普惠性的压力型体制以保障从整体面上提升欠发达地区农业产业发展水平和人民群众的经济生活水平，实行试点性压力型体制以督促地方和基层政府积极创新政策，拓宽贫困群体的增收门路。

（1）试点性压力型体制形成的结构条件

"摸着石头过河"长期以来一直被认为是中国公共政策特有的政策创新和扩散模式。在政策试点的语境下，针对国家迫切需要解决但又没有十足把握的问题，国家鼓励采用"试点探索、投石问路的方法，先行试点，鼓励创造，鼓励探索，取得经验后再推开"[③]。欠发达地区经济发展基础设施比较薄弱，农户的市场经营能力较差。在欠发达地区培育农业产业无章可循，无例可遵，只能鼓励这些地区的县域政府大胆试验。在政策试点中，压力和政策激励从上到下传导的过程中试点性压力型体制逐渐形成。试点性压力型体制下县域政府的行动逻辑与一般行动逻辑呈现出一定的差别。

第一，欠发达地区县域政府的低财政能力需要中央支持。关于政府财政能力的讨论一直在持续。Noel D. Johnson 和 Mark Koyama 认为财政能力是国家能力的重要组成部分，是从地方经济中获取足够的税收来实施其政策的能力。李文星最早开展对财政能力的研究，他提出财政能力应当分为汲取能力和保障能力两个方面[④]。冉光和等则加入了多元化的影响因素，

[①] 杨龙：《多民族国家治理的复杂性》，《社会科学研究》2010 年第 2 期；任维德：《地方政府能力与地区发展差距研究》，内蒙古大学出版社 2007 年版，第 119—132 页。

[②] 唐京华：《村干部选举"共谋"行为及其对村庄治理的影响——基于山东省 S 村换届选举的调查》，《中国农村观察》2019 年第 3 期；韩华为：《农村低保户瞄准中的偏误和精英俘获——基于社区瞄准机制的分析》，《经济学动态》2018 年第 2 期。

[③] 栗战书：《遵循"四个坚持"的改革经验》，《人民日报》2013 年 11 月 26 日第 6 版。

[④] 李文星：《关于地方政府财政能力的几个基本理论问题》，《南亚研究季刊》2000 年第 4 期。

认为政府财政能力应当包括产出能力、变现能力、经济发展硬件环境、经济发展软件环境四个部分①。刘尚希则认为对地方政府财政能力的考察应当综合分析单位财力、单位成本、制度及管理因素，将财政能力视为政府将财政资源与财政管理制度相结合的能力②。综合而言，本书认为政府财政能力是指各级政府在本辖区范围内汲取税收以保障政府完成行政管理和公共服务职能的能力。分税制改革以后，我国的财政税收体制只建立了资金自下而上的抽取机制，如中央地方共享税③（即增值税）的分配比例安排就给地方政府的财政汲取能力留下了很小的空间。"营改增"在全国全面推行使得全国近七成的税收收入来自共享税。但"营改增"税收体制改革也使得增值税税收与税源背离问题加剧，地方主体税种缺失，分税制向分成制退化等，进一步加剧了地区间财力不平衡的局面④。欠发达地区政府财政收入本来就入不敷出，要靠转移支付才能履行必要的公共责任。营改增税制体制的改革更是加剧了这种形势。国家试点性压力型体制的推行有助于确保中央按照规范化的途径将资金集中投放在某个点上，从而对资本市场发挥巨大的撬动作用，以加快某试点项目或产业的快速发展，从而为整体产业的发展提供借鉴经验。然而，转移支付显著降低了地方财政努力度⑤。此外，现有的财政管理体制强化了专业行政部门的垂直（条条）的财政控制权，但也在很大程度上挤压了基层政府的自主空间。二者共同延缓了资源丰富但财政能力较低的欠发达地区县域农业产业的发展。

在低财政能力的条件下，欠发达地区县域政府除了要保证相关机构的日常运营，还必须得负责整个辖区社会文教费支出和经济建设支出等。虽然通过省直管县财政体制改革提高了地方税收自主权，提升了县级财政的

---

① 冉光和、鲁钊阳、徐鲲：《基于因子分析的县域政府财政能力比较研究：来自重庆的例证》，《经济管理》2011年第1期。
② 刘尚希：《一个地方财政能力的分析评估框架》，《国家治理》2015年第12期。
③ 李华、孙祖东：《基于政府行为策略的共享税模式选择分析》，《当代财经》2014年第8期。
④ 唐明、陈梦迪：《"大共享税"时代来临，共享分税制做好准备了吗?》，《中央财经大学学报》2017年第2期。
⑤ 鲍曙光、符维、姜永华：《上级转移支付与地方财政努力——基于中国县级数据的实证分析》，《财经论丛》2018年第11期。

自给能力，但是转移支付规模的扩大恰恰弱化了这种能力①。试点性压力型体制的推进带来的不仅是量化的考核指标和不间断的监督考核，还有自上而下的资金输入与中央授予的统筹整合资金的权力。

第二，试点性压力型体制中并不排斥中央与地方政府之间的互动。在政策试点确立过程中，往往是由中央率先发起提出政策构想和政策内容，以及较为宏观的政策试验方式，之后再要求被选中的试点所在地政府部门结合当地的实际情况拿出具体的实践方案，为中央制定最终的试点方案提供更多可能的选择。因此，试点性压力型体制的运行机制主要体现在如下几个方面：一方面，中央政府的偏好发挥了非常关键的作用。在试点性压力型体制运行中，具体试点的内容、方式和步骤基本是由中央政府确定大致的方向，政策试点所在地的政府只是在中央乃至省市意见的基础上进行微调和提供更为具体的方案，其本质上并没有解决中央政府由于信息不对称导致的决策偏差所带来的影响。事实上，在财政转移支付方面中央与地方的博弈关系一直都存在。正如上文所说，由于分税制改革的实行，地方财政能力较为弱小，如果要推进本地区大规模建设需要中央政府实行一定规模的转移支付。但是，在信息不对称的情况下，中央政府无法准确探知地方政府在公共服务支出的真实偏好和更为充分的信息。而且在中央转移支付后，地方政府在得知中央不能够很好地预测地方政府的偏好后，可能会采取变通行动降低原来的公共服务水平，以此来"获取"中央政府更多的财政转移支付②。另一方面，试点性压力型体制依赖地方政府部门的配合。政策试点虽然是各省结合本地实际条件，在响应中央的号召下率先自建并逐步获得中央认可，但是政策要精准执行需要从市到县各级政府相关部门的协助和配合。从政策设计来看，对于试验区农业产业发展，从中央到县域政府几乎无现成的经验和先例可循。省一级政府层面也只是在宏观层面做出一定的规划，具体如何实施，部门间如何协作，产业如何对接市场都需要县域相

---

① 刘勇政、贾俊雪、丁思莹：《地方财政治理：授人以鱼还是授人以渔——基于省直管县财政体制改革的研究》，《中国社会科学》2019 年第 7 期。

② 刘豫：《中央与地方政府间财政转移支付制度改革——基于信息不对称的博弈模型分析》，《中国流通经济》2012 年第 3 期。

关政府部门大胆创新，具体操作该项试验的诸如县扶贫办、产业办、金融办和金融机构的负责人在试验区运行中扮演了至关重要的角色。从政策执行的督导来看，为了保证试点政策能够很好地落实，县域政府除了要面对省市政府相关部门的督查，省市扶贫办聘请的第三方评估督查，还要迎接来自全国各地的政府和民间的考察团。此外，试点性压力型体制的形成也是欠发达地区农业产业化发展的客观要求。随着城镇化和工业化的发展，农业产业化呈现出一片生机勃勃的景象。无论是农业机械化程度、科学育种，还是电商等物流营销系统的建立，农业产业化发展已经初步具备一定的基础。在体制压力的推动下，连片特困地区启动了大量的乡村产业振兴项目，意图通过政府强力干预的方式塑造乡村的产业体系，消弭"人民日益增长的美好生活需要和不平衡不充分的发展之间的矛盾"[1]。尽管有部分村庄借着这阵"春风"顺利转型，成功构建了适应市场需求且可持续发展的产业项目，但更多的村级产业项目却踌躇不前，有的甚至因与市场脱轨而折戟途中，造成财政资源大量浪费。关于连片特困地区乡村产业发展选择何种经营模式学术界多有争论。一种路径是个体经营道路，以家户[2]为基本单位分析"小农如何对接大国家"[3]。个体经营的第一种类型为小农经营模式。但小农经营难抵市场风险，受现代管理水平和农业生产设施落后以及惠农补贴对农业生产的低效激励等因素的影响[4]，小农经营模式在中国举步维艰。为了弥补小农经营的隐忧，有学者以美国农业发展为背景，提出规模化"家庭农场经营模式"。陈航英认为，中国农地制度变革正加速小农经济的解体和资本化农业的发展[5]。尚旭东、朱守银等也认为在大规模城镇化建设和人口流动的背景下，大规模家庭农场经营成为农业经营主体利益最大化和政府保粮稳产、培育中坚

---

[1] 习近平：《决胜全面建成小康社会 夺取新时代中国特色社会主义伟大胜利——在中国共产党第十九次全国代表大会上的报告》，《人民日报》2017年10月28日第1版。
[2] 徐勇：《中国家户制传统与农村发展道路——以俄国、印度的村社传统为参照》，《中国社会科学》2013年第8期。
[3] 程秋萍、熊万胜：《治理交易成本与农业经营组织形式演变——基于1949—2015年J市养猪业兴衰史的分析》，《社会学研究》2016年第6期。
[4] 奂平清：《论小农经济和"三农"困境的突破口》，《学术研究》2018年第5期。
[5] 陈航英：《新型农业主体的兴起与"小农经济"处境的再思考——以皖南河镇为例》，《开放时代》2015年第5期。

农民政策意图共同选择①。黄宗智则批评试图模仿美国的纯经济性合作社模式而创建的专业合作社无视中国村庄，不符合中国实际，中国应该模仿"东亚"模式的半政府性综合农协②。另一种路径是集体经营道路，以村级组织为基本单元分析国家与社会的互动中乡村的发展轨迹。"在社会组织化较低和村民个体化的条件下，治理精英成为与政府合作推进扶贫工作、协调国家与社会关系的核心纽带。"③ 依据村庄产业经营过程的开放性程度又可分为村级组织完全主导经营模式和多元协商经营模式。前者如高度政治化、高度集体化的"南街村体制"④，后者如以农地股份制为基础的公司农场⑤。笔者认为无论采取何种经营模式主要取决于各地域的村庄微观基础和主客观互动机理。在连片特困地区，农民的低组织化、低自主发展能力等要素与新时代中国特色社会主义事业追求的城乡融合发展和坚持人民主体性，让人民群众共享发展成果的价值相冲突，小农经营或是家庭农场经营在化解农业经营风险、缩小贫富差距和实现共同富裕方面捉襟见肘。此外，农民群众的低组织化也与压力型体制下基层政府迫切寻求短期内获得政绩的行动取向相冲突，基层政府不得不主导乡村产业发展的进程。然而，受县乡公务员自身市场意识和市场经营能力薄弱因素的影响，基层政府创建的产业很难适应市场需求，很快便受到市场冷遇。因此，乡村农业产业振兴需要一股自上而下的力量能够将多种主体协调起来，整合多种资源从而促进产业发展。

（2）普惠性压力型体制形成的结构条件

普惠性压力型体制的形成是政权经营和社会治理双重要素作用的结果。一方面，政府希望通过普惠性压力型体制的推进来优化政府权力运

---

① 尚旭东、朱守银：《家庭农场和专业农户大规模农地的"非家庭经营"：行动逻辑、经营成效与政策偏离》，《中国农村经济》2015年第12期。
② 黄宗智：《中国农业发展三大模式：行政、放任与合作的利与弊》，《开放时代》2017年第1期。
③ 朱天义、高莉娟：《精准扶贫中乡村治理精英对国家与社会的衔接研究——江西省XS县的实践分析》，《社会主义研究》2016年第5期。
④ 冯仕政：《国家、市场与制度变迁——1981—2000年南街村的集体化与政治化》，《社会学研究》2007年第2期。
⑤ 杜婵：《公司农场：作用、准入与监管——来自"傲佳模式"的例证和启示》，《农村经济》2016年第5期。

行环境，提升政府纵向工作效率；另一方面，为了能够应对社会或者某一领域普遍存在的问题但不是探索性问题时会采用普惠性的压力型体制。

第一，融资一直是困扰农业产业发展的问题，不仅在于贷款对企业信贷抵押的要求过高[1]，还在于贷款主体的素质和农业本身的经营结构影响着政策的实行。"金融要素扭曲显著抑制了中国高技术企业创新投资的增长，且这种创新抑制效应在金融要素扭曲程度越高的地区越明显；地区经济的外部融资依赖越高，金融要素扭曲对高技术企业创新投资的抑制效果越显著。"[2] 在实地操作中，贷款主体金融素质低下诱发需求信贷不足[3]，导致小微创业贷款无法完全贷出，最后地方政府只得鼓励龙头企业或者合作社以贫困户的名义贷款。

伴随农村金融服务机构的扩展以及小额贷款在农村基层社会的推广，越来越多的农户通过银行和证券等机构融资，但是由于这些机构的信贷担保机制不是很完善，对担保人的资质要求比较高，客观上导致部分农户即使想借贷发展生产也是望银行兴叹。在这种背景下民间借贷在基层悄然生长。与正规金融相比，农村非正规金融发生的频次更高，对农户生产生活的影响也更为突出。当一个地区因为借贷门槛高，而民众又没有相当的资产作抵押或者担保的情况下，民间借贷在民间融资中就会占据越来越重要的位置。借贷对于民众家庭经济生活来说具有"双刃剑"的作用：部分农户贷款并非为了发展农业生产，提升家庭的经济发展能力，而是将贷款作为短期提升生活质量的重要工具，但是这往往会加重贷款家庭的脆弱性，加重他们的经济负担。当然，也有部分群众贷款是为了农业生产。随着中国关系型社会开始逐渐弱化和向小型化方向发展，一旦遇到危机，社会关系网对于家庭的保障能力是非常有限的，个体家庭很有可能遭遇返贫风险。实际上，家庭负债与家庭贫困脆弱性呈现出倒"U"

---

[1] 谢世清、刘宇瑶：《普惠金融政策对我国经济增长的影响研究》，《证券市场导报》2019年第4期。

[2] 李晓龙、冉光和、郑威：《金融要素扭曲如何影响企业创新投资——基于融资约束的视角》，《国际金融研究》2017年第12期。

[3] 郭学军、杨蕊、刘浏、郭立宏：《欠发达地区农户金融素质与信贷约束——基于甘肃省辖集中连片特殊困难地区实地调查》，《兰州大学学报》（社会科学版）2019年第2期。

型的曲线关系①。在这种条件下，为了能够在更广范围内优化金融服务质量，杜绝农村非法融资行为和合理引导群众，帮助他们建立正确的贷款观念，就需要中央乃至地方政府自上而下施加普惠性的政策压力以保证政策意图能够按时高质量实现。

第二，普惠性压力型体制有助于化解小农家庭经营的困境。农业产业化首先面临的就是生产风险问题。农业是一个非常脆弱的产业，对气候、土壤、水等资源的依赖度非常高。虽然这些年通过转移支付补贴增加了农业生产的抗风险能力，但目前我国的农业生产很大程度上还取决于自然气候。无论是干旱还是水涝都会给农业造成减产甚至绝产，给农户和家庭带来巨大的打击。

此外，家庭小农户经营也无法抵挡市场风险。首先需要解决的是小农户与市场需求之间信息匹配问题。单个农户作为市场中的个体，很难应对市场发展可能面临的风险，也不容易捕捉市场中可能存在的需求信息和机会。加之农业周期长，季节性明显，市场信息的滞后有时并不能准确地反映市场的真实状况。这就导致小农户在农业生产过程中面临着极大的市场风险。此外，我国农业产业相关的保险水平比较低，保障率也不高，间接影响了农业产业化发展的势头。上述农业产业发展确实需要中央自上而下地实行普惠性的政策以提升农业产业化发展的保障水平，只有这样才能够真正打消群众发展生产的疑虑，也只有如此才能够真正提升农业产业化发展的内生动力。然而，问题的症结在于所有的县域政府是否能够整合那么多资源来推进产业发展，又有多少县域政府会花费巨资在很难出政绩的农业产业上面？因为农业产业的发展存在一个漫长的周期，从初步孕育到真正形成产业规模很可能需要几届政府才能够真正做出政绩。所以需要中央自上而下施加普惠性的压力，在压力传导的同时给予县域政府相应的政治激励，这样或可调动基层政府的积极性。

---

① 张华泉、申云：《家庭负债与农户家庭贫困脆弱性——基于 CHIP 2013 的经验证据》，《西南民族大学学报》（人文社科版）2019 年第 9 期。

三 理论基础

（一）元治理理论：问题指向、核心要义及在本研究中的应用

1. 元治理理论：问题指向和核心要义

（1）元治理理论的问题指向。元治理是在批判和反思传统治理模式的基础上提出的。首先，科层治理存在着政府的内在性、公共决策失误、寻租和腐败等治理困境。鲍勃·杰索普指出，元治理"包含市场、等级制度和联络网的合理融合，进而获得从元治理参与者角度来看的最佳结果"[①]。其次，依靠市场网络的方式来化解公共服务和公共产品供给窘境的方式存在"公地悲剧""囚徒困境""搭便车"等问题。最后，网络治理也存在不稳定性、效率低下、信用滥用与操纵、权责模糊等治理困境并过高地估计了公民社会自身的自足性。在网络治理中，政府、企业、公民和私营组织通过合作、协商共同参与公共事务治理活动，弥补了政府与市场的缺陷，协调了多元主体之间的冲突。但是与网络治理相伴而生的治理碎片化、协作困难、责任模糊以及无休止的多元主体之间的谈判决策等使得公共事务治理变得低效。因此，公共事务治理需要一个居于众多主体之间的协调者，"从更高的层次进行统筹，将多种治理模式进行整合，整体推动国家治理的实施"[②]。

（2）元治理理论的核心要义。元治理这一概念最早由英国学者鲍勃·杰索普提出，他认为元治理即是"将科层治理、市场治理以及网络治理三种治理方式进行科学的有效联系并整合，使三者之间的相互干扰降到最低，从而发挥其所能达到的、受到普遍认可的最佳效果"。综合上述观点，本书认为元治理突出强调重新回归政府的中心位置，政府作为居中协调者通过对科层制、市场和社会网络等治理方式的整合协调以及政府内部关系的协调以实现元治理者（政府）所设计的目标，也即对治理的

[①] [英] 鲍勃·杰索普：《治理与元治理：必要的多样性和必要的反讽性》，程浩译，《国外理论动态》2014 年第 5 期。

[②] 张骁虎：《"元治理"理论的生成、拓展与评价》，《西南交通大学学报》（社会科学版）2017 年第 3 期。

治理。

元治理的核心要义。第一，杰索普认为，元治理语境下的政府不再是一个至高无上的权威，更像是"同辈中的长者"[1]。政府的元治理类型可以划分为公共行政组织内部的"内部元治理"和发生在政府等公共行政组织与社会之间的"外部元治理"。政府实施元治理采用"参与市场再设计""参与治理校准""充当'上诉法院'"等手段。伊娃·索伦森与雅各伯·托芬提出了网络规划、网络设计、网络管理和网络参与四种更为系统、全面的元治理策略[2]。第二，政府扮演着协调整合科层制、市场治理和网络治理三种治理模式的关系，治理行动设计者的角色。元治理既不同于科层制理论过于强调政府的单中心论调，也迥异于市场治理和网络治理所提倡的社会中心主义论调，试图使政府成为多元治理模式中的核心领导者和协调者。元治理中政府的作用在于"改变组织目标和方式，参与市场再设计，实行宪法改革和司法再规制，为自组织创造条件，以及最重要的——参与治理校准"[3]。综合上述，本书认为在元治理中政府扮演着责任承担者、制度设计者、目标协调者、治理监督者等角色。

2. 元治理理论在本研究中的应用

元治理理论还解决了协同治理理论对欠发达地区政府培育农业产业解释力不足的问题。元治理理论也主张多元主体共治，但是与治理理论不同之处在于它强调政府作为居中协调者发挥作用，通过政府的协调作用将多元主体整合进产业培育过程，更契合欠发达地区的实际。

第一，县域政府是农业产业项目培育的主导者。如果依据新自由主义经济学的逻辑，放任市场自由竞争，经济基础较差且经营能力较弱的乡村地区发展农业产业将有悖于资本逐利的本质，其结果将导致资本流向更有利可图、经济基础条件优越的地区，而欠发达地区培育农业产业将停滞不前。如果依靠网络治理和协同治理理论所提倡的多元主体协作来推进培育

---

[1] [英]鲍勃·杰索普：《治理的兴起及其失败的风险：以经济发展为例的论述》，漆燕译，《国际社会科学杂志》（中文版）1999年第1期。

[2] Eva Sorensen and Jacob Torfing, "Making Governance Networks Effective and Democratic through Meta Governance", *Public Administration*, 2009, Vol. 87, No. 2, p. 245.

[3] [英]鲍勃·杰索普：《治理与元治理：必要的反思性、必要的多样性和必要的反讽性》，《国外理论动态》2014年第5期。

农业产业首先需要破解的问题是农业原始固定资产投资由谁来承担，融资成本由谁来承担？单纯依赖多元主体协作将使得培育农业产业行动陷入无休止的协调和谈判中，无形之中增加了产业发展的制度成本和机会成本。因此，需要政府担负起元治理者的角色，一方面由政府财政资金注资撬动乡村社会的资本市场，为农业产业固定资产投资托底，以此吸引市场组织和社会组织共同参与农业产业发展。另一方面，融资成本是制约农业产业发展的关键要素，需要政府为参与产业发展的多元市场主体等提供优惠的融资政策，降低产业发展的融资成本。

第二，政府成为均衡利益相关方的"平衡器"。农业产业的培育需要包括市场主体、社会组织、农民多元主体的协作才能实现。但是多元主体在产业培育中难免做出只有利于自己的市场决策。政府作为多元主体协作关系中的治理者就需要起到各方利益博弈"平衡器"的作用。其一，虽然市场资本下乡能够为乡村农业产业发展带来丰厚的资金，为农业产业固定资产投资提供诸多助益，但是资本的趋利本性将导致市场组织与农户之间的关系趋于紧张。以企业为代表的市场组织希冀通过投资行为获取更大的利润，从而在与农户合作中占据更多的利润，结果导致小农经营模式下的农户从产业中获益很少，从事产业发展的积极性受到挫伤。此外，产业发展长期性的规律与农户获益预期短期化之间的冲突一直存在。企业快速发展导致的贫富差距使得贫困群体与上层群体之间的矛盾十分突出。政府要做的就是尽可能地平衡各方利益的博弈，协调各方行动并促使所有行动者围绕共同的目标行动。

第三，政府充当协同治理的推动者角色。农村社会的开放程度以及市场化进程的推进使得多方利益主体在乡村社会发挥作用。政府、市场组织、社会组织和农民是农业产业发展中最重要的行动者。政府在培育农业产业中承担着协调各方行动，并促成多元主体共识目标的责任。宏观调控是我国政府部门调节经济和社会发展的重要手段。在宏观调控中，政府通过适当的干预促进农业产业结构的形成。因此，政府要与其他多元主体建立合作机制，政府部门要对企业给予一定的扶持和帮助，降低企业的产业发展成本。协同推进的润滑剂是非营利组织，政府要大力培育非政府、非营利的组织，使其能够充分发挥"润滑剂"这一作用，既帮助企业动员群众，也帮助企业获取基层民众的信息和市场讯息。此外，政府应当引导多元主体建立共同遵守的行动准则,协调规制各主体的逾矩行动。

(二) 新结构经济学理论:核心要义及在本研究中的应用

政府如何正确处理其与市场的关系是影响欠发达地区培育农业产业的重要因素。秉持新古典经济学自由市场观和新结构主义经济学的学者围绕政府与市场关系问题争论不断。新结构经济学家强调政府干预对经济发展的作用,但忽视了市场的作用。新古典经济学自由市场观强调市场的基础性作用,但比较排斥政府的作用。与发达地区培育农业产业的生成逻辑不一样,欠发达地区由于农户较低的自组织能力、产业经营能力、市场供求关系的预见能力,使得依靠市场化方式培育农业产业的目的很难实现。为此,需要县域政府发挥有为政府的作用,在培育产业过程中扮演主导者和协调者角色。新结构经济学恰好主张以市场经济为基础制度,政府发挥辅助作用,试图在上述非此即彼的选择中找到一条中间道路。

1. 新结构经济学理论的核心要义

(1) 新结构经济学的内涵。新结构经济学是由林毅夫教授及其合作者倡导的第三波发展经济学思潮。新结构经济学家认为,产业政策是指政府部门有意识地通过采用关税和贸易保护政策、税收优惠、工业园和出口加工区、研发工作中的科研补贴、垄断和特许、政府采购及强制规定等措施来促进特定产业发展的政策。产品的具体创新是由企业家来完成的,但是创新所依赖的基础研究需要耗费巨大成本,这是企业家不愿意付出的,必须要靠政府资助的各项科研项目来完成。

(2) 比较优势假设。新结构经济学理论假设一个国家的产业结构、经济结构应该由其特定时间内的要素禀赋结构决定。政府要做的就是按照比较优势辅助这些具有竞争力的产业,最终达到提升这些产业的要素禀赋结构优势的目的。当这些要素禀赋结构提升上来后,原有产业的比较优势就会消失,新的比较优势产业又会出现[1]。林毅夫提出,在国家扶持具有竞争力的产业,提升要素禀赋结构的同时要注重基础设施,包括交通、电力供应、港口等基础设施建设和完善法制环境、金融系统,这些任务单纯靠企业和市场是无法解决的。因此,他认为:"这种基础设施的改善和企

---

[1] 林毅夫、玛雅:《中国发展模式及其理论体系构建》,《开放时代》2013年第5期。

业行动的协同都需要政府发挥作用。"

  林毅夫等新结构经济学家继续沿着比较优势假设思路解释政府产业政策为何会低效？他们认为国家的产业政策常会失败的原因包括："第一，发展中国家基于赶超，而去发展不具备比较优势的产业，导致在自由竞争的市场中缺乏自身能力；第二，发达国家为了就业的需要而去保护失掉比较优势的产业，也招致产业政策的失败。"① 此外，林毅夫分析了苏联和东欧产业政策失败的原因：在采用"休克疗法"之前，政府采用扭曲性政策扶持重工业部门，政策转型之后很快取消这些扭曲性政策，导致可流动的生产要素从该部门流出，重工业的回报率下降。② 针对产业政策为何会失效，学者们纷纷给出自己的解释。陈玮、耿曙认为，国家介入促使企业不顾风险，从而提高了企业失败的可能性。创新活动无法衡量，导致政策实施过程中政府无法监督企业③。

  （3）有为政府假设。第一，有为政府的定义。新结构经济学理论强调有效的市场（efficient market）④与有为的政府 ⑤(facilitating state) 的协调配合是促进经济发展的重要途径。林毅夫认为，一个经济体在每个时点上的产业和技术结构及与之相适应的软硬基础设施都内生于该经济体在该时点给定的要素禀赋结构。经济快速发展的突破点在于找到这种具备比较优势的要素禀赋结构，并发展具备竞争力的产业。但是要遵循比较优势发展产业的制度前提是有效的市场和有为的政府⑥。有为政府是指"在各个不同的经济发展阶段能够因地制宜、因时制宜、因结构制宜地有效地培育、监督、保护、补充市场，纠正市场失灵，促进公平，增进全社会各阶

---

① 林毅夫：《产业政策与我国经济的发展：新结构经济学的视角》，《复旦学报》（社会科学版）2017 年第 7 期。
② 徐朝阳、林毅夫：《发展战略、休克疗法与经济转型》，《管理世界》2011 年第 1 期。
③ 陈玮、耿曙：《政府介入能否有效推动技术创新：基于两个案例的分析》，《上海交通大学学报》（哲学社会科学版）2015 年第 3 期。
④ 林毅夫：《产业政策与我国经济的发展：新结构经济学的视角》，《复旦学报》（社会科学版）2017 年第 2 期。
⑤ 王勇、华秀萍：《详论新结构经济学中"有为政府"的内涵——兼对田国强教授批评的回复》，《经济评论》2017 年第 3 期。
⑥ 林毅夫：《新结构经济学、自生能力与新的理论见解》，《武汉大学学报》（哲学社会科学版）2017 年第 6 期。

层长期福利水平的政府。"① 第二，政府应当对"第一个吃螃蟹的人"，即创新企业家提供外部性补助。林毅夫提出，产业升级、技术变迁都具有较大的风险，企业在判断一个产业是否具备比较优势或者是否是比较优势产业时可能会出现失误，需要给"第一个吃螃蟹的人"一定的外部性补偿②。在欠发达地区推进农业产业，单纯靠政府单向推动虽然在产业早期能够起到很好的作用，但是很容易导致产业脱离市场需求，为此需要政府积极动员企业家进驻乡村发展产业。由于农业产业生产周期长、对市场供需结构反应敏锐度差，农业产业在发展过程中面临很大的风险，为此需要政府增加外部性补贴以吸引懂市场的企业家与农户合作开展农业生产。第三，有为政府的边界。有为的政府并不是提倡政府越俎代庖，代替市场行事，而是主张政府要因势利导，即在于提供激励补偿先行者的外部性，以及协调相关企业投资于产业升级所需的软硬基础设施的完善，以帮助企业降低交易费用，使整个国家的潜在比较优势变为真正的比较优势，使这个产业成为这个国家的竞争优势③。有为政府也指政府需要在不同的经济发展阶段根据不同的经济结构特征，克服对应的市场不完美、弥补各种各样的市场失灵，干预、增进与补充市场④。

2. 新结构经济学理论在本研究中的应用

（1）新结构经济学理论与本研究的契合性

第一，市场化方式不易解决欠发达地区培育农业产业的问题，需要政府积极干预和扶持。农业产业的特殊性决定了政府产业政策不仅不应当被弱化，反而应当被加强。首先，农作物的种植受到文化传统、种植习惯、自然条件、技术条件及信贷、交通等因素影响，很难轻易转产；其次，技术、设备、交通条件及资金是制约当下我国欠发达地区农业产业发展的重要因素，这些固定资产投资靠市场资本无法解决，需要政府投资来盘活乡村资本市场；最后，农作物耕作的周期长，先期投入大，但市场需求瞬息

---

① 王勇、华秀萍：《详论新结构经济学中"有为政府"的内涵——兼对田国强教授批评的回复》，《经济评论》2017年第3期。
② 林毅夫、玛雅：《中国发展模式及其理论体系构建》，《开放时代》2013年第5期。
③ 林毅夫：《新结构经济学的理论基础和发展方向》，《经济评论》2017年第3期。
④ 王勇、华秀萍：《详论新结构经济学中"有为政府"的内涵——兼对田国强教授批评的回复》，《经济评论》2017年第3期。

万变，农民很难依据市场需求进行生产并及时调整产业结构。由于欠发达地区的封闭性对市场需求的预见能力更差，因此需要国家政策对农民给予引导。陈飞、范庆泉、高铁梅利用1995—2008年中国省际农业面板数据分别估计了农业政策对小麦、稻谷、玉米作物播种面积、单位产量及总产量的影响，也发现随着政府对农业生产投资的增加，我国粮食生产的调整能力正在逐渐增强，农业政策对粮食生产具有显著的正向影响[①]。

第二，新结构经济学理论主张政府要依据要素禀赋结构比较优势确定优先发展的产业与本书的问题意识契合。本书认为欠发达地区县域政府培育农业产业行动受到政府内部组织环境和外部社会环境的综合作用。欠发达地区县域政府培育农业产业不仅要结合组织的政策要求，还应依据乡村社会环境条件因地制宜地采取措施。

第三，新结构经济学理论的比较优势假设与本书中县域政府的行动逻辑相契合。欠发达地区人口稀疏，可利用的土地资源比较多，部分欠发达地区自然资源丰富且自然环境被污染的程度很低，要培育欠发达地区农业产业首先就需要把握好当地的要素禀赋结构的比较优势在何处？依托这些优势资源，发展符合本地实际需要的农业产业项目。

（2）新结构经济学理论如何使用

首先，需要政府为农业市场流通体系构建中先行先试者提供激励以降低外部性。农业市场流通体系建设是一个随着产业资源不断积累、比较优势不断变化，从自然资源和劳动资源密集型向技术和资本密集型转型的结构变迁过程。在市场流通体系容纳能力不断增长的过程中需要有第一批"敢吃螃蟹"的企业家身先士卒。第一个吃螃蟹的企业家如果成功了，其他企业家就会蜂拥而至，无须承担试验成败的风险，但却能共享试验的成果。如果第一个吃螃蟹的企业家失败了，其他企业家则会避之而不及，降低尝试的风险。对于第一个吃螃蟹的企业家而言，失败的成本和成功的收益是不对称的。因此就需要政府积极为这些企业家提供必要的防风险保障和激励措施，鼓励他们大胆去试验。

其次，需要依靠"有形的手"弥补市场的不足。当经济体的资本禀

[①] 陈飞、范庆泉、高铁梅：《农业政策、粮食产量与粮食生产调整能力》，《经济研究》2011年第11期。

赋水平低至一定程度时，依靠市场经济体系中的税收和补贴的手段将无法实现政府的战略目标，政府就只能选择对资源配置进行直接干预和剥夺企业自主权的计划经济体制来实现其发展战略①。

最后，有为政府为产业发展提供助推力。政府通过优化发展战略、产业与贸易政策、市场制度、公共投资建设，改变了集聚经济圈产业外在的发展环境，改变了其要素禀赋的使用与发展方向，提升了要素禀赋在市场竞争中的比较优势②。

当然，有为政府不是说政府权力肆意妄为，没有任何边界限制。首先，政府要以增进有效市场为目的。政府的本质是基于信托论的有为政府，而绝非自由放任的最小政府③。其次，政府要支持生产性企业家而不是非生产性企业家。在产业发展中，有的企业家是为促进财富增长，而有的企业家只单纯逐利，阻碍财富和经济增长。前者称之为生产性企业家，后者称之为非生产性企业家。生产性企业家的价值不仅在于创新技术和产品，而且在于技术与产品的传播。有为政府需要搭建各种桥梁与平台促进各种生产性企业家之间的合作④，并通过完善健全的基础设施和集体组织等将生产性企业家的企业家精神和潜在的个人创新精神释放出来⑤。

有为政府是如何产生出来的呢？或者说有为政府因何种要素而发生。朱富强将基于责任伦理的公共企业家精神视为有为政府的起源之一，并且儒家思想中"尽其在我"的责任文化是其重要依据⑥。从上述文献脉络可以看出，国内关于"有为政府"的研究大多投注于政府如何作用于经济发展，但忽略了一个很重要的问题，即有为政府的起源。本书试图探讨有为政府的生成机制及如何作用于欠发达地区农业市场流通体系建设。

---

① 林毅夫、龚强：《发展战略与经济制度选择》，《管理世界》2010年第3期。

② 胡晨光、程惠芳、俞斌：《"有为政府"与集聚经济圈的演进——一个基于长三角集聚经济圈的分析框架》，《管理世界》2011年第2期。

③ 朱富强：《契约主义国家观与有为政府》，《社会科学研究》2018年第5期。

④ 朱富强：《捍卫和尊重何种企业家——兼对企业家精神及其创新活动的性质甄别》，《社会科学辑刊》2019年第1期。

⑤ 朱富强：《如何引导"企业家精神"的合理配置——兼论有为政府和有效市场的结合》，《教学与研究》2018年第5期。

⑥ 朱富强：《如何保障政府的积极"有为"？——兼评林毅夫"有为政府论"的社会基础》，《财经研究》2017年第3期。

四 研究方法与案例介绍

(一) 研究方法

1. 多案例比较分析方法

(1) 方法选择

为了更好地回答所研究的问题,本书采用多案例比较分析的研究方法。选取多案例比较分析的原因有如下几条:第一,现有理论对县域政府与企业、农户(个体农户、农业大户)的互动关系如何作用于乡村产业的发展缺乏系统性整合,通过案例比较分析可以更好地探索产业发展中中央到县域政府之间的政策衔接机制是什么,政府如何与企业开展合作,政府如何协调资本与农户之间的关系。第二,现有研究成果多从制度、结构角度研究政府作用于乡村产业的发展,但对于政府促进产业发展行动的社会基础阐述得并不多,采取多案例比较分析方法有助于回答上述问题。第三,选择多案例比较分析方法,有助于借助"复制"逻辑,对比和识别不同情境下的差异和相似之处,帮助本书设计基于类似准实验逻辑的研究视角,并有助于因果关系的识别以及外部效度的提高。

(2) 抽样标准及方法

本书选择政府主导的乡村农业产业发展为研究情境。为推进乡村产业振兴,国家相关部门为贫困户提供小额信贷。国家大规模推进产业振兴的实践为本书提供了合适的研究情境背景和丰富的案例材料,所得出的研究结论可以为政府如何在继承脱贫攻坚成果的基础上开展乡村振兴战略提供必要的借鉴。

本书以县域政府为分析单位,以县域政府培育农业产业的行动逻辑为研究对象,采用目的抽样办法,案例选择标准主要有如下几个:①为了规避产业特性的差异、市场需求的差异对农业产业发展的影响,即在产业属性、市场需求相同的条件下观察产业发展进程中各方主体是如何互动的,本书暂定以香菇产业发展为研究对象。②为了控制不同的自然环境属性对产业发展的影响,本书以中部地区自然环境禀赋相似的城市远郊地区为案例选择范围。③为了能够完整呈现政府、企业和社会多元主体在产业发展中的互动逻辑,本书只选择三种主体都在场的案例。政府单一主体主导或者企业本身市场化运作的产业案例不在本书研究视野之内。④完整事件内部考察,以提高效度。本书将研究范围限定在精准扶贫政策实施以来的产业项目培育过程,以降低大时段其他不确定性因素对研究的干扰。⑤本书访谈对象仅限于欠发达地区县域政府相关部门中参与了产业培育的工作人员,其余工作人员不在访谈之列。

基于上述标准并结合多案例研究复制法则的需要以及数据可得性的要求,在可供选择的案例中筛选四个案例作为本书的研究样本,分别是XX县香菇产业、LS县香菇产业、LT县苹果产业、XS蚕桑产业。

(3) 案例的代表性与典型性

案例的代表性:

第一,本书的研究对象为欠发达地区县域政府培育农业产业的行动逻辑。本书所选LT县位于六盘山区连片特困地区、LS县和XX县位于秦巴山区连片特困地区、XS县位于罗霄山区连片特困地区,均是国家级贫困县。

第二,从地理区位划分,本书所选案例中XS县位于华东地区,LS县和XX县位于华中地区,LT县位于西部地区。

案例的典型性:

本书所选案例LT县政府培育的苹果产业经历过"三起三落"并在2011年后逐渐发展成熟;XX县香菇产业在2015年前后发生较大转折,在该县政府的扶持下产业转型较快;LS县曾一直是国家级贫困县,香菇产业的发展也一直延续传统的种植方式,效益很差,甚至一度沦为周边香菇市场的原材料产地,但是在2017年被划定为国家金融扶贫试验区后发展迅猛;XS县借助2008年后国家"东蚕西移"战略的实施略有起步,在精准扶贫战略实施后迅速推进了产业生产模式和生产技术革新。从上述案例可以发现,四个县培育农业产业的行动既有失败经验,也有成功经验,有助于更完整地透视县域政府的行动逻辑。

(4) 资料收集与分析

为保证数据的可靠性,本书采取了三角测量法,选择多种方式和渠道获取信息。计划从以下几种途径获取研究所需信息。第一,通过深度访谈和调查获取一手资料,采取结构式访谈的方式对涉及产业发展的企业负责人,农村合作社负责人,政府扶贫办或产业办、金融办等部门负责人,乡镇驻村干部,驻村工作队成员及农户进行正式与非正式访谈,访谈形式采用封闭式和开放式问题结合的方式,每次与每一组访谈对象研讨会的时间控制在1.5小时左右,此举意在透视产业发展中多元主体互动的全貌。为了保证访谈中对访谈信息的深度理解和准确记忆,访谈人员会在12小时内对访谈录音和笔记进行整理并交叉核对。第二,公开发表的与本案例研究相关的文献或者信息资料。第三,直接从县级相关政府部门获取的政策文件、年度报告等,从企业获取的财务信息报表等。第四,政府门户网站或者公共媒体公开报道的信息。通过实时数据和档案数据同时收集和验证,有效避免了回溯性解释、印象管理等严重影响研究信度的问题。

2. 扎根理论研究法

(1) 样本介绍

为了保证多案例比较分析中数据的多样性且能够相互印证,提高研究的信度和效度,笔者在实地调研之前就设计好从如下几个方面来获取资料(如表1-1所示)。

表1-1　　　　　　数据来源及调研概况

案例编码	A：LT县苹果产业	B：XX县食用菌产业	C：LS县食用菌产业	D：XS县蚕桑产业
核心访谈对象及次数	果业局干部2次,乡镇干部2次	农业局干部2次,乡镇干部2次	产业办主任1次,金融办主任1次,扶贫办主任1次	蚕桑局副局长1次,办公室主任1次
	合作社负责人2次	合作社负责人2次	合作社负责人2次	合作社负责人2次,村支部书记1次
核心访谈对象及次数	农业龙头企业负责人1次	农业龙头企业负责人1次	农业龙头企业负责人1次	农业龙头企业负责人1次
	驻村工作队队长1次	驻村工作队队长1次	驻村工作队队长1次	驻村工作队队长1次
访谈总次数	6次	5次	6次	6次
官媒报道	18万字	23万字	21万字	17万字
档案及文件：政府文件、个人传记	14万字	13万字	17万字	16万字
参与式观察	苹果树果园1次,苹果醋厂1次	蔬菜基地1次,产业园1次	香菇基地2次	桑树园2次,小蚕工厂2次

（2）数据编码与数据分析

在实地调查和深度访谈后，本书所涉案例中的产业项目从初步培育到历经起起落落直至最终形成可持续的产业形态是一个漫长的过程，访谈人员选择不仅要考虑现在从事产业的人员，还需要访谈曾经参与过产业培育的人员，数据获取的难度非常大。我们对四县产业培育的资料进行整合、质证，确保所获得的材料能够真实反映产业培育中的政府行动，由此获取了第一手资料。而后，我们对所获得的数据进行了编码，并检验理论饱和度。本书依据 Strauss 等为代表的程序化扎根理论的数据处理程序，即"开放式编码—主轴式编码—选择式编码"进行数据分析。为了保证本书的信度和效度，研究过程中严格按照扎根理论的方法对资料进行概念化和范畴化。为了保证编码的一致性，本书先对每个个案进行逐一编码，再比较每个个案最终形成一套统一的编码表。而后，研究人员与所访谈人员就编码进行沟通，最终确定本书编码结构。

第一步，开放式编码。由于部分研究是基于已有文本资料去挖掘数据，所以在编码之前排除了部分与之无关的资料和段落。为了降低研究者本人主观选择对编码的影响，尽量使用文本和受访者的原始语句作为标签，然后从中发掘初始概念。

表 1-2 开放式编码形成的概念和范畴

文本中的代表例证	概念化	范畴化
我们村以前没有合作社，也没有什么公司入村发展产业，平时都是各自干各自的事情。驻村工作队进来后帮助我们搞规模化、专业化种植	农民组织	
驻村工作队进来后帮助我们村建立了大旗合作社、深瑞合作社、生态茶园合作社和生态茶叶加工工厂，召集大家发展生产	集体行动强度	乡村自组织能力① P₁
省里有什么政策你得会听新闻，我每年都往省市跑项目，另外我们还想办法联系企业在我们村开办工厂	关系网络	

---

① 杨贵华：《转换居民的社区参与方式，提升居民的自组织参与能力——城市社区自组织能力建设路径研究》，《复旦学报》（社会科学版）2009 年第 1 期。

续表

文本中的代表例证	概念化	范畴化
我原来在外地承包一些小工程，收入也好着呢，2014年回村承包了这片果园，和乡亲们一起致富，也实现了我的价值	经营主体的能力和素质	乡村自主经营能力① P_2
很多农民你让他养殖或是搞种植，他们都会去搞，但是农产品出来后就成了大问题，他们不会卖	市场机会的捕捉能力	
我们联系相关单位对本村村民进行职业技能培训，目前总共培训人次达到200多人次，并帮助他们拿到了职业技能证书	生产技术学习能力	
2018年LT县农村电商交易突破5000万元，完成27.2万单5140万元，较上年同期增长30.2%	增加经济总量	提升政绩的动机 M_1
XX县在20世纪90年代投入大量资金在SW镇重点打造香菇产业，兴建了两个香菇市场以及生态公园；从2009年开始XS县将HX村试点大力打造集体经济示范村，现成为省AAA级旅游村、生态示范村	树立发展典型	
我流转了4.5亩土地，每年能收入1800元，加上在果园打工每年能挣8000元左右，在家门口年收入近万元	增加就业	
驻村帮扶后每周五下午我们就会上门把贫困群众家里的农副产品集中装车，再拿回去卖给爱心人士，从中不赚任何差价	完成上级分派任务指标	
这是头茬菇，二茬菇春节上市，3月份采摘三茬菇。俺种了14棚，1万多袋	增加农民收入	
2018年LT县被列入全省村级集体经济发展试点县，省财政厅下拨试点项目资金1000万元，县财政列支125万元补助资金，用于支持在13个乡镇14个行政村开展试点工作	试点性压力 M_{2a}	纵向压力与激励 M_2
精准扶贫战略实施后，包括XS、XX、LS、LT县都大力引入农业企业在所有贫困村设立扶贫车间，将半成品产品交由村集体生产或由企业为贫困户代养和代种	普惠性压力 M_{2b}	

① 陈文超：《概念辨析：自雇、自主经营与创业——基于进城个体经济活动现象分析》，《中共福建省委党校学报》2017年第8期。

续表

文本中的代表例证	概念化	范畴化
XX县与LS县几乎同步发展香菇产业，XX县2012年投资3亿元扩建SL香菇市场，投资6000万元扩建了DH香菇市场，而LS县建立自己的香菇市场则在2016年以后；2007年后XX县就确定了外调菌材发展香菇的战略	完成任务的进度比较	府际竞争的压力 M_3
XX县与LS县几乎同步发展香菇产业，早在2010年XX县香菇生产规模达到了创纪录的1.5亿袋，而LS县靠近这一目标则是在2016年后	经济指标数量比较	
LJ县与LT县开展"东西协作"扶贫，在LT县6个乡镇帮扶建设53座"阳光房"，扶持158户建档立卡贫困户增收	对人财物的争夺	
2015年LS县全县公共财政支出210449万元，年终无结余；2016年LS县全县债务余额5.8亿元；2018年LS县偿还债务23177万元	财政承受能力	财政能力 M_4
LT县获得亚行贷款林业生态发展项目资金1133.78万元，全球环境基金赠款91万元，完成苹果栽植1.63万亩	财政汲取能力	
村里负责准备相应的材料，我们驻村工作队去跑程序，驻村工作队和村委会分工协调，筹款改善村委会办公条件和兴建学校	积极应对 V.S. 消极应付	政府的态度和策略 H_1
我们选择那些有发展能力、技术比较过硬的合作社和大户，帮助他们申请精准扶贫小额贷款，给他们增加一些流动资金，让他们去带动那些农户去发展	普惠性 V.S. 选择性	
我们就把我们农行的客户介绍给他们，这样一来农户的销售渠道就畅通了。我们银行的客户比较多，去年我们介绍农户把这些养殖的东西卖到了安徽合肥、河南郑州等地方	管理型 V.S. 发展型	政府行动方式 H_2

续表

文本中的代表例证	概念化	范畴化
镇政府采取购买社会服务的方式规划建设500亩香菇种植园，让香菇种植大户免费使用	兜底	政府行动方式 H_2
WG乡为了大面积发展苹果种植，强行阻止农民种口粮田，组织人员把玉米苗全部拔掉了，大面积耕地撂荒	一刀切	
政府做担保，贫困户从银行贷款，之后这笔资金交给企业，在企业入股，贫困户可以从企业获取相应的分红	协调关系	

第二步，主轴式编码。通过主轴式编码发现，上述开放式编码发现的几个范畴确实存在一定的关系，从而归纳出四个主范畴。

表1-3　　　　　　　　　　主轴式编码范畴

影响因素机制	主范畴
提升政绩的动机 M_1	组织内情境 M
纵向压力与激励 M_2	
府际竞争的压力 M_3	
财政能力 M_4	
乡村自组织能力 P_1	组织外情境 P
乡村自主经营能力 P_2	
政府的态度和策略 H_1	行动者 H
政府行动方式 H_2	

第三步，选择式编码。在主范畴及其逻辑关联的指引下，通过选择核心范畴，把各范畴系统地整合在一起，从而形成一个完整的故事链。本书编码中所蕴含的关系是在农业产业培育中，县域政府总是能够灵活地调整自己的角色和定位，而组织内环境约束和组织外环境约束是促使县域政府行动发生的源头。

本书通过对主范畴和其他范畴与县域政府产业培育行动的关系之间的联系，建立其联结关系，如图1-2所示。首先确定县域政府培育农业产业行动逻辑为核心范畴，并确立其与主范畴组织外情境要素和组织内情境要素之间的关联，同时两种情境要素还受县域政府关于角色的自我定位的影响。基于上述分析，确定了本书的理论模型（如图1-2）。

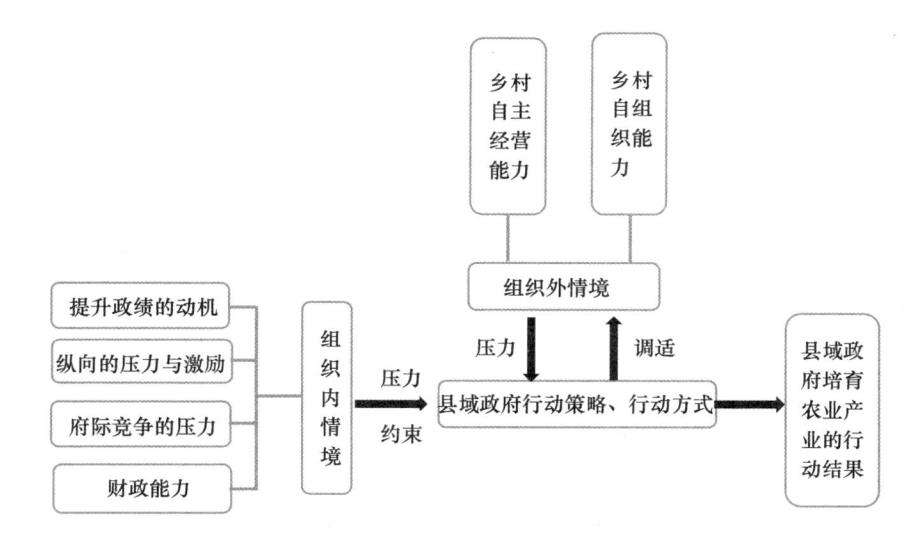

图1-2 县域政府培育农业产业行动逻辑理论模型

（3）研究的信度与效度检验

第一，研究的信度。在研究过程中通过观察者稳定度、平行模式、观察者评分一致等方式来提升研究的信度。研究者在不同的时间和地点对研究团队进行观察、访谈，以提高观察者在研究中的稳定度。直到当一个案例中看到的现象与之前案例中看到的现象的解释没有变化为止。

第二，研究的效度。首先，本书采用三角互证法以提升研究的效度。其一，本书拟从参与式观察、深度访谈、档案信息和新闻报道等几个渠道获取关于政府产业培育行动的信息，对不同来源的信息进行比较，以确定是否能够相互证实。其二，围绕同一问题，与多个主体开展深度访谈，以确保获取的信息是否能够互证。访谈对象包括乡村产业发展中县域政府相关部门工作人员、乡镇驻村干部、驻村工作队、村干部、涉农企业人员及村民。对本书所要研究的问题提前准备好访谈提纲，采用头脑风暴的方法获取真实信息。其次，采用成员检验法。在访谈结束后会将当时的录音整理成的文字及相关研究结论交给访谈对象，得到访谈对象的认可。最后，反面案例辅证。当在观察中发现一个研究对象处于某维度的一端时就努力寻找此维度另一端的对象，避免以偏概全。

（二）案例介绍

1. LT县苹果产业培育

LT县位于六盘山区连片特困地区，由于产业基础比较薄弱，经营能力比较差，经济发展一直比较滞后。但这里因土层深厚，通透性好，光热资源丰富，昼夜温差大，空气和土壤污染指数小而盛产苹果，在产业扶贫政策的推动下，该县被农业农村部确立为黄土高原最适宜苹果生长的区域。

改革开放初期，LT县在省市两级政府的支持下，顺应改革开放的大潮大力发展苹果产业，提出了"一乡一业、一村一品，大搞多种经营"的发展思路。1980年包产到户后，有的果园村集体继续经营，有的果园则承包给农户经营。1985年零星种植的苹果树达到5000多亩，到1990年达到3万余亩，接下来LT县苹果产业发展形势一片大好，到2001年苹果树达到近10万亩。从1982年到1998年苹果的产量一直处于强劲的上升势头。但好景不长，随着树龄的增加，品种退化、树体衰弱、经济效益差、经营不善、放任不管、病虫危害严重等问题开始浮现，苹果产业第一次培育尝试宣告失败。从1999年开始，为了发展当地农村支柱产业解决群众生活生计问题，LT县政府动员群众开始第二次大规模苹果树种植。至1999年底，全县果园面积恢复到44723亩，到了2000年全县果园面积甚至最高达到10万亩。然而好景不长，全国果品市场持续低迷，苹果价格低，效益不明显，加之无龙头企业引领，导致果品滞销，果园管理松散放任，病虫害蔓延，果树死亡。第二次苹果产业培育尝试因此草草收场。2000年底LT县民间私下开始大面积挖除残败果园，苹果树种植面积逐年衰减，到2005年果园基本被全部挖除。2006年温暖和煦的春风给当地带来了振奋人心的消息，LT县被农业农村部（原农业部）确定为全国苹果最佳适生区，被甘肃省确定为18个苹果发展优势区域重点县和省列扶持村级集体经济发展试点。在中央到省、市三级政府的重点扶持下，LT县从2006开始重启大规模苹果产业发展的征程。

从LT县培育苹果产业"三起三落"可以看出，从一开始的县域政府独立培育，到后来中央—省—市三级政府支持下开展苹果产业培育，县域政府在其中发挥了至关重要的作用。产业培育的过程基本阐述清楚了，但是依然无法解决笔者心中的两个疑团：第一，2006年之前LT县农村苹果产业培育因何起步，又为何会失败？县域政府在其中究竟扮演了何种角色，其行动逻辑是什么？县域政府是如何动员民众、农业企业和合作社参与产业培育的？县域政府是如何与上级政府展开互动的？对待生产技术管理、市场开拓、经营主体培育、产业融资等问题，县域政府究竟持何种态度？第二，从2006年重上征程，LT县域政府采取了何种发展策略，为何会取得成功，与之前几次失败的产业培育尝试中的行动逻辑有何差异？

2. XX县香菇产业培育

XX县位于伏牛山脉南部，是秦巴山区典型的贫困县。全县人口不足45万人。然而就是这个小县城的香菇出口值创下河南省出口农产品之首。2018年全县香菇总产量突破20万吨、产值20亿元，综合效益突破60亿元，全县有20万农民从事香菇种植、加工和购销[1]。调查发现XX县香菇产业从小到大发展过程中政府的角色逐渐由主导者转变为引导者和协调者。20世纪90年代，XX县政府投资成立占地面积达到3.5平方公里的香菇交易专业市场。在政府奖补政策的激励下，该市场一度形成800多家专业门店，外地常住客商1000余人，长年从事香菇加工、分级、购销的人员达10000余人的规模。1993年刚开始，年交易额还不到千万元，但1995年市场交易额就突破亿元大关，1997年达到5亿元，2011年达24亿元，年购销香菇达4万吨。2008年8月河南第一家县级检验检疫办事机构在XX县成立。到2015年，在XX县政府的积极运作下，保税区、海关、商检、中行等重要部门在香菇市场设关。2016年占地350亩、投资3.2亿元的香菇城建成，年加工香菇能力达到10万吨，出口创汇3亿美元。精准扶贫政策的实施进一步强化了XX县香菇产业的优势。2017年全县累计发放扶贫贷款4.1亿元，惠及贫困户4000多户，每户年受益3300元以上，贫困户年增收1000多万元[2]。

---

[1] 《"菇城"厉害了！河南XX小香菇勇闯国际》，大河网，https：//news.dahe.cn/2018/10-08/386096.html。

[2] 《金融扶贫惠及4000贫困户 引来金融活水"贷"动群众致富》，南阳新闻网，http：//news.01ny.cn/2018/zonghe_0905/1001098.html。

在香菇产业结构调整方面，XX县域政府一直处于宏观调控者的地位。然而，随着产业规模日益扩大，问题也逐渐呈现出来，即产业旺盛的生产力与当地行将枯竭的林木资源之间的冲突。XX县政府在2007年禁止采伐当地的木材资源，并对香菇产业发展做出控制规模的限制。为了能够给产业发展寻找突破点，县域政府在改革菌类产业结构的同时，积极对外联络黑龙江、湖北甚至俄罗斯的木材厂，解决了香菇产业的菌材问题，XX县香菇产业的发展步入快车道（如表1-4所示）。因此，深刻透析XX县香菇产业发展中，县域政府如何能够积极调整产业发展战略定位，如何捕捉市场信息，如何对待生产技术革新，如何与企业、合作社、农户等展开互动等问题不仅有助于从理论层面解释政府行动，也可以为类似地域农业产业的培育提供较好的借鉴经验。

表1-4　　　　　　　　　　XX县香菇产业发展状态

年份	农业产业技术	市场空间	生产规模
2006	木腐菌与草腐菌并存；传统分散生产向集约化、标准化生产转变；从东北、陕西外调菌材		
2007	外购菌材8万吨		
2008	外购菌材8万吨		
2011			菌种厂一处，示范村一个，示范户200户
2014		香菇出口6558吨，出口额1.32亿元	香菇1500万袋，香菇基地200公顷
2015	外购菌材17万吨	产值20亿元	袋料香菇1.5亿袋
2016	建成20个香菇产业基地	香菇产值20亿元，出口6亿元	新发展夏菇300万袋，草腐菌2000平方米，食用菌产量20万吨

3. LS县香菇产业培育

与XX县在20世纪八九十年代县域政府各部门推动大力搞农业集约化经营、专业化经营的发展思路不同。LS县也位于秦巴山区连片特困地区，且食用菌产业已经有 30 多年的历史，几乎与 XX 县同时期开始发展香菇产业，但产业布局分散，无龙头企业带动，集约化程度低、基地建设标准不高，多见于菇农家庭式小作坊经营；没有积极寻找科研机构的支持，不仅产业工艺流程落后、产业链条较短，而且各家各户所采用的菌种都不一样，很难形成规模化的市场；不注重产业品牌形象的维护，市场影响力很小，综合效益比较低。此外，与 XX 县开辟的工业化、标准化和高端产业发展思路不同，LS 县在 2014 年之前一直作为 XX 县初级农产品供给地存在，LS 县四分之三的菌菇是通过小商贩流入 XX 县菌菇市场的。最为关键的是在过去几十年的发展历程中，菌菇产业发展并没有引起 LS 县政府过多的注意，2014 年前 XX 县政府历年政府工作报告只提过一次，其余年份菌菇产业并没有出现在县政府工作报告中。只是随着金融扶贫试点政策在 LS 县展开，菌菇产业才迅速成为该县的中心工作，而且产业呈现蓬发之势，大有与 XX 县产业发展靠近的趋势。

对此有几个疑问本书需要解答：第一，LS 县和 XX 县两地拥有大抵相似的自然环境资源，拥有同样长久的香菇种植传统，为何产业发展呈现如此大的差异，一个成为高端产业、标准化产业聚居地，一个却成为原料生产和初级农产品供给地？两地县域政府的行动对产业发展产生了什么样的影响，其行动逻辑是什么？第二，LS 县菌菇产业一直发展不起来是因为缺乏条件？那么，为何在被定为金融扶贫试点的 2014 年之后迅速蹿红，一度成为全省乃至全国的明星产业？相关层级政府部门在其中究竟扮演何种角色？各部门都发挥了什么作用，行动逻辑是什么？

表 1-5　　　　　　　　　　LS 县菌类产业发展规模

年份	菌类产业发展规模
2018	食用菌，出口企业达到 7 家，总量突破 1.8 亿棒，产值 26 亿元
2017	食用菌，建设食用菌产业园 2 个，生产基地 12 个，发展食用菌 1.26 亿袋，实现产值 9.16 亿元

续表

年份	菌类产业发展规模
2016	发展食用菌 9198 万袋，引进羊肚菌、蛹虫草等食用菌新品种 6 个，产值 6.86 亿元，完成出口创汇 3115 万美元
2014	引进"雨花二号"花菇、"雪梅"地栽木耳、蛹虫草等新技术、新品种 10 个；引进羊肚菌等新品种 6 个，新建标准化示范基地 6 个
2010	发展食用菌袋料 7800 万袋，草腐菌 10 万平方米，菌业产值 3.7 亿元

注：依据河南省统计年鉴整理。

4. XS 县蚕桑产业培育

XS 县地处幕阜山与九岭山山脉之间，是罗霄山连片特困地区的国家级贫困县。蚕桑产业一直是该县的传统优势产业。2014 年全县蚕桑产业主营业务收入有 3 亿多元，在全国排名 20 位左右。2018 年甚至发展为集多种产业融合发展，全年养种 5.2 万张，产茧 4.5 万担的蚕桑大县。XS 县政府一直将蚕桑产业作为中心工作来抓，并在省市两级政府的支持下，协调本级其他企事业单位对蚕桑产业机构进行优化升级，从而实现了从原始分散经营到多元化产业融合发展的路子。

表 1-6　　　　　　　　XS 县蚕桑产业发展规模

年份	规模
1995	桑园面积 8.38 万亩，蚕茧产量 2135 吨
1999	蚕茧产量 847 吨
2000	蚕茧产量 1063 吨
2001	蚕茧产量 1884 吨
2002	蚕茧产量 2591 吨
2003	蚕茧产量 2731 吨，养种 8 万张
2004	养蚕 6.6 万担
2005	蚕茧产量 4252 吨
2006	养蚕 6.6 万担，养种 10 万张
2007	蚕茧产量 475 吨，养种 12 万张

续表

	2009	新扩低改桑园面积5000亩，组建19家蚕桑生产专业合作社，引进两个茧丝绸一体化深加工项目	改良桑园面积16亩
工厂化、集约化生产	2010	桑园投产面积5万亩	
	2011	新扩建桑园3000亩	蚕桑面积仅剩105亩
	2012	新扩低改桑园5000亩，养种5.06万张，产茧4.25万担，实现产值7500万元；东洲农业、春歌科技等蚕桑副产品加工企业相继投产	蚕桑生产专业合作社

五 逻辑架构与创新意图

（一）逻辑架构

本书采用多案例比较法和扎根理论的研究方法深度解析欠发达地区县域政府培育农业产业的行动逻辑、影响因素及其结果。

1. 绪论部分

第一章主要初步归纳本书的问题意识。从"欠发达地区县域政府培育农业产业的行动出现差异化结果"这一现象出发，梳理解释与这一结果生成逻辑相关的文献，归纳出两种解释路径：政策执行取向和乡村特质取向。依据这两种解释路径初步提出本书的问题意识。

2. 主体部分

第二章主要构建分析视角、进一步提炼问题意识、确定核心论点及分论点。继续从政策执行取向和乡村特质取向两种解释路径上分析以往诸多分析范式对政府行动逻辑的解释思路，并从情境、行动者、过程、结果四个要素入手构建"情境—过程"分析视角。在此基础上，解析该视角的构成要素、内涵及结构条件，并进一步提炼和完善本书的问题意识。最后，围绕上述问题意识提出本书的核心论点和分论点。

第三四五章先分别从欠发达地区县域政府培育农业经营主体、促进农业产业技术革新和农业市场流通体系建设三个方面验证上文提出的核心论点和分论点,并进一步解释县域政府在三个方面的行动逻辑、影响因素及差异化结果。第六章围绕本书的问题意识和核心论点、分论点对上文进行总结。

3. 结论、建议及研究展望部分

第七章先以核心论点为逻辑线索对全书进行总结,就欠发达地区县域政府的行动调适提出政策建议,并提出"欠发达地区县域政府培育农业产业差异化结果的生成逻辑"这一问题可以继续拓展研究的方向。

```
┌─────────────────────────────────────────────┐
│      文献研究与问题意识初步提出(第一章)       │
└─────────────────────────────────────────────┘
         ↓                          ↓
┌──────────────────┐   ┌─────────────────────────────┐
│ 相关概念界定、理论基础 │   │ 文献述评及问题意识初步提出        │
│                  │   │ 县域政府培育农业产业行动差异化结果的生成逻辑 │
└──────────────────┘   └─────────────────────────────┘
                          ↓
┌─────────────────────────────────────────────┐
│ "情境—过程"分析视角构建、问题意识进一步凝练、   │
│ 确定核心论点及分论点                          │
└─────────────────────────────────────────────┘
                          ↓
┌─────────────────────────────────────────────┐
│ 论点验证及欠发达地区县域政府培育农业产业的行动逻辑缕析 │
│ 农业经营主体培育(第三章)、农业产业技术革新(第四章)、市场流通体系(第五章) │
└─────────────────────────────────────────────┘
         ↓                          ↓
┌──────────────────┐        ┌──────────────────┐
│   扎根理论研究法    │        │    多案例比较分析   │
└──────────────────┘        └──────────────────┘
                          ↓
┌─────────────────────────────────────────────┐
│   欠发达地区县域政府培育农业产业行动逻辑延伸讨论    │
└─────────────────────────────────────────────┘
                          ↓
┌─────────────────────────────────────────────┐
│ 欠发达地区县域政府培育农业产业的政策建议及研究方向展望 │
└─────────────────────────────────────────────┘
```

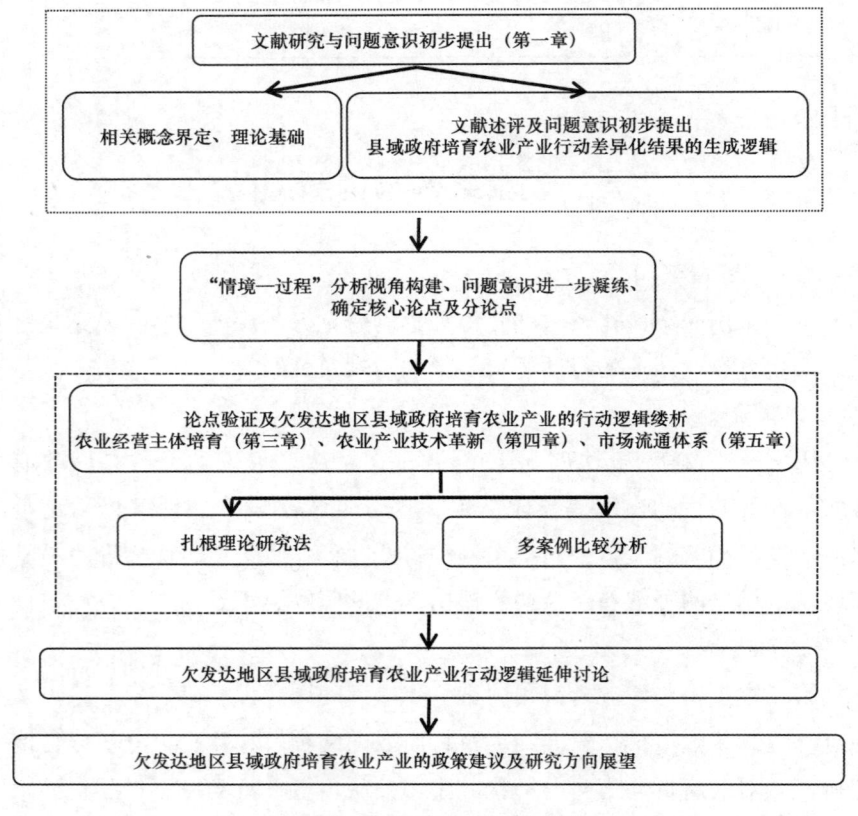

图1-3 逻辑架构及技术路线

(二)创新意图

1. 研究问题选择创新。本书从组织内外情境协同配合的视角切入解释同一政府在培育农业产业的过程中同时存在名实相符与名实分离的行动逻辑及其影响因素。

2. 研究视角创新。本书提出"情境—过程"的分析视角，既整合了欠发达地区县域政府培育农业产业行动的乡村特质研究取向和政府政策执行研究取向的优势要素，也试图克服委托—代理模型、晋升锦标赛、行政发包制、项目制、统合主义、嵌入性自主、发展型政府等解释范式中存在的对制度失灵和政府行动的社会基础条件关照不足和静态分析等不足。

3. 学术概念创新。本书对传统的"压力型体制"概念做了一定修正，扩展了压力型体制的内涵，细化了分类。随着政府改革的持续深入和城乡社会环境的变迁，压力型体制的"压力源"也渐趋丰富，单纯强调政府系统内部自上而下方式传导压力需要进一步修正。本书在传统概念基础上吸纳了横向府际竞争压力、政府因应社会条件而形成的压力。此外，依据压力型体制政策靶向范围将其分类为试点性压力型体制和普惠性压力型体制。

4. 学术思想创新。本书尝试解释欠发达地区县域政府是作为一个行动者，其行动同时嵌入在政府组织运行体系和社会环境中，分析政府的行动逻辑需要将政府系统运作和社会基础条件两种变量整合起来。

5. 学术观点创新。欠发达地区县域政府培育农业产业行动中出现差异化结果是其在既有组织内情境的约束下，因应政府行动的社会基础条件而做出的策略选择。第一，在试点性压力型体制所引导的组织内情境的约束下，欠发达地区县域政府在自组织能力和自主经营能力等组织外情境较强的村庄采取协调和辅助策略，助推辖区内多种经营主体开展合作，政策执行结果与政策目标之间趋近，形成名实相符现象。此外，欠发达地区县域政府在自组织能力和自主经营能力等组织外情境较弱的村庄采用行政主导的行动方式推进产业培育政策，易发生"一刀切""精英俘获"等问题，造成政策执行结果与政策目标之间的分离。第二，在普惠性压力型体制所引导的组织内情境的约束下，县域政府会在组织外情境较弱的村庄采取稳定优先的行动策略，而在组织外情境较强的村庄采取发展主义的行动策略。结果大量产业资源集中于个别中心村，进一步拉大了村庄之间的差距，与政策目标相悖。

第二章

"情境—过程":县域政府培育农业产业的分析视角

较之于发达地区,欠发达地区尤其是深度贫困地区县域政府的行动逻辑具有独有的特点。由于"民族地区、边疆地区、革命老区、集中连片特困地区贫困程度深、扶贫成本高、脱贫难度大"及"基础设施和公共服务严重滞后",培育农业产业的成本也更高,靠市场化的方式很难解决这些难题。因此,欠发达地区培育农业产业的过程中县域政府的作用也更加突出。那么,以往分析视角有没有考虑到欠发达地区县域政府行动的独特性?

一 县域政府培育农业产业的组织内情境

"总体性社会"被用来解释传统计划经济时期经济发展中的政府行动逻辑。该理论假设中国是一个国家权威统摄一切的社会,国家强制和命令经济导致社会高度集权和政治化[1]。随着改革开放后实行双轨制形成二元社会结构,全面市场化及分税制改革重塑了权力与市场、中央与地方的关系格局,直至今日的"放管服"改革成为促进社会建设的重要机制,政府的治理策略从改革前的总体性支配向技术性治理转变[2]。随后中央政策

---

[1] Friedrich Cal J., Curtis Michel, Barber Benjamin R., *Totalitarian in Perspectives: Three Views*, New York: Praeger, 1969.

[2] 渠敬东、周飞舟、应星:《从总体支配到技术治理——基于中国 30 年改革经验的社会学分析》,《中国社会科学》2004 年第 2 期。

的一统性和地方政府的自主性之间的矛盾关系才逐渐进入众多学人视野，并被用于解释政府行动逻辑的复杂情境。

（一）纵向权力协调与管控的分析视角

纵向权力协调与管控视角所关涉的主要内容是中央政府为了保证政策有效实施，维护政策的一统性采取何种策略来监管或者激励地方政府。关于中央政府对地方政府的监督和管控主要有如下几种解释路径：

1. "委托—代理"模型

"委托—代理"模型经常被学界用来解释政策一统性与地方执行灵活性这对矛盾关系。"委托—代理"模型强调，由于委托方与代理方之间存在信息不对称、目标之间存在分歧等问题，需要通过外部激励和监督等方式督促代理人按照委托人的要求开展行动[1]。中央到地方这种松散的代理关系，导致中央为了保证政策的实施，趋向于权力与资源上移，并对下逐级加压。而基层政府在执行政策时则采取灵活变通的方式来缓解自上而下的政策压力[2]。周雪光等用"委托方—管理方—代理方"三级科层组织模型来解释中央与地方政府之间的矛盾关系[3]。中央政府作为委托方拥有政策制定和组织设计的最终权威，通过"人事政策，财政分权和赞助关系强化对地方的集中控制"。包括县级政府、乡镇级政府在内作为代理方有责任执行和落实自上而下的政策和指令。此外，中央政府将部分权威授权给省、市职能部门，使其肩负督促和监管代理方是否认真执行中央政策的职责。在这种权力运行机制中，为了保证中央政策得到贯彻落实，政府系统内部常向下层层加压，有时甚至将政策内容纳入党的政治中心工作，出现常规科层化治理与运动型治理共进的现象。

2. 压力型体制

"压力型体制"概念被广泛用来解释上级政府为了保证政策目标能够

---

[1] Gibbons Robert, "Incentives in Organizations", *Journal of Economic Perspectives*, Vol. 12, No. 4, 1998, pp. 115–132.

[2] 周雪光：《权威体制与有效治理：当代中国国家治理的制度逻辑》，《开放时代》2011年第10期。

[3] 周雪光、练宏：《中国政府的治理模式：一个"控制权"理论》，《社会学研究》2012年第5期。

被精准落实而采取的一系列的监督和督促行为。荣敬本等人提出"压力型体制"概念来解释经济发展中政府上下级之间的互动关系,主要包括几个方面的内容:第一,数量化的任务分解机制。政府及其相关部门会将政策内容量化分解,通过签订目标责任书的形式分派到下级政府或者个人,并要求在限定时间内完成。第二,各部门共同参与的问题解决机制。政府会要求相关部门将政策内容作为中心工作或者各部门抽调人手和多部门联合来完成上级政府下达的临时性任务。第三,以否决方式为核心的多层次评价体系。对核心重要任务实行一票否决制。第四,政治承包机制[1]。下级政府及其相关人员只要完成了任务和指标,上级政府就往往不会对他如何完成的以及指标之外的事务进行过多的干预[2]。

压力型体制也直接影响到地方政府与企业之间的关系。鄢波、王华研究了地方政府竞争压力对上市公司获得政府补助的影响。他们发现,在面对纵向的体制压力和横向的竞争压力之下,地方政府会理性地选择扶持对象和扶持力度。当竞争压力变大时,地方政府对上市公司的扶持意愿和扶持力度会增大;当竞争压力变小时,地方政府会减少对上市公司的扶持。对业绩好的盈利公司的扶持则随着竞争压力呈现出差异化特征[3]。

3. 晋升锦标赛

"晋升锦标赛"常被学人用来解释在中央宏观政策的指导下,地方政府之间围绕相同的政策议程而采取的竞争性行为。周飞舟以"大跃进"时期政府内部上下级之间的关系为研究对象,发现在中央高度集权的体制下政府权力运作会出现"锦标赛"特征。在中央全面控制政治、经济、文化领域的条件下,中央政府会通过向地方政府大规模放权以鼓励地方政府在主要经济指标方面展开竞赛[4]。杨其静将这种研究思路引入当下政府行为研究中,并提出在行政集权体制下,中央政府能够评价下级政府的绩

---

[1] 戴长征:《国家权威碎裂化:成因、影响及对策分析》,《中国行政管理》2004年第6期。

[2] 荣敬本、高新军、何增科、杨雪冬:《县乡两级的政治体制改革:如何建立民主的合作新体制》,《经济社会体制比较》1997年第4期。

[3] 鄢波、王华:《地方政府竞争与"扶持之手"的选择》,《宏观经济研究》2018年第9期。

[4] 周飞舟:《锦标赛体制》,《社会学研究》2009年第2期。

效并决定后者的政治命运。上级政府或者中央政府依托人事任免权等对下级政府进行监督和控制①。周黎安将这种人事权集中在上级或者中央政府的政治集权形象归纳为"晋升锦标赛"治理模式。在这种竞争机制下，地方主政官员之间是零和博弈，一个官员的晋升意味着另一位官员将失去一次晋升机会。为了维持更高的利润，地方政府便会设置各种措施保护本地产业，甚至大搞重复建设，从而导致市场分割和比较优势丧失等不良后果②。刘佳、吴建南、马亮发现地方官员晋升竞争是引发土地财政的根本原因，官员任期与土地财政之间存在显著的倒"U"型关系，行政首长面对晋升竞争时更倾向于土地财政。相较于东部地区，西部地区官员在面对晋升竞争压力时更愿意选择土地财政③。与之相反，陶然、苏福兵、陆曦、朱星铭利用省级官员晋升数据对政治晋升锦标赛进行了验证，发现中国并不存在一个从中央到省、从省到地市、从地市到县乃至乡级的层层放大的、将政治提拔和经济增长或主要经济指标直接挂钩的考核体系④。

4. 行政发包制

如周黎安用"行政发包制"概念，从行政权分配、经济激励和内部控制三个维度解释政府内部上下级之间的关系⑤。第一，中国地域辽阔，各个地方之间的差异巨大，如果由中央政府统一治理，治理成本会非常高。为了促进更有效的治理，中央将行政事务分解成任务和指标，并层层发包给地方政府。第二，中央政府通过实行预算包干和财政分成体制，鼓励地方政府自筹资金，增加财政收入。第三，为了防止地方政府权力不受控制，中央政府牢牢控制着人事权、干预权、审批权和指导权，而将剩余的权力赋予到发包项目中，并连同项目一起交给地方政府。

5. 项目制

伴随分税制改革，财政收入分配领域出现了一个新变化：资金的分配

---

① 杨其静：《市场、政府与企业：对中国发展模式的思考》，中国人民大学出版社2009年版，第12页。

② 周黎安：《中国地方官员的晋升锦标赛模式研究》，《经济研究》2007年第7期。

③ 刘佳、吴建南、马亮：《地方政府官员晋升与土地财政——基于中国地市级面板数据的实证分析》，《公共管理学报》2012年第2期。

④ 陶然、苏福兵、陆曦、朱星铭：《经济增长能够带来晋升吗？——对晋升锦标竞赛理论的逻辑挑战与省级实证重估》，《管理世界》2010年第12期。

⑤ 周黎安：《行政发包制》，《社会》2014年第6期。

出现以项目的形式，依托现有的"条线"体制，但在行政层级体制之外灵活处理的机制。有学者将此运行机制称之为"项目制"。"项目制是指政府运作的一种特定形式，即在财政体制的常规分配渠道和规模之外，按照中央政府意图，自上而下以专项化资金方式进行资源配置的制度安排。"① 言下之意，中央通过专项项目的形式自上而下转移资金，而地方则需要依赖申请项目的形式通过竞争获取资金，其中存在很大的不确定性和偶然性，"政府间的转移支付资金中，有相当大的一部分被政府部门指定了专门用途、戴上了各种'项目'的'帽子'，以期严格体现资金拨付部门的意志"②。而农业产业现代化所需要的经营人才培育、生产技术革新、市场开拓、基础设施建设等都仰赖于政府资金的大力扶持。

延续此种研究路径，学人们对如此大规模的资金流动的内在运行机制产生了浓厚的兴趣。渠敬东指出，为了突破以单位制为代表的原有科层体制的束缚，遏制市场体制所造成的分化效应，加大民生工程和公共服务的有效投入，中央政府着意实行国家财政的专项转移支付等项目，但这形成了中央与地方之间的分级治理机制③。折晓叶、陈婴婴对项目制运行中的分级治理机制做了进一步细分，其中包括国家部门的"发包"机制、地方政府的"打包"机制和村庄的"抓包"机制等④。为了保证中央的政策目标精准实施，政府内部不得不启动动员机制。陈家建认为，在政治动员的过程中基层政府的科层制结构发生了重构，由传统的"层级动员"转向"多线动员"，行政资源的分配也演变为项目中心模式⑤。

在项目制下地方各级政府会采取何种行动策略呢？黄宗智、龚为纲、高原发现，在项目制运作过程中官商结合、政商结合很可能会导致资源配置不当和不平等问题⑥。周雪光教授将基层政府自上而下地向所管辖区域

---

① 周雪光：《项目制：一个"控制权"理论视角》，《开放时代》2015 年第 2 期。
② 周飞舟：《财政资金的专项化及其问题——兼论"项目治国"》，《社会》2012 年第 1 期。
③ 渠敬东：《项目制：一种新的国家治理体制》，《中国社会科学》2012 年第 5 期。
④ 折晓叶、陈婴婴：《项目制的分级运作机制和治理逻辑——对"项目进村"案例的社会学分析》，《中国社会科学》2011 年第 4 期。
⑤ 陈家建：《项目制与基层政府动员——对社会管理项目化运作的社会学考察》，《中国社会科学》2013 年第 2 期。
⑥ 黄宗智、龚为纲、高原：《"项目制"的运作机制和效果是"合理化"吗?》，《开放时代》2014 年第 5 期。

中的下属组织和个人索取资源的行动定义为逆向软预算约束。逆向软预算约束包含三个层面的内容：第一，基层政府向所辖区域内的企业或个人征收正式税负之外的苛捐杂税，将政府之外的资源转化为可供政府支配的财政能力；第二，基层政府通过交换关系或者政策压力迫使所辖区域内的企业或者其他单位实体给政府所提倡的政绩工程捐资；第三，上级政府以一部分资金撬动市场，从而引诱下级政府或者企业在政府所关注的项目上投资①。狄金华在周雪光的研究基础上，引入政府目标属性变量，分析了内生目标与外生目标所诱发的逆向软预算约束及其行动逻辑的差异②。

（二）横向府际竞争的分析视角

地方政府竞争被普遍视为中国改革开放以来经济发展的重要动力③。在纵向府际权力关系的驱使下，地方政府为了获取更好的政绩和升迁机会，开始采用各种优惠政策和策略来吸引资本进入。由于纵向的干部考核制度将招商作为重要考核指标，地方官员因而受到很强的激励来进行税收竞争以吸引投资④。为了更好地解释相同资源禀赋条件下地方政府发展农业产业的差异，需要详细梳理地方政府展开竞争的理论脉络。

1. 统合主义

统合主义着重强调了政府对利益集团的整合作用，与多元主义下的政企关系存在较大不同。统合主义指涉国家授权组建社会团体。以统合主义模式中政府主导作用的强度差异为标准，统合主义分为国家统合主义和社会统合主义。

①统合主义的主要基本内涵：

第一，统合主义模型是介于强政府论与自由市场至上论之间的中介形

---

① 周雪光：《"逆向软预算约束"：一个政府行为的组织分析》，《中国社会科学》2005年第2期。
② 狄金华：《政策性负担、信息审查与逆向软预算约束——对项目运作中地方政府组织行为的一个解释》，《社会学研究》2015年第3期。
③ 张军、高远、傅勇、张弘：《中国为什么拥有了良好的基础设施？》，《经济研究》2007年第3期；周业安：《地方政府竞争与经济增长》，《中国人民大学学报》2003年第1期；周业安、宋紫峰：《中国地方政府竞争30年》，《教学与研究》2009年第11期。
④ Choi, E. K., "Informal Tax Competition among Local Governments in China since the 1994 Tax Reforms", *Issues and Studies*, Vol. 45, No. 2, 2009, pp. 159–183.

态,其最终目标是将公民社会中的组织化的利益嵌入国家的制度体系当中。《布莱克维尔政治学百科全书》将统合主义定义为:一种不同于资本主义和社会主义的新型政治经济制度,由国家掌握的私人所有占主导地位的工业发展方向。

第二,国家界定和规制阶级或者利益集团活动范围,协调私人协会和行业协会的活动。黎文飞、唐清泉以2002—2012年中国A股上市公司为样本,研究发现财政行为的频繁波动破坏了以财税为核心的政企双边关系的稳定性和可预期性,这种不确定性和不稳定性降低了企业的创新意愿和创新能力,政府财政行为波动的大小与企业创新能力的强度呈现负相关[①]。

第三,统合主义强调了非正式与正式的制度化要素的作用,认为个体的偏好是受到特定环境中的习俗、文化、价值规范以及市场规则体系影响的,制度能够降低行动的不确定性。杨艳、李盼盼、毛育晖以2004—2015年中国房地产行业A股上市公司首次进入各省份的数据为样本,研究发现区域制度环境优劣与企业进驻存在正相关关系,且目标地与企业注册地之间的距离越大,企业进驻的概率就越低[②]。

②统合主义的主要运作机制:

第一,统合方式。Jean C. Qi 在1992年首次提出地方政府统合主义,强调地方政府直接介入企业的经营管理活动,以促进产业的快速发展。1995年,Jean C. Qi 提出了地方政府统合主义假说,强调地方政府通过间接介入的方式控制企业资源和经营形态。王鑫提出,在政府与农业龙头企业合作开发农业产业的过程中,政府以政策扶持来引导企业朝向农业发展、带动农民增收等公益性目标。然而,由于信息不对称等因素影响,政府难以掌握农业龙头企业的内部信息,这种代理关系存在隐藏行动的道德风险[③]。

第二,统合主义类型的划分。青木昌彦等将政企关系归纳为三类:其

[①] 黎文飞、唐清泉:《政府行为的不确定抑制了企业创新吗?——基于地方财政行为波动的视角》,《经济管理》2015年第8期。

[②] 杨艳、李盼盼、毛育晖:《制度环境对房地产企业跨区域投资地域选择的影响》,《管理评论》2018年第11期。

[③] 王鑫:《基于委托代理理论的政府对农业龙头企业激励策略》,《江西社会科学》2014年第3期。

一,以东南亚为代表的威权关系,强调中央政府高度集权,企业为了维护自身的利益诉求需要直接与最高层权力互动。其二,以日本为代表的关系依存型,强调政府各部门之间职责明确,完善的监督体系制约了政治独裁的可能,企业与政府之间建立了稳定的依存关系。其三,以美国为代表的规则依存型,各部门的权力较大,但是所有行为都必须保持在制度和法律的框架之内,部委之间的竞争比较激烈[1]。国内学者陈玲、王晓丹、赵静继承了青木昌彦的类型划分法,以沪、苏、锡的海归创业政策案例为研究对象,对地方政府提供"保姆式服务"的行为及逻辑进行了考察[2]。

Jane Duckett首次提出"地方统合主义"概念,并将地方统合主义的特点归纳为两点:一方面为集体企业发展募集资金,另一方面又为其提供土地和执照审批。之后更坚定地认为,中国政府层级越高,垄断的资源也就越多,也就越具有协助企业发展的能力,比如县域政府享有乡镇所不具备的行政资源,包括土地流转、执照发放和进出口审批等权力。

在地方产业发展过程中,地方统合主义主要有几个特点[3]:其一,村、镇及县域政府要为农业产业的发展负责;其二,地方政府会依据和企业的关系,提供不同条件的帮助,并通过不同渠道促进经济增长。地方政府直接介入企业的经营管理活动,以促进产业的快速发展[4]。地方政府通过间接介入的方式控制企业资源和经营形态。其三,地方政府在积极介入地方经济发展时,必须掌握各种市场信息成为一个积极的政府。地方政府通过将开发区政府形式的部门与企业形式的部门有机统一起来,以充分发挥政府与企业两大主体在制度创新、区域发展等诸方面的作用[5]。

---

[1] [日]青木昌彦、奥野正宽:《经济体制的比较制度分析》,魏加宁等译,中国发展出版社2001年版,第15—30页。

[2] 陈玲、王晓丹、赵静:《发展型政府:地方政府转型的过渡态——基于沪、苏、锡的海归创业政策案例调研》,《公共管理学报》2010年第3期。

[3] 张汉:《统合主义与中国国家—社会关系研究——理论视野、经验观察与政治选择》,《人文杂志》2014年第1期。

[4] Qi Jean C., "Fiscal Reform and the Economic Foundations of Local State Corporatism in China", *World Politics*, 45, 1992 (1): 99–126.

[5] 陈科霖:《开发区治理中的"政企统合"模式研究》,《甘肃行政学院学报》2015年第4期。

Baum 和 Shevchenko 依据政府是否促进经济发展且政府是否与企业或者个人有利益关联提出了地方政府行为的四种类型：企业家型、发展型、侍从型、掠夺型①。与之研究脉络相似，徐斯俭和吕尔浩依据"地方政府投资的资本管道"和"地方政府投资标的"两个维度划分出政府化发展型国家、政府化企业家型国家、市场化发展型国家、市场化企业家型国家四种类型。

③统合的着力点：

其一，体制化力量。政府通过中介组织将国家的权威渗透到基层，并将社会精英吸纳进体制，从而借助中介组织和精英实现对社会的管理和整合。金太军、袁建军提出价值、资源、影响力、交换是政企互动的核心影响要素，信息控制、自由裁量、制度供给和身份认定构成了转型时期政府和企业交换的基本模式②。吕芳对中部省份某区街道办事处的"影子雇员"进行实证分析，发现中国地方政府的公务人员形成了一个"同心圆"结构，地方政府更多地借助"同心圆"结构中的"影子雇员"来实现社会管理③。出于维护经济发展或者地方治理的需要，地方政府安排民营企业家以"挂职"的方式出任行政职务。地方政府自主性的差异决定了企业家"挂职"模式的多元化④。

其二，行业化力量。政府凭借国家的权威将分散的企业整合进行业协会，并借助行业协会来整合和协调企业行动。折晓叶借助"行政—政治—公司"三位一体统合治理分析框架解释地方政府在产业发展中的行动逻辑。在经济发展过程中，地方政府借助行政审批权获得对土地等核心资源的垄断权，通过政治动员占据主导地位，依托公司发挥经济发展主体

---

① Baum, R. & Shevchenko, A., The "State of the State", in The Paradox of China's Post-Mao Reforms, (ed.) by Merle Goldman & Rodenfich Macfarquhar. Cambridges, MA. & London, England: Harvard University Press, 1999.

② 金太军、袁建军：《政府与企业的交换模式及其演变规律——观察腐败深层机制的微观视角》，《中国社会科学》2011 年第 1 期。

③ 吕芳：《中国地方政府的"影子雇员"与"同心圆"结构——基于街道办事处的实证分析》，《管理世界》2015 年第 10 期。

④ 方勇：《地方政府自主性与政商关系重塑——基于民营企业家政府挂职现象的比较分析》，《上海交通大学学报》（哲学社会科学版）2018 年第 7 期。

④统合主义的局限：

与上述观点相左，有部分学者对将统合主义应用于解释中国的政社关系提出了批评和质疑。张汉认为，统合主义是建基于欧洲大陆的政治社会环境，中国的社会组织和经济组织在政治逻辑、社会阶层结构、生产方式、政党体制和意识形态话语等方面与统合主义组织存在很大差异，二者只是具有表面的相似性[②]。结合上述研究成果，笔者认为统合主义并不适合用来解释农业产业发展过程中的政府与市场主体之间的关系。原因包括以下几点：第一，在培育农业产业过程中，政府与市场主体的关系并非统合主义所主张的政府控制下的政商紧密合作，相反在产业发展的实践中恰恰是一种松散的联盟，有时基层政府甚至需要依赖经济组织来保证政策目标实现。第二，与统合主义所主张的利益团体与国家联系都是制度化、常规化的，甚至是强制性的观点不同，农业产业发展中的政经关系往往是弱制度化的。第三，统合主义中的利益团体需要在私利与公共责任之间进行协调，即统合组织不是一个纯粹私利性的压力群体，而是一种公共机构，兼具利益代表和公共责任履行职能。在农业产业发展中，市场主体包括个体化的乡村治理精英和企业组织，二者与统合主义所提倡的公共机构存在极大差异。

2. "嵌入性自主"

Evans 首先提出"嵌入性自主"概念来解释政府与企业之间的关系。"嵌入性自主"意指具有发展主义取向的县域政府不仅要与社会主体和市场组织建立良好的合作关系，而且要保持独立行动的能力，以避免市场主体的行动会对政府政策造成影响。具有发展倾向的政府干预市场的目的在于促进经济增长，政治体制则具有防止社会力量干预经济官僚自主行为的安全阀功能。

官僚体系以经济产业发展为目标，政府政策不受既得利益影响，此为政府的自主性。为了产业政策执行的有效性，有必要建立政府与市场和社

[①] 折晓叶：《县域政府治理模式的新变化》，《中国社会科学》2014 年第 1 期。
[②] 张汉：《统合主义与中国国家—社会关系研究——理论视野、经验观察与政治选择》，《人文杂志》2014 年第 1 期。

会主体之间的沟通机制,进行定期化的互动,以保证政府能够获取市场发展的真实信息,制定可行的政策方案①。黄冬娅在研究企业家如何影响政策过程时发现,政策依赖性、政策监控度、权力碎片化等国家内部的结构性因素会影响企业家介入政府政策过程的方式,也决定了其影响力的大小,其中企业越具有"政治嵌入性"而非"自主性"便越具有政策影响力②。

3. 发展型政府理论

其一,用发展型政府理论来解释东亚部分国家和中国台湾地区经济快速发展实践,其基本观点分为以下几点:第一,把政府计划与自由市场有机结合起来,以区别于苏联的中央计划型模式和美国的自由市场模式。第二,"政治高层具有全力支持经济发展的坚定政治意志,而这些意志来自落后国家抵御外辱和求得民族富强独立而形成的现代民族主义"。第三,由一定规模、薪金不高、具备高级管理才能的精英官僚队伍来制定并实施产业政策,具有官僚队伍、拥有充足的空间可以实施创新和有效办事的政治制度,完善顺应市场经济规律的国家干预经济方式,具备一个像日本通产省这样一个有适度权力的导航机构。第四,应具备英明、内在一致的经济官僚,紧密但独立于商业团体③。第五,产业发展需要依赖政府的保护措施;由政府直接控制生产、分配与价格,以达到资源的最优配置④。第六,政府为产业发展提供必要的生产资料:为加速产业经济的发展,政府指挥金融系统为产业和企业发展提供必备的资金,并以优惠税率和限制竞争的策略发展产业⑤。

其二,在探讨中国大陆地方政府如何协助企业发展时,发现政府与市

---

① Evans Peter B., *Embedded Autonomy: States and Industrial Transformation*, Princeton: Princeton University Press, 1995.

② 黄冬娅:《企业家如何影响地方政策过程——基于国家中心的案例分析和类型建构》,《社会学研究》2013年第5期。

③ Peter Evans, "Transferable lessons? Re-examining the Institutional Prerequisites of East Asian Economic Policies", *Journal of Development Studies*, Vol. 34, No. 6 (August 1998), p. 70.

④ Akifumi Kuchiki, "Industrial Policy in Asia", *Japan IDE Discussion Paper*, No. 128, October 2007, pp. 3 – 6.

⑤ J. R. Freeman, "State Entrepreneurship and Dependence Development", *American Journal of Political Science*, Vol. 26, No. 1, 1982, pp. 90 – 112.

场之间的关系可以分为两种类型：地方发展型政府与企业家型发展政府。地方发展型政府强调政府依托行政资源协助企业发展，企业家型发展政府则强调政府直接介入企业的经营发展过程①。

二 县域政府培育农业产业的组织外情境

欠发达地区"社会发育滞后，社会文明程度低、基础设施和社会事业发展滞后、生态环境脆弱，自然灾害频发、经济发展滞后，人穷村也穷"②，使得欠发达地区县域政府培育农业产业所面临的组织外情境与发达地区存在较大差异。这些组织外情境条件对县域政府行动的影响更为显著。那么，在如此恶劣的组织外情境条件下，欠发达地区县域政府会如何调适自己的行动策略？何种因素影响了县域政府的行动策略？以往分析视角能否解释这些疑惑？

（一）"小农"的理论源流与争论

围绕上述论题，学术界研究分为两种取向：一种认为小农及小农生产具备自身的特征和规律，与现代化的市场相冲突③。

米格代尔认为，地主阶级为垄断稀缺资源而加强对农民阶级的人身控制是造成小农与市场接触障碍的关键因素，一旦这种控制力量减弱，农民就会恢复与市场之间的互动关系④。马克斯·韦伯认为，传统的小农生产与资本主义生产之间存在不同的经济逻辑。传统的小农生产强调如何在既有土地上养活最大数量的人口，而资本主义生产则强调如何在既有土地上以最少的劳动提供最大数量的产品⑤。

---

① C. Qi Jean, *Rural China Takes Off*, Los Angeles: University of California Press, 1999.
② 习近平：《在深度欠发达地区脱贫攻坚座谈会上的讲话》，《人民日报》2017 年 9 月 1 日。
③ 关于"斯科特—波普金"争论相关的论述，参见郭于华发表于《读书》2005 年第 5 期的文章《重读农民学经典论题——"道义经济"还是"理性小农"》。
④ ［美］J. 米格代尔：《农民、政治与革命》，李玉琪、袁宁译，中央编译出版社 1996 年版，第 94—95 页。
⑤ ［德］马克斯·韦伯：《资本主义与农业社会——欧洲与美国的比较》，永坚译，《民族国家与经济政策》，生活·读书·新知三联书店 1997 年版，第 109—141 页。

以恰亚诺夫等为代表的实体主义经济学者,强调小农经济具备与资本主义市场经济所不同的特质,小农经济能以其"农民生产方式"抵御资本主义的渗透①。恰亚诺夫以革命前的俄国小农为对象,认为资本主义的利益计算方式并不符合小农家庭农场的经营模式,小农生产经营的目的在于满足其家庭的消费,而不是所谓的经济利润最大化,这是小农经济和经济组织的前提。Mann 和 Dickinson 指出恰亚诺夫所提出的自我剥削的小农模型将小农孤立于社会关系之外来考察其经济行为,不仅忽视了小农作为特定社会关系网成员的身份,而且无法观察小农与其他主体之间的互动②。黄宗智也提出,恰亚诺夫将小农经济与资本主义市场经济隔离开来,不仅忽视了小农经济本身发生商品化的可能,也估计不到商品化对小农经济的影响③。

以 Eric Wolf 等人为代表,将小农视为一种以受压迫、剥削、处于依附地位为特征的社会文化现象。Eric Wolf 认为小农社会典型的特征就是一部分群体凭借超强的经济控制能力占有生产者的劳动剩余,如此便可以不劳而获由生产者供养④。他还认为小农只有在自己充分自给自足的基础上才会进行用于市场交换的生产,一般情况下小农会与市场保持一定的距离⑤。斯科特在《农民的道义经济学》中多次强调生存伦理,强调时刻"濒临绝境"的小农在行为上具有追求安全第一、规避风险的保守特征,他们宁愿选择回报低且稳固的策略,也不会选择回报高但风险较高的策略,剥削和反抗反映的是小农对于社会正义、权利与义务以及互惠价值的追求⑥。不过他也认为,小农只有在迫不得已的情况下才会将市场交换作为"临时救济"⑦。范·德普勒格继承了斯科特的理论观点,认为小农农

---

① [俄]恰亚诺夫:《农民经济组织》,中央编译局出版社1996年版。
② Mann S. A., Dickinson J. M., "Obstacles to the Development of a Capitalist Agriculture", *The Journal of Peasant Studies*, Vol. 155, No. 4, 2008, pp. 461–488.
③ 黄宗智:《长江三角洲的小农家庭与乡村发展》,中华书局1992年版,第8—9页。
④ Wolf E. R., *Peasants*, Englewood Cliffs: Prentice-Hall, 1966.
⑤ Wolf E. R., *Peasant Wars of the Twentieth Century*, New York: Harper and Row, 1969.
⑥ [澳]詹姆斯·C. 斯科特:《农民的道义经济学:东南亚的反叛与生存》,刘建、程立显译,译林出版社2001年版。
⑦ [澳]詹姆斯·C. 斯科特:《农民的道义经济学:东南亚的反叛与生存》,刘建、程立显译,译林出版社2001年版。

业模式"代表着一种对市场约定俗成的远距化",即小农生产会尽可能地远离市场①。马克斯·韦伯认为,传统农业追求在有限土地上供养更多人口,而资本主义农业则追求在有限土地上使用最少的人力生产最多的商品,资本主义将农业生产由劳动密集向资本密集转变,使得小农失去竞争优势而成为雇佣工人②。

另一种取向认为小农与市场是互嵌的,只是力量对比强弱的问题。以舒尔茨等为代表的形式主义经济学者,以新古典经济学为理论基础,采用演绎的方法用理性经济人假设来理解小农行为,将小农视为同资本主义企业在行为上无差别的理性经济人,他们能够在现有条件下追求效率和收益的最大化③。波普金继承了舒尔茨的理论,在他那里农民不再仅仅是满足生存伦理的"道义小农",而是具备理性计算的小农。理性经济人的观点主要体现在两个方面:其一,考虑自身的利益;其二,他需要与其他人讨价还价以达到大家相互可接受的结果。他还提出"政治经济"的观点来修正斯科特"道义经济"的观点④。波普金提出"理性小农"概念,强调尽管小农谨慎且保守,但是为了改善自身的生存境遇,他们依然会在既有条件的约束下开展投资。与之相反,卡尔·波兰尼批评了将市场、利润追求的普遍化和将功利的"理性主义"世界化的分析思路,提出在资本主义市场出现之前,经济已经嵌入社会关系中,要将经济行为看作社会的制度化过程。黄宗智批评舒尔茨研究中假设农村社会中存在充分竞争的要素市场并不符合中国的实际情况⑤。

中国本土"三农"问题研究的学者依据经济特征界定小农,并分析小农与市场之间的关系。在市场化与城镇化的快速发展下,中国乡村社会呈现出"半工半耕"的特征。张建雷认为,在这种制度化的"半工半耕"结

---

① [美]扬·杜威、[荷]范·德普勒格:《新小农阶级》,叶敬忠、潘璐译,社会科学文献出版社2013年版,第59—60页。
② [德]马克斯·韦伯:《资本主义与农业社会——欧洲与美国的比较》,永坚译,《民族国家与经济政策》,生活·读书·新知三联书店1997年版,第114—116页。
③ [美]西奥多·W. 舒尔茨:《改造传统农业》,梁小民译,商务印书馆2006年版,第32—46页。
④ 黄宗智:《长江三角洲的小农家庭与乡村发展》,中华书局1992年版,第8—9页。
⑤ Popkin S. L., *The Rational Peasant: The Political Economy of Rural Society in Vietnam*, Berkeley and Los Angeles, California: University of California Press, 1979.

构下，农户家庭收入水平和单位劳动报酬持续增长，农村城市化水平逐渐提高，农村社会逐渐形成另外一种小农形态，即发展型小农[①]。

（二）争论焦点与分歧

围绕对小农的理解及小农与市场关系的论述，上述两种研究取向展开了激烈论争，冲突点主要体现在如下几个方面：

第一，经营单位的性质。斯科特吸收了恰亚诺夫关于家庭农场与经营性农场的区别，认为陷入"生存伦理"困境的小农家庭经营不同于资本主义市场经济所倡导的企业经营模式，它既是一个消费单位也是一个生产单位，以可靠而稳定的方式满足家庭生存需要是小农做出选择的最基础标准。小农场无论是在市场中，还是在政治活动中都是理性的经济人，其唯一区别就在于家庭经营中的小农是家庭经营者，而企业中的小农是指农业企业的经营者。

第二，村庄共同体的意义。在两种研究取向中，村庄共同体与个人、家庭之间存在一定的张力。韦伯认为村庄共同体是以血缘、宗族或邻里关系等传统要素为维系纽带的，农村社会在伦理、经济取向、支配方式和团体秩序诸方面所具有的"传统性"与以理性化为特点的"现代性"格格不入。因此，以满足共同体内部需求为目的、以家庭成员为经营主体的小农生产终将会被农业企业所代替[②]。

在斯科特"道义经济"模型中，乡村社会是具备高度集体认同度的内聚型共同体，全体村民的安全高于个人的利益，人人都享有生存的权利。共同体内部通过再分配体制来保障群体的安全。在社会危机发生时，群体难题可以通过互惠和庇护关系建立起非正式社会保障。在"理性小农"模式中，村庄是一个分散的、开放的群体，各农户相互竞争以达到收益最大化。在这种语境下，村庄中普遍存在不信任、嫉妒、摩擦和冲突，使乡村社会不像"道义经济学家"所讲述的那样运转。

---

① 张建雷：《发展型小农家庭的兴起：中国农村"半工半耕"结构再认识》《中国农村观察》2018年第2期。

② 马克斯·韦伯：《中国的宗教：宗教与世界》，康乐、简惠美译，广西师范大学出版社2004年版。

第三，小农的行为选择。生存首位是决定"道义小农"行为选择的最关键标准。在资本与劳动力数量的限制条件下，农民的生产要素配置追求满足家庭消费需求同劳动的自我剥削程度之间的均衡，而非经济利润最大化的原则①。波普尔等政治经济学家则认为小农虽然具有保守特征，但绝不是不愿冒险的个人，在生存的边缘他们还是会利用剩余进行一定的风险投资的。以舒尔茨为代表的理性小农观点则认为，农民的经济行为是理性的，"农户生产要素配置效率低下的情况是比较少见的"。他将农户看成和资本主义企业一样趋利避害、追求利润最大化的投资者②。秦晖认为，在农产品市场价格剧烈波动的情况下，农民面对市场价格异常波动的反常行为恰恰是出于代价最小化或收益最大化，但是农民对资源的非理性配置是宗法制共同体对农民个体心理和行为自由的压制③。

第四，村庄集体行动问题。在"道义经济"范式下，斯科特试图从农民的立场来理解剥削是如何被农民感受到的，以及农民对剥削的承受程度。根据生存伦理，农民集体反抗不仅是因为其生存需求得不到满足，而且还因为他们的生存权利受到了威胁。地主、放债者和国家对于农民的过度索取使其无法保障最基本的需求。农民是消费者而非生产者，农民反抗的实质是为了恢复原有的生存位置，而不是为了在社会分层中获得提升。在"政治经济"范式下，农民参与集体行动变成了一种投资行为，他们会依据反抗的收益和成本确定行动策略。农民是否参与集体行动取决于个体的利益算计，而不是群体的利益。

上述研究脉络在认识层面并不冲突，研究取向之所以出现差异源于研究者观察所处的历史、政治、经济环境不同。随着中国特色社会主义事业的建设和民族政治的发展，阶级矛盾不再是中国社会的主要矛盾，人民日益增长的美好生活需要和不平衡不充分的发展之间的矛盾成为中国社会的主要矛盾。"道义小农"等主张小农与市场相脱离的理论观点

---

① [俄] A. 恰亚诺夫：《农民经济组织》，萧正洪译，中央编译出版社1995年版，第53页。

② [美] 西奥多·舒尔茨：《改造传统农业》，梁小民译，商务印书馆1999年版。

③ 秦晖：《传统与当代农民对市场信号的心理反应——也谈所谓"农民理性"问题》，《战略与管理》1996年第2期。

源于研究者站在自然经济占据主导地位的条件下对农民行为做的思考。"理性小农"等主张小农与市场存在互动的论点是研究者处于市场经济为主的社会条件下对农民行为做的研究。随着社会主义市场经济的发展和城乡融合发展的推进，农民不再仅仅是固守在传统村落的小农，而会积极融入市场网络。当下的农民既具备传统意义上小农的特征，也具备理性小农的特征。因此，在农业产业发展过程中，研究市场运行中的农民的行为需要综合考虑。

（三）理论与研究视野拓展：政府的作用

国内研究在延续上述两种相互冲突的研究取向的基础上，增加了外部制度环境等对于小农与市场关系的作用。延续新古典经济学的理论脉络，部分学者关注"大农"的行动机制，其中既包括各类农业公司和企业，也包括个体农业大户。而部分学者依然据守"小农"，论述小农经济在当下中国的合理性及改进路向。

其一，政府对农业产业发展主体的选择。延续冲突对立取向的学者们惊恐于资本下乡、部门下乡及激进规模化农业发展模式对小农经济的威胁，批评政府对规模化现代农业企业的支持对小农直接形成了伤害，忽视了小农在维护社会稳定、生态可持续发展、粮食安全、乡村文化保护等方面的价值[①]。赵阳提出，中国的土地调整并非出于市场交易，而是行政性的配给，由此形成了一种基于村庄内部"共有与私用"的土地产权制度，这种制度为土地的按户平均分配和农户独立经营提供了保障[②]。

延续小农与市场可以共存发展观点的学者们主张通过进一步的市场化来改造农业生产结构，提升农业的竞争力。延续舒尔茨等新古典经济学家的理论脉络，国内众多学者倡导通过各类新型经营主体带动农业转型与产业化经营，尤其是要将注意力投射于农业龙头企业。与之相对，黄宗智认

[①] 付会洋、叶敬忠：《论小农存在的价值》，《中国农业大学学报》（社会科学版）2017年第1期。

[②] 赵阳：《共有与私用：中国农地产权制度的经济学分析》，生活·读书·新知三联书店2007年版，第107—108页。

为全盘资本主义化的农业会产生越来越多的无地雇工农民①。王春光、单丽卿认为,政府农业产业化政策的核心在于将农民从"为生存而生产"转向"为市场而生产"②。

其二,小农的分类及属性。郭晓鸣、曾旭晖、王蔷、骆希提出了小农结构性分化的分析视角,依据农业经营专门化程度和农业生产要素投入强度两个维度将小农划分为退出型小农、自给型小农、兼业型小农和发展型小农③。陈义媛认为,在资本下乡的进程中,代管户从龙头企业获取的收益只是其所投入劳动的工资,而代管户在农业生产的上游和下游所生产的劳动剩余则被龙头企业占据,企业与农户之间事实上形成了隐蔽的雇佣关系,农户从传统的小农转变为了雇佣工人④。

其三,市场化与小农经济之间的关系。坚持冲突对立取向的学者认为市场化和商品化的发展给小农增加了新的压力,处于"被压迫者"的境地。仝志辉、温铁军认为,改革开放以来,农村的商品化和市场化进程逐渐加快,在资本下乡和政府下乡的过程中逐渐形成资本、政府部门与"大农"联合起来"盘剥"小农的趋势⑤。任守云以李村商品化实践为研究对象,认为改革开放以来的商品化机制将农民带入了市场关系中,传统社会的安全阀和生计对于货币的依赖被打破,结果加大了农民对自我的剥削⑥。陈柏峰在研究中发现,在农村土地流转过程中因为占据土地资源的差异,农村社会加快了社会阶层的分化⑦。Zhang 和 Donaldson 认为,随着

---

① 黄宗智:《小农户与大商业资本的不平等交易:中国现代农业的特色》,《开放时代》2012 年第 3 期。

② 王春光、单丽卿:《农业产业发展中的"小农境地"与国家困局——基于西部某贫困村产业扶贫实践的社会学分析》,《中国农业大学学报》(社会科学版) 2018 年第 3 期。

③ 郭晓鸣、曾旭晖、王蔷、骆希:《中国小农的结构性分化:一个分析框架——基于四川省的问卷调查数据》,《中国农村经济》2018 年第 10 期。

④ 陈义媛:《资本下乡:农业中的隐蔽雇佣关系与资本积累》,《开放时代》2016 年第 5 期。

⑤ 仝志辉、温铁军:《资本和部门下乡与小农户经济的组织化道路——兼对专业合作社道路提出质疑》,《开放时代》2009 年第 4 期。

⑥ 任守云:《市场嵌入与自我剥削——李村商品化过程研究》,博士学位论文,中国农业大学,2012 年,第 215 页。

⑦ 陈柏峰:《土地流转与农民的阶层分化——以湖北京山为例》,《文化纵横》2012 年第 4 期。

中国农民在劳动和土地要素市场地位的变化，形成从商业农场主、农业企业家、订单农户直到农业工人的六个等级[①]。贺雪峰认为当下中国应当积极培育适度规模的中农，警惕大农，而反对破坏农村稳定的资本下乡[②]。李谷成、李崇光认为，受到刚性资源禀赋条件下人地关系紧张的影响，小农经济呈现"地权分散化""耕地细碎化"和"规模细小化"等问题，为了整合乡村资源发展农业生产，农业生产专业合作社应运而生，然而在实践中"假合作社"到处存在，农户的参与度并不高，对农户经济发展的带动作用也非常有限[③]。

坚持融合取向的学者强调，在农村市场化发展的过程中，农民并不像斯科特"道义经济"中所假设的以维持生存需求和自我消费为标准。相反，农民会在现有生存条件的约束下积极从事生产性活动。曹幸穗在20世纪30年代中国苏南地区农村经济的研究发现，农户从事兼业经营的比例达到70%[④]。张之毅等在易村调研中发现，在农闲的时候农民会选择发展竹篾等手工业来补贴生计[⑤]。邓大才主张大陆应该学习我国台湾地区采取"小地主大佃农"的模式，通过鼓励农民自愿流转土地实现"小承包大经营"，推动土地经营的"中农化"[⑥]。

（四）农业经营模式的选择

其一，多种立场下的小规模家庭经营。在小农经营与市场化发展相冲突的取向下，学者们站在不同角度为保护小规模家庭经营的合理性提供论据。这些学者从农民生计立场出发主张发展小规模家庭经营。黄宗智提出的"隐性农业革命"在主张发展小农经营方面具有一定的代表

---

① Forrest Zhang Q., Donaldson J. A., "From Peasants to Farmers: Peasant Differentiation, Labor Regimes, and Land-rights Institutions in China's Agrarian Transition", *Politics & Society*, Vol. 38, No. 4, 2013, pp. 458–489.
② 贺雪峰：《当下中国亟待培育新中农》，《人民论坛》2012年第13期。
③ 李谷成、李崇光：《十字路口的农户家庭经营：何去何从》，《经济学家》2012年第1期。
④ 曹幸穗：《旧中国苏南农家经济研究》，中央编译出版社1996年版，第199—204页。
⑤ 张之毅、费孝通：《云南三村》，社会科学文献出版社2006年版，第268页。
⑥ 邓大才：《"小承包大经营"的"中农化"政策研究——台湾"小地主大佃农"制度的借鉴与启示》，《学术研究》2011年第10期。

性。他认为，中国人的饮食消费结构已经从传统的以粮食为主向粮食、肉、鱼并重的结构转变，要满足这种新型的消费结构，就需要在土地利用上要比单纯种粮投入更高程度的单位面积劳动，这就会吸引大量的农村剩余劳动力，实现农村劳动力的供给与需求之间的平衡，缓解中国长期以来存在的地少人多的矛盾。因此，中国不宜模仿美国式的大农场模式，而是要走具有中国特色的、既是高劳动密集型的也是相对高收入的小家庭经营[①]。然而，黄宗智的建议是站在小农的立场上提出的，也就不免陷入另一种困境，即小农如何面对日益复杂的市场风险。之后他提出通过农民自主合作或集体化发展生产、加工和销售"纵向一体化"的小农场，而不是经营规模庞大的"横向一体化"来解决市场风险与小农经济之间的矛盾[②]。此外，社会从稳定立场出发发展小规模家庭经营。城乡二元社会结构的存在为返乡农民工留有"二亩三分地"作为退路，在失业时可以返乡。农村社会和小农生产结构扮演了国家发展的稳定器和蓄水池的基本角色[③]。

其二，在小农与市场化相冲突的语境下，部分学者延续舒尔茨等新古典经济学理论的思路，主张通过农地集中来推进企业化的规模经营，以取代小农经济。陈航英以皖南河镇农业产业发展为研究对象，提出随着由农业规模经营主体、农业生产服务主体以及粮食收购加工主体等组成的利益共同体的崛起，普通农户的衰落，资本化农业将取代小农经济[④]。

其三，在坚持小农与市场共存的语境下，部分学者尝试找到小农经济与"大农业"之间的边界，提倡适度规模经营，鼓励农村土地流转，建立农业专业合作社成为他们的重要选择。崔宝玉、刘峰、杨模荣在研究中发现农民专业合作社极易沦为内部人控制的工具[⑤]。李玉勤认为，大农领

[①] 黄宗智：《中国农业面临的历史性契机》，《读书》2006 年第 10 期。
[②] 黄宗智：《中国新时代的小农场及其纵向一体化：龙头企业还是合作组织？》，《中国乡村研究》（第八辑），福建教育出版社 2010 年版，第 11—30 页。
[③] 贺雪峰：《为什么要维持小农生产结构》《贵州社会科学》2009 年第 9 期。
[④] 陈航英：《新型农业主体的兴起与"小农经济"处境的再思考——以皖南河镇为例》，《开放时代》2015 年第 3 期。
[⑤] 崔宝玉、刘峰、杨模荣：《内部人控制下的农民专业合作社治理——现实图景、政府规制与制度选择》，《经济学家》2012 年第 6 期。

办的合作社特别强调营利性,在经营过程中可能会被核心社员所控制,侵蚀和盘剥普通社员的利益①。李昌平认为,无论是"消灭小农"论还是"兼并小农"论都解决不了中国的农民问题,"组织化小农"不失为解决中国农民问题的根本途径,当以村社内置合作金融的方式将小农重新组织进村社体系,创建内置金融村社联合社体系,以辅助小农应对市场风险和促进农民共同富裕②。

(五)小农到小农户:概念的扩展

随着乡村振兴战略的推进,有学者认为部分小农已经从传统的自然经济状态下解放出来,逐渐融入市场中,继续沿用传统的"小农"概念已经不合时宜。也有学者认为小农到小农户是后者对前者的更替。吴业苗认为中国农户正在由"小农"转向城市市民和居村市民,其中居村市民主要包括居住在农村城镇、集中社区的市民和市民化农民或职业农民③。但部分学者认为两个概念并不冲突,只是各自的边界和属性不同而已。叶敬忠和张明皓认为,"小农"是生产关系"质的规定性"(主体构成和所有制关系)和生产力水平"量的规定性"(土地规模和生存标准)的辩证统一,而小农户是"小农"的"量的规定性"的独立反映。在乡村振兴语境下,小农户指涉乡村生产力,而小农指涉乡村生产关系的革新④。其他学者则将两个概念混合使用。吴重庆、张慧鹏认为现代小农户已经不是传统的自给自足的兼业小农,而是专业化的商品生产者,具有独立自主的地位。言外之意,吴重庆、张慧鹏用两种概念强调的是农户从传统自然经济状态向市场经济转型的过程⑤。

---

① 李玉勤:《农民专业合作组织发展与制度建设研讨会综述》,《农业经济问题》2008年第2期。
② 李昌平:《解决农民问题之中国方案》,《当代世界社会主义问题》2017年第3期。
③ 吴业苗:《小农的终结与居村市民的建构——城乡一体化框架下农民的一般进路》,《社会科学》2011年第7期。
④ 叶敬忠、张明皓:《"小农户"与"小农"之辩——基于"小农户"的生产力振兴和"小农"的生产关系振兴》,《南京农业大学学报》(社会科学版)2019年第1期。
⑤ 吴重庆、张慧鹏:《小农与乡村振兴——现代农业产业分工体系中小农户的结构性困境与出路》,《南京农业大学学报》(社会科学版)2019年第1期。

三 传统分析视角的困顿

(一) 组织内情境视角对制度失灵解释力不足

与发达地区不同，在欠发达地区培育农业产业首先需要应对的是基础设施建设、新型经营人才的培育、市场开拓、农业品牌形象维护中的巨额投资，单纯靠企业或者个人几乎无法实现。由于产业基础薄弱，贫困群体产业经营能力很弱，即使有巨额投资也面临着较高的市场风险，高风险也阻碍了市场资本向欠发达地区的流动。因此，欠发达地区产业发展初期缺少不了政府财政托底，而中央向地方财政转移支付缓解了县域政府培育农业产业的窘境。问题的关键在于如何保证中央涉农专项资金能够被精准应用于农业产业发展呢？如何保证这些资金能够按照政策目标的设定被合理使用呢？欠发达地区县域政府培育农业产业的行动是否能够摆脱制度失灵的困境呢？

首先，自上而下转移的涉农专项资金往往遭遇个别基层政府与乡村治理精英的"攻守同盟"，形成"精英俘获"窘境。胡联和汪三贵在调查中发现，精英农户仍可获得建档立卡贫困户资格，云贵川三省的60个贫困村的精英俘获率高达25%，精英俘获对瞄准失误的贡献率为74%[1]。温涛、朱炯、王小华也发现在"去组织化"的制度安排中，精英行为越发偏离整体利益，农贷资金呈现出被精英占有的"精英俘获"机制[2]。陈亮和谢琦将"精英俘获"划分为操作无章型俘获、关系网络型俘获、资源匹配型俘获、身份优待型俘获[3]。

其次，中央自上而下的政策在欠发达地区基层遭遇精英与政府或者基层上下级政府间的共谋，导致政策执行结果与预期目标偏离。周雪光最早发现了这一现象，提出在执行来自上级部门特别是中央政府的各种指令政策时，基层上下级政府往往灵活采取各种措施应对上级

---

[1] 胡联、汪三贵：《我国建档立卡面临精英俘获的挑战吗？》，《管理世界》2017年第1期。
[2] 温涛、朱炯、王小华：《中国农贷的"精英俘获"机制：贫困县与非贫困县的分层比较》，《经济研究》2016年第2期。
[3] 陈亮、谢琦：《乡村振兴过程中公共事务的"精英俘获"困境及自主型治理——基于H省L县"组组通工程"的个案研究》，《社会主义研究》2018年第5期。

检查①。纪莺莺、范晓光发现，相比于高或低经济资本的企业，中等经济资本的企业更可能通过行会、商会等自组织或非正式途径来解决行政纠纷②。李祖佩也发现基层精英群体凝结成日益固化的利益分配结构主导整个涉农项目实施过程，基层政府（组织）与农民之间的关系结构从权利义务双向制衡转变为对国家公共资源的共同分割③。

最后，涉农专项资金在实践中遭遇"非正式关系网"的"耗散"④压力。在中国社会条件下人格化、私人性和依附性很强的社会关系对公共政策的影响是非常巨大的。除了政府制度化的扶持之外，通过社会关系网形成的政策非正式运作或许发挥了更重要的作用。丁煌和汪霞发现"关系运作"严重影响着公共政策运行。"关系运作"指的是个人或团体（执行者或目标群体）为了维护自身利益，以破坏正常的制度约束和人际关系限度来追求其局部利益的现象⑤。这些关系和社会伦理规范被一些学者称之为"社会性合约"，意即这是一种"在村子里人人皆知、成为一种符合社区情理的、具有社会合法性的、对合约双方都有很强约束的力量"⑥。

（二）静态分析无法捕捉政府复杂的行动策略

欠发达地区培育农业产业中，县域政府要面对不同的情境。在不同的情境下政府的行动逻辑都是存在巨大差异的。即使是在相同宏观制度环境且具有相似的自然资源禀赋，采取同样的产业组织形式的条件下，政府与其他市场行动者联结的关系模式都会存在很大的差异，并直接影响到产业

---

① 周雪光：《基层政府间的"共谋现象"——一个政府行为的制度逻辑》，《社会学研究》2008 年第 6 期。

② 纪莺莺、范晓光：《财大气粗？——私营企业规模与行政纠纷解决的策略选择》，《社会学研究》2017 年第 3 期。

③ 李祖佩：《项目制基层实践困境及其解释——国家自主性的视角》，《政治学研究》2015 年第 5 期。

④ 王德福、陈锋：《论乡村治理中的资源耗散结构》，《江汉论坛》2015 年第 4 期。

⑤ 丁煌、汪霞：《"关系运作"对地方政府政策执行力的影响及思考》，《新视野》2012 年第 6 期。

⑥ 折晓叶、陈婴婴：《产权怎样界定——一份集体产权私化的社会文本》，《社会学研究》2005 年第 4 期。

发展的效果①。因此，传统的"制度—结构"的静态分析类概念不能很好地诠释复杂情境下的政府行动逻辑。孙立平教授提出的"过程—事件"分析虽然可以在很大程度上缓解制度分析的诟病②，能够更好地凸显社会事实的动态性和流动性，为行动分析提供一种动态性和历史性的情境，弥合本土性视角与国家中心视角的冲突。但任何"过程—事件"的分析都是嵌入在具体的情境之中，因为不同的制度会刺激出不同的主体行为、发生不同的事件③。

（三）组织内情境视角忽略了政府行动的社会条件变量

欠发达地区县域政府培育农业产业的行动不是完全独立于社会而存在的，而是深深嵌入社会中发挥作用。除了制度等硬条件的约束，县域政府在推进农业产业发展的过程中还会受到欠发达地区基层社会本身的软环境的约束和影响。"乡土社会的人际关系与曲尽人情的社会伦理不仅可以确保生产管理得以可能"④，而且有助于整合土地资源、人力资源、文化资源和组织资源，能够吸引行政力量和市场力量的注意力⑤。王汉杰、温涛、韩佳丽研究发现，连片特困地区政府主导的农村正规信贷资源注入乡村后，不仅无法有效减缓贫困，而且扩大了农户内部的收入差距⑥。朱天义等人提出，以基层乡镇政府为代表的国家力量和以农村经济能人为代表的社会力量是影响基层治理的两大要件，"政府政策需要依靠乡村治理经营才能够落地"⑦，经济能人会扮演"直接投资者""决策参与者""乡村

---

① 符平：《市场体制与产业优势——农业产业化地区差异形成的社会学研究》，《社会学研究》2018年第1期。
② 孙立平：《"过程—事件分析"与对当代中国农村社会生活的洞察》，王汉生、杨善华《农村基层政权运行与村民自治》，中国社会科学出版社2001年版，第12—13页。
③ 谢立中：《结构—制度分析，还是过程—事件分析？——从多元话语分析的视角看》，《中国农业大学学报》（社会科学版）2007年第4期。
④ 付伟：《城乡融合发展进程中的乡村产业及其社会基础——以浙江省L市偏远乡村来料加工为例》，《中国社会科学》2018年第6期。
⑤ 郭珍、刘法威：《内部资源整合、外部注意力竞争与乡村振兴》，《吉首大学学报》（社会科学版）2018年第5期。
⑥ 王汉杰、温涛、韩佳丽：《欠发达地区政府主导的农贷资源注入能够有效减贫吗？——基于连片特困地区微观农户调查》，《经济科学》2019年第1期。
⑦ 朱天义、高莉娟：《精准扶贫中乡村治理精英对国家与社会的衔接研究——江西省XS县的实践分析》，《社会主义研究》2016年第5期。

社会的利益争取者"三种不同角色,而基层政府则会相应地采取包括"财政收益驱动下的合作共谋""利益博弈中的被动介入"和"官僚制逻辑下的主动干预"等策略[1]。朱天义、张立荣在调查中发现,由于乡村自组织能力和自主经营能力的差异,在推进基层扶贫的过程中,基层政府形成了个体化扶贫与集体经营扶贫的行动偏好[2]。刘宁、黄辉祥也发现由于民众参与机制的不健全和乡村治理体制的不合理等原因,乡镇政府在基层治理中往往会采取选择性治理的行为[3]。此外,通过农民市场导向、创新意识的传导,农民的学习能力对生产经营绩效产生了极显著的正向影响[4]。此外,村庄社会条件还会影响到政府与社会互动的形态。在经济较富裕且工商业发达的村庄,虽然农村税费改革和村民选举导致村庄获取乡镇政府的公共财政投入下降,但是村庄的公共财政并没有受到很大影响。与之相反,经济贫困的村庄其公共财政可能会因为获取乡镇政府的公共财政的下降而陷入停滞状态。

四 "情境—过程":县域政府培育农业产业的分析视角

欠发达地区县域政府培育农业产业是一个复杂的、动态的过程,传统分析范式的诠释能力明显受限。那么,究竟需要开发一个怎样合适的解释工具呢?在研究上述分析范式缺陷和不足的基础上,本书构建了"情境—过程"[5]

---

[1] 郑扬、胡洁人:《双向嵌入:农村经济能人与基层政府行为——政治社会学视角下的城镇化问题研究》,《上海行政学院学报》2018年第6期。

[2] 朱天义、张立荣:《个体化或集体经营:精准扶贫中基层政府的行动取向分析》,《马克思主义与现实》2017年第6期。

[3] 刘宁、黄辉祥:《选择性治理:后税费时代乡村治理的一种尝试性解读》,《深圳大学学报》(人文社会科学版)2015年第1期。

[4] 耿献辉、刘志民:《农民学习能力对生产经营绩效的影响——基于山东省大蒜主产区272个农户调查数据的实证研究》,《南京农业大学学报》(社会科学版)2013年第6期。

[5] 陈国权和陈洁琼提出的"情境—过程"框架将政府行为置于制度情境中加以考察,并将制度情境分为组织内情境与组织外情境。由于本书增加了政府行为的社会条件变量,故而在承袭上述框架的优势基础上,将社会条件变量纳入组织外情境一端,将政府内部纵、横向互动纳入组织内情境一端,从而构建起新的"情境—过程"分析框架。参见陈国权、陈洁琼《名实分离:双重约束下的地方政府行为策略》,《政治学研究》2017年第4期。

分析视角。借助该视角本书试图对欠发达地区县域政府培育农业产业复杂且灵活多变的行动逻辑做深入剖析。

（一）"情境—过程"新分析视角的构成要素及内涵

情境—过程分析视角基本构成要素包括：情境、行动者、过程和结果（如图 2-1 所示）。情境分为组织外情境与组织内情境。组织外情境是指县域政府嵌入其中但受其影响的外部社会条件，其中包括乡村社会的自组织能力、自主经营能力[①]等。组织内环境是指政府内部可以选择和管理的组织条件，其中包括县域政府提升政绩的动机、纵向的压力与激励、府际竞争的压力和财政能力等。本书所指行动者是具有理性人特质的县域政府，不仅涵盖县级党委、人大、政府、政协、法院、检察院等在内的所有机关，还包括乡镇一级政府及所有机构。结果是指县域政府采取一系列的

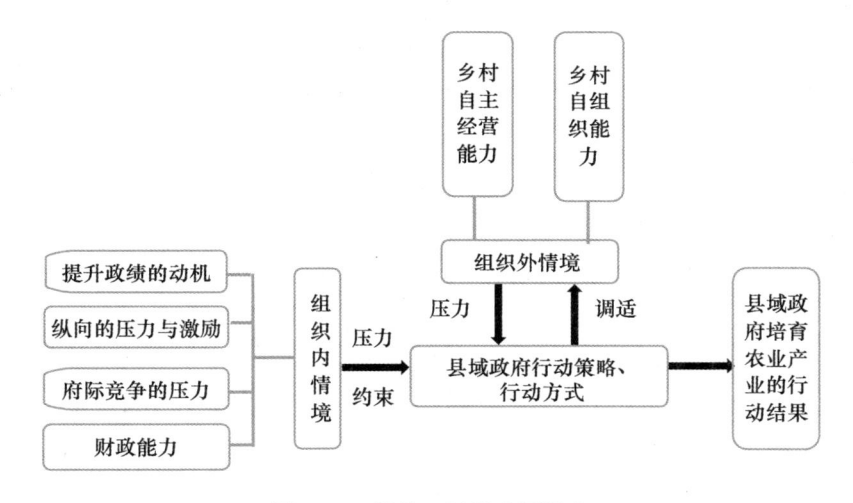

图 2-1 情境—过程分析视角

[①] 自主经营界定为参与市场实践的一种方式，并且是和与他人合伙经营以及给他人打工等不同的一种经济活动。在培育农业产业中，自主经营包含如下几个方面的内涵：第一，产业经营主体的能力与素质。第二，行动的内容，即以市场为背景，与企业运转相关的经济行动，比如筹措生产要素、组织生产、产品销售、利润分配等。第三，行动的过程不仅仅是某一行动策略的描述，而是企业组织和管理过程的抽象表达。参见汪和建《自我行动的逻辑——当代中国人的市场实践》，北京大学出版社 2013 年版，第 52 页。

行动后所达到的状态。这四个要素之间相互影响、相互作用。组织内情境与组织外情境的混合作用决定着县域政府在农业产业发展中的行动策略和行动逻辑。在组织内情境与组织外情境不同组合类型下县域政府会灵活采取差异化的行动策略。

（二）"情境—过程"视角的适切性

（1）从组织内情境的约束作用分析欠发达地区县域政府培育农业产业行动逻辑的适切性

农业产业化发展一直是中央高度重视的问题，从1982年至今中央一号文件连续16次关注"三农"问题。此外，中央财政每年向地方转移支付大量资金用于推进农业现代化发展。那么，特定的组织内情境是如何约束和影响县域政府的行动策略的呢？哪些因素影响到了县域政府的行动策略？

有学者认为只要通过逐级行政发包和自上而下的绩效考核形成行政压力，并在执行组织体系中传导，就会对地方政府形成强激励[1]。而且被上级下派到地方加以培育锻炼的官员所面临的降职压力较小，而其他官员则需要努力提升经济绩效才能确保自己不会被降职淘汰[2]。如果把此种观点应用于验证学术界既往研究，就会发现此种观念无法完全解释普遍存在的基层政府在执行自上而下发包的任务时的变通行动和基层共谋现象。

传统观点预判随着自上而下的压力增加，越往基层下沉，政府部门的选择性治理行动和共谋现象就越严重，最终走向"名实分离"的后果。袁明宝发现，面临精准扶贫考核的短期性要求与产业扶贫长期性之间的矛盾张力，基层政府出现了对政策的变通式执行[3]。邢成举也认为，压力型体制下由上而下的巨大工作压力和运动式治理往往会催生地方政府

---

[1] 陈佳、高洁玉、赫郑飞：《公共政策执行中的"激励"研究——以W县退耕还林为例》，《中国行政管理》2015年第6期。

[2] 钟灵娜、庞保庆：《压力型体制与中国官员的降职风险：基于事件史分析的视角》，《南方经济》2016年第10期。

[3] 袁明宝：《压力型体制、生计模式与产业扶贫中的目标失灵——以黔西南L村为例》，《北京工业大学学报》（社会科学版）2018年第4期。

扶贫工作的一系列应对策略，从而扭曲扶贫工作的初衷和本质①。杨继东和罗路宝利用2007—2014年工业土地出让微观数据检验发现，重点产业政策容易引发资源空间配置扭曲②。但是这些理论逻辑无法解释现实中确实存在的在基层政府的干预下茁壮成长的农业产业项目。在自上而下的政策压力和政策扶持下，部分县域政府在产业发展项目中不仅没有表现出扭曲行政、变通执行的问题，反而能够积极引导市场资本、民间力量共同参与产业培育。

笔者应用扎根理论的研究方法，在对XS县蚕桑产业发展史、LT县苹果产业发展史、LS县食用菌产业发展史和XX县食用菌产业发展史的调查研究中发现，面对自上而下的政策压力和政策激励时，在产业发展的不同阶段和不同产业培育点，欠发达地区县域政府的行动策略总是在变通执行和有效执行之间灵活切换。究竟为何会出现上述问题呢？除了学界以往提出的"谋利型政权经营者"③"谋利性政权代理人"④"规则软化"⑤和"政企合谋"⑥之外，有没有其他因素影响县域政府的行动呢？研究中笔者发现，自上而下的政策压力传导机制内部其实存在类别差异，即包括普惠性压力型体制和试点性压力型体制，这可能是县域政府行动出现差异的原因之一。

试点性压力型体制是与"典型治理"⑦息息相关的，强调在中央政府和上级地方政府诱导性政策的激励和纵向政策压力的作用下，试点区域的县域政府会在产业不同发展阶段采取不同的扶持策略。在产业发展的初级

---

① 邢成举：《压力型体制下的"扶贫军令状"与贫困治理中的政府失灵》，《南京农业大学学报》（社会科学版）2016年第5期。
② 杨继东、罗路宝：《产业政策、地区竞争与资源空间配置扭曲》，《中国工业经济》2018年第12期。
③ 杨善华、苏红：《从"代理型政权经营者"到"谋利型政权经营者"——向市场经济转型背景下的乡镇政权》，《社会学研究》2002年第1期。
④ 陈盛伟、岳书铭：《乡镇政府"谋利性政权代理人"行为的分析》，《中国行政管理》2006年第3期。
⑤ 安永军：《规则软化与农村低保政策目标偏移》，《北京社会科学》2018年第9期。
⑥ 韩瑞波、叶娟丽：《政企合谋、草根动员与环境抗争——以冀南L镇D村为例》，《中南大学学报》（社会科学版）2018年第3期。
⑦ 吴理财、方坤：《典型何以可能：县域政治视角下的典型治理行为分析——对HF农业合作社典型生成过程的考察》，《河南师范大学学报》（哲学社会科学版）2018年第2期。

阶段，县域政府会紧密结合自身的资源优势，争取成为试点，甚至直接充当发展型政府角色，参与产业的营造和市场开发。为了能够拿出更好看的政绩，县域政府在这一阶段的行动往往带有强制性和"一刀切"特征，即排他性地强令指定的区域发展何种产业项目。在产业项目局部推广阶段，由于政绩驱动和同级政府横向竞争日趋激烈，县域政府在经历了初级阶段的试错后，会转为稳健性的发展型政府角色，县域政府会积极吸纳市场力量和社会力量共同参与产业项目发展，并且会针对各个地方社会条件差异做出灵活处置的策略。在产业发展步入成熟且全面发展阶段后，县域政府则会逐渐从市场中退位，变身为协调型政权[1]或者服务型政府[2]。

与试点性压力型体制条件下的政府行动不同，在普惠性压力型体制下县域政府往往不会表现得那么急于采取行动。在培育农业产业的过程中，县域政府总是会在两种取向之间游走：稳定 VS 发展。Smith 和 Gavin Paul 提出的成长机器概念可以用来解释政府追求经济增长的发展面向[3]。在"成长机器"语境下，乡村产业被视为精英间共同组成，互为支援并以追求经济增长为目标的多面向维度，经济成长带来的利润将城市中的政治、工商精英、地方媒体等行动者结合在一起。成长机器有几个前提预设：第一，追求经济增长成为优先于分配的发展目标；第二，政府寄希望于通过政企联盟来推进产业发展，政府也因此具备企业家型特征。中央政府通过干部晋升考核、金融机器、国家政策以及制度改革等工具直接或者间接对地方经济发展产生影响。"超稳定机器"由吴缚龙最早提出并用来解释中国政府的稳定取向。在"超稳定机器"语境下，社会政策取代经济规划作为乡村产业发展的首要目标，政府展现出管理家型而非企业家型的特质，致力于调控通货膨胀幅度、保障民众基本就业和维护社会秩序稳定。基层政府作为国家权力的延伸承担着上述职能。

---

[1] 付伟、焦长权：《"协调型"政权：项目制运作下的乡镇政府》，《社会学研究》2015年第2期。

[2] 张恒龙、秦鹏亮：《由"经济建设型"向"公共服务型"政府模式的转型——基于FDI省际面板数据的实证分析》，《求是学刊》2013年第4期。

[3] Smith and Gavin Paul, "Growth Machine Theory: A Qualitative Analysis. Master's Thesis, Texas A&M University", Available electronically from http://hdl.handle.net/1969.1/ETD-TAMU-1993-THESIS-S648.

在普惠性压力型体制下，县域政府的产业培育行动更近似于学者们所提出的"达标压力型体制"①和"政治达标赛"②中所描述的情境。"政策注意力作为一种稀缺性资源，是政策主体的精神活动在公共政策上的集中程度。"③虽然自上而下的政策压力要求县域政府必须为产业发展采取行动，但是因为欠发达地区政府自身财政能力较低④且自上而下传导的扶持资源有限，县域政府并非会按照统一要求全面铺开农业产业项目的培育，而是结合一定的社会条件做选择性培育。

（2）从组织外情境约束作用分析县域政府培育农业产业的行动逻辑的适切性

欠发达地区县域政府会依据组织外情境要素的变化而灵活调整原本在组织内情境下已经生成的行动策略。那么，欠发达地区县域政府如何依据各个村庄自组织能力、自主经营能力等组织外情境灵活调适自己的行动策略呢？

在试点性压力型体制引导的组织内情境的约束下，为了更好地展现政绩，欠发达地区县域政府会在组织外情境较强的村庄发挥辅助作用，积极协调和吸引市场资本、民间资本共同参与产业开发。从行动者所处位置来看，在市场体制中位居关键结构位置的政府行动者，扮演了市场体制中信息互换的中介角色，而能拥有施展控制的力量⑤。在增长目标的制度激励下，县域政府既有促进经济发展的强烈愿望，又有追求行政能力极大化与谋求自身利益最大化和短期化的需求，同时他们拥有对行政资源、垄断性竞争资源（如土地）的特权，而企业为了谋取地方保护和汲取收益，也希望成为地方政府的合作者。而在组织外情境较弱的村庄，县域政府的行

---

① 李波、于水：《达标压力型体制：地方水环境河长制治理的运作逻辑研究》，《宁夏社会科学》2018年第2期。
② 王哲：《作为政治达标赛的评比表彰：理论意义与演进逻辑——基于A省"省级园林县城"计划的案例研究》，《公共管理学报》2018年第3期。
③ 叶良海、吴湘玲：《政策注意力争夺：一种减少地方政府政策执行失效的分析思路》，《青海社会科学》2017年第2期。
④ 陶勇：《政府间财力分配与中国地方财政能力的差异》，《税务研究》2010年第4期。
⑤ Roberto M. Fernandez and Roger V. Gould, "A Dilemma of State Power: Brokerage and Influence in the National Health Policy Domain", *American Journal of Sociology*, Vol. 99, No. 1, 1994, pp. 1455 – 1491.

动策略则会更加凸显行政主导的特点，无论是农业经营人才培育、农业产业技术革新还是农业市场流通体系建设方面政府都会直接干预，采用统一化的模式推进。但是这也往往会导致县域政府的行动忽略了各个村庄之间组织外情境条件的差异，而产生名实分离现象。

在普惠性压力型体制所引导的组织内情境的约束下，欠发达地区县域政府主要官员为了政绩考核的要求，在组织外情境较弱的村庄倾向不做风险大的政策投资探索，而将社会稳定作为优先考虑的目标。欧阳静研究发现，在西部欠发达地区由于压力型体制的目标设置和激励强度与乡镇的现实条件和实际能力不相匹配，导致基层政府形成权宜和随意的行动策略[1]。在这种条件下，由于国家实施的是普惠性的政策压力，基层政府所能够争取到或者获得的资金支持是很有限的。因此，县域政府往往会对龙头企业形成依赖关系，仰仗当地龙头企业的帮助来完成绩效考核指标。由此县域政府与资本或农业大户共谋，导致产业政策实施中出现名实分离现象。在组织外情境较强的村庄，由于乡村在农业产业发展方面具备一定基础条件和展现了一定的产业发展能力，这与县域政府短期内获取政绩的偏好相吻合，政府只需要提供必要的政策保障和协调工作即可获取较好的政绩，对于这些村庄县域政府有时还会大力兜底或集中大量资源辅助其发展。

五　小结

以往分析视角的不足。围绕第一章初步提出的问题意识，本章首先从政策执行取向解释路径分析"委托—代理"模型、压力型体制、晋升锦标赛、行政发包制、项目制、统合主义、嵌入性自主、发展型政府理论等分析范式对政府行动逻辑的解释思路。然后从农村特质取向解释路径分析了诸多"小农"流派对影响政府行动的社会条件这一问题的解释思路。之后，再详细说明以往分析范式中所存在的对制度失灵关注不足、止于静态分析无法透析政府复杂的行动逻辑、对政府行动逻辑的社会条件变量关注不足等缺憾。

---

[1] 欧阳静：《压力型体制与乡镇的策略主义逻辑》，《经济社会体制比较》2011 年第 3 期。

"情境—过程"新分析视角。为了更好地解释欠发达地区县域政府培育农业产业的复杂行动逻辑,本书在上述基础上构建了"情境—过程"分析视角,分别从情境、行动者、过程、结果等要素展开分析。首先阐述了该视角的构成要素及内涵,其次分析了该视角在研究欠发达地区县域政府培育农业产业行动逻辑中的适切性。该分析视角解释优势有二:第一,从动态角度考察行动者在制度框架约束下采取何种行动策略以发展农业产业;第二,将作为乡村自组织能力、自主经营能力等组织外情境要素作为政府行动选择的内生解释变量,而非外生变量加以控制。

核心论点:不同类型的压力型体制所引导的组织内情境决定了欠发达地区县域政府培育农业产业过程中究竟采取追求稳定还是发展主义的初始行动策略,而具体执行培育农业产业政策的过程中县域政府会依据组织外情境的强弱调整上述行动策略,做到理性抉择。

分论点一:在试点性压力型体制所引导的组织内情境的约束下,欠发达地区县域政府会在自组织能力和自主经营能力等组织外情境较强的村庄采取协调和辅助策略,助推辖区内多种经营主体开展合作,政策执行结果与政策目标之间趋近,形成名实相符。此外,欠发达地区县域政府在自组织能力和自主经营能力等组织外情境较弱的村庄会采用行政主导的行动方式推进产业培育政策,易发生"一刀切""精英俘获"等问题,造成政策执行结果与政策目标之间分离。

分论点二:在普惠性压力型体制所引导的组织内情境的约束下,县域政府会在组织外情境较弱的村庄采取稳定优先的行动策略,而在组织外情境较强的村庄会采取发展主义的行动策略。结果大量产业资源集中于个别中心村,进一步拉大了村庄之间的差距,与政策目标相悖。

第 三 章

县域政府培育农业经营主体的行动逻辑

农业经营主体的多样化是农业向现代化演进过程中的必然现象①。农业经营主体多元化不仅能够很好地激活农村生产要素,而且具备带动贫困户脱贫的能力②。但欠发达地区农户农业科技水平低③、生计系统的脆弱性④等境遇严重制约着当地农业产业发展,迫切需要县域政府加大培育力度。然而,对四个县农业产业发展实践的追溯性分析可以发现,欠发达地区县域政府在培育农业经营主体的行动中普遍且长期存在差异化的结果。那么,欠发达地区县域政府在培育农业经营主体中遵循哪些行动逻辑?何种因素影响了欠发达地区县域政府培育农业经营主体的行动逻辑?这些行动逻辑如何最终导致差异化的行动结果?本书将从情境、行动者、过程和结果几个要素切入剖析上述问题的形成机理。

---

① 陈锡文:《构建新型农业经营体系刻不容缓》,《求是》2013 年第 22 期。
② 杨朔、李博、李世平:《新型农业经营主体带动贫困户脱贫作用研究——基于六盘山区 7 县耕地生产效率的实证分析》,《统计与信息论坛》2019 年第 2 期。
③ 李博、方永恒、张小刚:《突破推广瓶颈与技术约束:农业科技扶贫中贫困户的科技认知与减贫路径研究——基于全国 12 个省区的调查》,《农村经济》2019 年第 8 期。
④ 伍艳:《欠发达地区农户生计脆弱性的测度——基于秦巴山片区的实证分析》,《西南民族大学学报》(人文社科版) 2015 年第 5 期。

一 县域政府培育农业经营主体：
从主体特质分析到组织情境

在工业化、城镇化的快速推进下，市场经济对农村社会的渗透作用[1]日益显现，农村社会变得更加开放和多元，农民参与市场的积极性和能力[2]也在逐渐增强，但欠发达地区个体化小农户经营的格局依然普遍存在。"农业产业化发展要求由专业化的劳动者按照专业化的方式在专业化的设施中从事农业生产经营活动。"[3] 为有效应对市场发展带来的风险，合力推进农业的产业化发展，我国各级政府采取了多种措施培育农业经营主体。回溯几十年国家推进农业经营主体培育的历程，政府的注意力也从单纯强化农业经营主体的经营特质过渡到通过优化组织内外情境要素来提升农业经营主体的经营和生产技术水平。

人力资本与专业化水平相互促进[4]，而专业化水平的提升会促使专业人士的产生[5]。改革开放以来中国各级政府部门采取多种措施以扶持农业

---

[1] 市场经济对农村社会的渗透作用主要体现为如下几个方面：农村集贸市场的兴起对传统社区治理和经济运行形式的作用、乡镇企业的萌芽对传统经济经营形式的挑战、工业产品对农村的倾销、外部市场对农村经济资源的汲取和挖掘、工商资本入村对乡村利润的分割。参见张林江《市场力量是如何建构农村社区的？——路径、机制及其后果》，《新视野》2017 年第 2 期。

[2] 脱离市场讨论农民的普遍脱贫是难以想象的，只有将农民融入市场的大潮中，让农民在市场经济发展中共享利润，才能够实现农民增收。但是不同地区农民参与市场的强度是不一样的："东部地区"农民的市场程度高；"中部地区"农民通过家庭内部分工实现劳动力充分使用；"西部地区"农民的市场参与程度低。参见桂华《市场参与视角下的农村贫困问题——贫困类型、地区分布与反贫困政策》，《南京社会科学》2019 年第 7 期。

[3] Rhodes V. J., "Industrialization of Agriculture: Discussion", *American Journal of Agricultural Economics*, 1993 (5): 1137–1139.

[4] Becker, Gary S., "An Economic Analysis of Fertility", In Ansley J. Coale, ed., *Demographic and Economic Change in Developed Countries*, Princeton, NJ: Princeton University Press, 1960.

[5] Becker, Gary S. and Robert J. Barro, "A Reformulation of the Economic Theory of Fertility", *Quarterly Journal of Economics*, Vol. 103, No. 1, 1988, pp. 1–25.

经营主体。农业经营主体相继实现了从集体化农民①到农户家庭，再到逐渐社会化和市场化的蜕变，新型经营主体的规模也在迅速扩大。改革开放到20世纪90年代，家庭农户随家庭联产承包责任制的推进从集体化的禁锢下解放出来，并迸发出巨大的生产能力。家庭作为农业产业的核心主体推动了农业的快速发展。城乡农贸市场重新开放，乡镇企业逐渐发展起来，农村部分剩余劳动力也转移到附近的市场或者工厂。1984年中央第三个一号文件正式出台，鼓励农村企业发展突破"三就地"②和社队限制，自主联合或者个体创办企业。1984年3月，国务院转发《关于开创社队企业新局面的报告》，要求各级政府支持社队企业发展。随着1987年第5号文件的推出，股份合作制、股份制、个体私营经济以及各种形式的联营和中外合资等形式的经营模式在部分地区快速出现。这一时期乡村企业发展的典型是江苏无锡、中河刘庄村、江苏常州五一村、河北遵北县西铺村、山西昔阳县大寨村和山西平定县西沟村等。

与全国整体层面上多元化的农业经营主体快速增长的趋势大相径庭。广大的中西部和东北地区规模农业经营户占总农业人口的比例均在1%以下，农业规模化经营依然任重道远。此外，中西部地区农业合作社的数量也低于东部地区，且每万人参加的合作社的比率也非常低。

全国整体层面上农业经营主体的文化素质与西部欠发达地区之间也存在较大的差距。西部欠发达地区未上过学或者上过小学的农户占比最高，初中文化程度的农户数量西部地区则正好相反。

与欠发达地区农业经营主体困局相伴而生的是农业经营逐渐个体化的困境。随着个体家庭分散经营的逐渐扩大，问题也随之而来。个体化家庭经营与市场匹配之间逐渐出现矛盾，千家万户的小生产难以匹配市场专业化的需求。为了化解这一困境，提升欠发达地区农业经营主体的经营能力，县域政府对于如何培育农业经营主体做出了很多尝试，这些尝试和努

---

① 中华人民共和国成立后，农业经营主体相继从互助组到初级社、高级社，再到人民公社，国家通过经济制度安排的约束、政治意识形态的引导以及社会流动上的限制等手段使农民投身于农业生产。但也有部分村民通过非农业劳动甚至偷盗来获得生存所需。参见马维强、邓宏琴《生计与生存：集体化时代的村庄经济与农民日常生活——以山西平遥双口村为考察中心》，《中国农业大学学报》（社会科学版）2016年第3期。

② "三就地"是指就地取材、就地加工、就地销售。

力可以粗略归纳为两个层面：从组织内部环境优化入手，为农业经营主体发展提供保障和服务。合作社、企业与农民之间不再是以往那种以经济合同为核心的合约关系，而是形成了一种"新型托管关系"，新型经营主体不仅利用政府政策的支持，还利用农村社会中非正式化关系网络对广大的农户展开动员，提升了基层社会的集体行动能力[1]。从优化组织外环境入手，帮助经营主体补齐短板，增强经营能力。实证数据表明，融资成本、自由现金流及新型农业经营主体具有的收入满足认知均显著影响其债务融资决策[2]。政府推动的小额信贷对农户增收具有显著的积极作用，资金配套机制不仅显著增加了贫困村农户人均纯收入，也明显改善了资本补贴的扶贫效果[3]。在农业产业发展中，国家需要通过降低融资成本，还本付息过程中现金流的机制以及农业经营主体破产规则，从而设计完善以加速家庭农场、专业合作社及农业专业大户向现代农业企业转变。

如上所述，是否意味着只要加大扶持力度，欠发达地区县域政府培育农业经营主体的行动就一定有效呢？通过追溯四个县培育农业产业的实践，我们可以发现欠发达地区县域政府在培育农业经营主体的行动中存在差异化的行动结果，其生成逻辑包含以下两个方面：（1）在试点性压力型体制引导的组织内情境下，欠发达地区县域政府在自组织能力和自主经营能力等组织外情境较强的村庄采取协调和辅助策略，县域政府只需要进一步帮助这些村庄提升经营主体培育的质量即可。政策执行结果与政策目标之间趋近，形成名实相符的现象。此外，欠发达地区县域政府在自组织能力和自主经营能力等组织外情境较弱的村庄采用行政主导的行动方式推进经营主体培育政策，但政府不可能估计到所有村庄的所有差异，只能采取统一的模式去培训经营主体，往往导致培训内容脱离乡村社会需求，出现"一刀切"困境，出现名实分离现象。（2）在普惠性压力型体制引导的组织内情境下，县域政府会在组织外

---

[1] 张建雷、席莹：《关系嵌入与合约治理——理解小农户与新型农业经营主体关系的一个视角》，《南京农业大学学报》（社会科学版）2019 年第 2 期。

[2] 王睿、应恒：《乡村振兴战略视阈下新型农业经营主体金融扶持研究》，《经济问题》2019 年第 3 期。

[3] 贾俊雪、秦聪、刘勇政：《"自上而下"与"自下而上"融合的政策设计——基于农村发展扶贫项目的经验分析》，《中国社会科学》2017 年第 9 期。

情境较弱的村庄采取稳定优先的行动策略,而在组织外情境较强的村庄采取发展主义的行动策略。结果集中力量培育中心村的农业经营主体,而忽略了非中心村的需求,进一步拉大了村庄之间的差距,与政策目标相悖,形成名实分离现象。

二 试点性压力型体制下县域政府培育农业经营主体的行动策略

较之非欠发达地区存在较大差异,欠发达地区农业经营主体文化素质偏低,市场经营能力较弱,所以其对新型农业产业技术的掌握能力更弱,需要县域政府投入更大的财力。在试点性压力型体制下,压力的启动方为了特定目的或解决特定的问题,会依据一定的政策规划设计,指在特定地域进行政策试验。在政策试验过程中,压力的启动方(中央政府或者上级政府)为试点地区的政府提供政策支持的同时也会施加一定的压力,监督政策执行的进度。在试点性压力型体制引导的组织内情境下,欠发达地区县域政府在培育农业经营主体中表现出了强烈的发展主义特征。欠发达地区县域政府会在上级政府部门的政策和资金的扶持下在辖区内广泛开展农业经营主体培育试验。下文将对欠发达地区县域政府行动策略的特点及其在经营主体培育的各个方面的表现进行解析。

(一) 农民职业技能的培训

健全县域职业教育网络,加强农民的职业技能教育,广泛培育农村实用的技术型人才是推进农业产业发展的关键途径。虽然中国政府一直坚持强化农民职业教育培训,但是在欠发达地区农业产业发展过程中仍普遍存在"技工荒"[①]的问题。为什么从中央政府到地方政府一直都在倡议加强农民职业技能教育的大背景下,欠发达地区懂技术的农民却依然奇缺?"数据证明地方政府农业创新投入对农业公司绩效的提高具有显著

---

① 魏锴、杨礼胜、张昭:《对我国农业技术引进问题的政策思考——兼论农业技术进步的路径选择》,《农业经济问题》2013年第4期。

第三章　县域政府培育农业经营主体的行动逻辑　/　81

的正向作用"①，那么欠发达地区县域政府在其中发挥了何种角色，其行动逻辑是什么呢？

在试点性压力型体制的作用下，欠发达地区县域政府在农业经营主体培育过程中一直发挥着关键的主导者角色，有时甚至需要县域政府持续兜底才能保证经营主体培育效果的提升。早在 20 世纪 60 年代，LT 县就开始大面积种植苹果，但那时该县延续的是传统的技术，农业经营主体的培育并未引起县域政府的注意力。在计划经济时期，LT 县主要依托公社等集体组织来加强苹果产业的管理和生产，主要依靠生产队培育集体苹果园。70 年代，该县苹果产业呈现出大发展的样态。每个公社林场培育百亩以上基地，每个大队、生产队林场建立 30—50 亩苹果园。至 1977 年，全县果园面积最高达到 8615 亩。但在集体组织管理下的果园疏于管理，苹果品种退化、树体衰弱、经济效益差、经营不善等问题逐渐凸显，最终这些果园陆续被挖除。1980 年后，随着承包到户政策的施行，苹果产业的经营主体也在悄然发生变化。部分果园交给村集体经营，另外的则承包给个体农户经营。但由于经营主体管理不善且缺乏较为先进的农业技术，随树龄的增加，果园里的苹果品种退化，树体衰弱，病虫危害严重，经济效益甚微，最终也难逃被挖掉的命运。1986 年在县政府行政主导下该县又开始第二轮苹果树种植。县乡政府组织号召广大的农民群众和基层干部以义务工的形式开展了一场轰轰烈烈的种植行动。由于农户缺乏先进的生产技术，加之当地可耕地资源奇缺，出现了农田与果树争地的问题，最终农户选择将苹果树套种在麦田中。由于农户缺乏经营管理技术，粗放式管理导致果树大面积死亡，果农不得已把苹果树挖了再种上麦子等作物。1991 年全县果园面积锐减到 12866 亩。从前两次的经验教训中可以发现，虽然政府部门为鼓励发展苹果产业耗资巨大，但是并未将苹果产业真正做起来，关键原因在于技术管理问题，农户所依赖的传统的陈旧技术和管理经验，根本无法有效保障苹果的产量与质量。在此前这些问题并未引起县域政府的重视。1992 年春天，LT 县进行了第三次大规模苹果树种植，至 2000 年全县苹果树种植规模达到 10 万亩。但好景不长，此后全国范围

---

① 马克星、李珺：《创新投入对农业企业绩效的影响——基于 A 股农业上市公司的实证检验》，《科技管理研究》2019 年第 12 期。

内，果品市场低迷，苹果价格低、果品滞销直接导致农户种果效益不明显。到 2003 年全县苹果树基本被挖除，此外，果品市场低迷也间接影响到农户革新生产技术的积极性及县域政府优化苹果生产技术的信心。2007 年，农业部将该县划定在全国最适合苹果种植区域行列中，该县也顺理成章地引起省政府的注意，并成为省级苹果重点生产县的试点。在省市政府的关注支持下，LT 县采用吸引农业企业、引进农业科研院所技术力量等方式培育农业经营主体。经过多年的耕耘，LT 县苹果种植面积一直居于高位，每年平均都有 3 万亩的增量。虽然该县苹果种植面积增幅并不大，但是苹果产量却呈现出快速推进的态势。

从调查资料可以发现，2003 年之前 LT 县苹果产业陷入了"不断种植—不断失败"的死循环，不仅政府资金承受了巨大的损失，而且果农在产业发展中几乎连年赔本，甚至造成政府与果农之间对抗事件的发生。造成这一困境的重要原因之一就是县域政府过于注重产业规模的扩大，但却很少关注果农生产经营技术。农业生产技术既是农业经济发展的源泉，也是农业增长的动力之一。土地细碎化对苹果种植户技术效率有显著负向影响[1]，而种植专业化程度与小农生产技术效率呈倒"U"型曲线的关系。即"适度专业化"种植能使小农生产技术使用能力得到最大限度的挖掘[2]，而且在中国当前的农业生产环境下，充分利用农机服务能显著提高农作物生产的技术效率[3]。在苹果产业发展中，果农沿袭传统的种植技术、不及时更新和嫁接新品种，对此政府却很少干预，这是 LT 县苹果产业发展"三起三落"的重要原因之一。但是一切静悄悄地在 2007 年发生，所有的事情几乎是同一时间发生。LT 县政府不仅开始重视农民技术能力的培训，还开始关注果树的技术管理问题。果农生产技能的提升直接促进了产业的健康发展。研究中一个疑惑逐渐浮现出来：为什么 2007 之前该县对于农户生产技术并不是很在意，但是之后却投入大量的精力和资

---

[1] 魏娟、赵佳佳、刘天军：《土地细碎化和劳动力结构对生产技术效率的影响》，《西北农林科技大学学报》（社会科学版）2017 年第 5 期。

[2] 程竹、陈前恒：《种植专业化会提高小农生产技术效率吗》，《财经科学》2018 年第 9 期。

[3] 胡祎、张正河：《农机服务对小麦生产技术效率有影响吗?》，《中国农村经济》2018 年第 5 期。

金去做好这方面的工作（如表 3 – 1 所示）？政府的行动逻辑为什么会发生如此巨大的反差？

表 3 – 1　　LT 县政府对果农技术培训的重视程度变化典型例证

编码	典型例证援引
纵向压力与激励 M_2	甘政办发〔2010〕第 11 号文件：对连片种植规模在 1000 亩以上的乡、村级果农经济合作组织和县级苹果；产销协会给予一次性补贴；2010 年筹措苹果产业发展扶持资金 5000 万元；省财政厅安排苹果产业发展专项资金 1000 万元。甘政办发〔2010〕第 113 号文件：到 2012 年，全省苹果面积发展到 450 万亩，其中 PL 市 125 万亩；甘肃省政府将平凉、庆阳两市建成全国优质红富士苹果重点创汇基地。编码：AM_2
提升政绩的动机 M_1	"我流转了 4.5 亩土地，每年能收入 1800 元，加上在果园打工每年能挣 8000 元左右，在家门口年收入近万元。"长沟村村民李秀芳高兴地说。编码：AM_1
府际竞争的压力 M_3	县果业局干部"陕北洛川、渭南白水、关中礼泉以及省内静宁、礼县等地苹果产业发展迅速而 LT 县几乎成为周围苹果产业的孤岛。"编码：AM_3
态度 H_1	LT 县 SL 镇党委书记："农民不愿种，只好政府投、干部栽。"曹文辉回忆说，但农民常常半夜把栽在地里的树苗全部挖掉；村干部把县里免费配发用于种果树的化肥、农药背到农户家门口，农民却上到自家的麦地里。无奈之下，干部干脆搭上棚子睡进果园里。编码：AM_1
行动方式 H_2	2011 年果园丰收季节，LT 县委组织部分群众外出观摩学习。编码：AH_2 2007 年年初，姚杰跟着县里组织的百人观摩团去静宁、庄浪等苹果产业先进县参观学习。编码：AH_2

县域政府为了完成超额摊派的任务，忽视了对果农生产技术和管理技术的培训。组织理论认为，社会组织是由若干个相互关联的有机体结合组成的协作系统①。组织化的过程其实就是有机体互动形成有序化结构的过程。有机体得以组织起来的方式有两种：一种是依靠自身力量实现有序化；另一种是通过外部力量的干预实现有序化。如上文所述，在计划经济

---

① 孙瑜：《乡村自组织运作过程中能人现象研究——基于云村重建案例》，博士学位论文，清华大学，2014 年。

时期政府几乎囊括了农村经济社会生活方方面面的控制权，行政权力的过度垄断导致苹果产业发展不能很好地适应市场需求，更重要的是对于农户生产技术培训方面缺乏动力，直接导致苹果产业发展低质低效。随着家庭联产承包责任制的推行，农户家庭从计划时期的集体组织模式中解放出来，农村基层组织开始发挥基层社会的管理功能。随后乡村社会管理体制改革，村民自治逐渐在基层社会普及，村委会作为连接政府与社会之间的纽带，其组织功能逐渐发挥了出来。按照政策设计初衷，村民委员会作为服务村民、管理乡村社会的自治机构，在农业产业发展中要担负起组织农民进行技术培训的责任，提升村民发展生产的集体行动能力，但是现状却与之相去甚远。20世纪90年代后，村民收入下降，基层政府巧立名目收税和横征暴敛无所顾忌，依据财政部不完全统计，1997年各级政府的收费项目多达6800项。全国收费（包括基金）总额在4200亿元左右，相当于国家财政收入的45%，而且每年以15%的增幅上升①。在这种情况下县域政府部门为完成任务而单纯依靠乡镇政府已经显得有些力不从心了。在这个时候，村民委员会扮演着政府权力触角的角色。乡镇政府为了完成这些沉重的征收任务将任务摊派给各村委会，此时村委会被彻底地"行政化"了②。村委会顶着上级下达的繁重的摊派任务，根本无法抽身去搞果农技术培训。而县域政府将完成摊派指标作为政府的中心工作，果农技术培训自然而然成为政府工作的边缘业务。

欠发达地区县域政府孱弱的财政能力限制了对果园经营主体的培育。LT县地处陇东黄土高原，属半湿润半干旱的温带气候，气候适宜，土质肥沃，交通便利，海拔在890—1520米之间，是国家农业农村部（原农业部）认定的最适宜苹果生长的区域，也是G省全省18个重点苹果生产县之一。论自然环境条件是非常适合种植苹果的，无论是年降雨量、年日照时数，还是土壤厚度，LT县都很适宜发展苹果产业。但是为什么具备如此丰裕的自然资源，苹果产业的发展总是大起大落呢？其中一个很重要的原因就是环境的封闭性，农户墨守传统耕作技术和耕作观念，受县域财政能力限制，LT县政府一直未投入大量资金用于更新农业经营主体的技术

---

① 张雨生：《法治程度能不能量化》，《杂文报》1999年9月17日。
② 彭大鹏：《村民自治的行政化与国家政权建设》，《北京行政学院学报》2009年第2期。

和生产管理。虽然从计划经济时期 LT 县就开始大规模种植苹果，但是重视粮食生产而轻视果树种植的思想一直根深蒂固，无论是干部还是群众的思想观念都很滞后，跟不上形势发展的需要。"苹果从种植到挂果，最少也得 6 年时间，这 6 年期间农户没有收入来源，这是大家伙都不愿栽果树的一个重要原因。"60 岁的老支书告诉我们。果农的种植积极性提不起来，自然就会影响到他们对果树种植栽培的生产技术的接受程度。在苹果园种植初期，经常出现前天刚刚种植好的苹果树苗到了半夜就被人给挖出的情况，人为毁林的现象也时有发生。即使有的村庄由于乡镇和村干部监管较严，不会出现蓄意毁林的问题，但也会出现果农应付种植的现象，一镢头栽一棵树，栽后持续耕种，不留果带。苹果树从投入到真正产出存在三五年的过渡时间，县政府由于自身财政能力有限，并不能对种植苹果树的农户给予既定的补贴，就出现了文章一开始讲述的，果农在果树间随意套种包括芝麻、小麦、玉米、烤烟、胡麻、油菜等各种五花八门的作物，而完全不考虑苹果树生长需要果带的问题。这就导致苹果树周围的作物与果树争水争肥，严重影响果树的生长，造成果势微小。2007 年该县被农业部划定为全国适宜苹果生产区和被省政府确定为苹果生产重点县后，自上而下的财政专项转移支付为该县贫弱的财政注入了底气。

县域政府对政绩的追逐影响县域政府的行动取向。虽然农户职业技能培训被列入政府的一项职能，但与征收税务和发展工业等任务相比，发展农户职业技能培训就显得非常边缘了，因此政府对其不会投入巨大的财力。总结 LT 县苹果产业发展的三起三落的经验，可以发现县乡财力不足导致相应的农业技术培训人才非常紧缺，致使每个技术员所指导的果园面积就很大。该县贫弱的财政使得农业技术人员待遇较低，自然就很难留住高质量农技人员，这就导致该县严重缺乏能够给果农全程提供种植指导建议和带领群众致富的农技人员。部分农技人员拿着手册来为群众提供指导建议，结果是照本宣科，与预期效果存在很大的差距。县域政府的政绩观念同样也深刻影响到县财政在各方面的投入力度。果树栽培是一个投入大、周期长、见效慢的农业投资行动，其中需要花费巨大的财力以提升种植技术和促进品种的更新换代。只有前期加大财力、物力和人力的投入，加大力度对果农或者相关农业技术人才进行培训，保证果农掌握先进的生产管理技术，才能够提升果园产品的质量，也才能加强土肥水管理和病虫害防治，培育健壮丰产树型。但是这些烦琐的程序每一步都耗资不菲，多数果农因不堪重负早早退场，有的则中途夭折。发展苹果业本身就需投入大量资金，但是废除农业税之前，果农还需要负担高昂的特产税。这对本就孱弱的苹果产业来讲无疑是雪上加霜。繁重的果园农林特产税导致果农极不愿意栽种果树，即使栽种了也不会花费大力气进行生产管理，导致果树品种老旧，品质下降。此外，县政府为充实政绩，县政府并未在其名册中删除很多老旧被挖除的果园，导致县政府名册中的果园面积连年上升，果农的特产税税负有增无减，果农被繁重的赋税压得喘不过气来，根本无力去优化生产经营技术。

  组织内情境要素对欠发达地区县域政府的约束作用同样体现在LS县培育农业经营主体的行动中（如表3-2所示）。LS县早在20世纪就被确定为国家级贫困县，2006年8月，被列入H省伏牛山生态旅游开发重点县。虽然与XX县毗邻，农户也有十几年的香菇种植经验，但是食用菌产业一直处于分散经营状态，渐渐沦为XX县香菇市场的原料供给地，在整个产业链中处于低端位置，竞争力较弱。即使经过国家几十年的专项扶贫，LS县在2015年仍有贫困村110个，建档立卡贫困户19645户，贫困人口63134人，贫困发生率15.3%。LS县食用菌产业发展出现转机是在2017年H省将该县确定为金融扶贫试验区和省长扶贫工作联系点。与中央的专项扶贫资金一起下沉的，有省市两级政府的专项扶贫资金和贴息贷款，还有各项政策利好和农业龙头企业的纷纷到来。H省专门出台了《金融助推LS脱贫攻坚试验区工作方案》。那么，在组织内情境约束下LS县政府是如何采取措施帮助农户提升生产技能的呢？自上而下的政策压力和激励很快激发了LS县领导班子的活力，《金融扶贫服务体系建设工作方案》和《LS县农村信用体系建设方案》很快出台。政策虽然出台了，政府部门也对金融贷款机制进行了优化，但是囿于本地农业龙头企业寥寥无几，农业生产合作社规模跟不上政策设定的目标。相较于小农家庭经营，包括农业企业、家庭农场和合作社在内的新型经营主体的经营效率要高得多[①]，其中农业龙头企业凭借人才和资本等优势，表现出较高的技术

[①] 高鸣、习银生、吴比：《新型农业经营主体的经营绩效与差异分析——基于农村固定观察点的数据调查》，《华中农业大学学报》（社会科学版）2018年第5期。

效率；专业大户在蔬菜生产方面表现出较高的规模效率；农民合作社的规模效率和技术效率均相对偏低[①]。LS 县将目标转向吸引先进的农业龙头企业进驻。农业龙头企业的进驻，不但可以有效解决农业生产的机械化耕作的问题，还可以革新农户的生产理念和经营观念。刘某原是柳条沟村的村民，家中耕种 5 亩薄田，种植的农作物大多是小麦和玉米等，一点零星的山坡地种植西红柿和辣椒等作物，一年下来的收入寥寥无几。在农业龙头企业和蔬菜专业生产合作社的带领下，他家在开春承包了两个蔬菜大棚，一季下来黄瓜收了将近 2.5 万斤，粗略算下来可以领到 4 万元的奖金和分红。在企业技术人员的帮助下参与蔬菜大棚种植的农户获得了实实在在的好处。他甚至将远在浙江外出务工的儿女叫回来一起发展大棚种植。沙河乡果角村贫困户陈某太早年两个儿子相继离世，儿媳也从此远走他乡，年幼的孙子只得由两位老人悉心照管，生活不堪重负。"不干不行啊！"陈某太说起来热泪盈眶，"俩儿子不在了，但他们外面欠了 6000 元债，这些年我一直替他们还着账呢！现在还有 2000 元没还完。"负债这些年，陈某太每年东奔西走，到处去打工，在工地上打杂，也去过新疆帮农场种地，甚至去过青岛装卸木料，但是并不是每次都能及时要回工钱，再加上妻子一年四季生病吃药，家里的经济负担更重了。在推进精准扶贫政策后，他们家很快领到了承包蔬菜大棚的名额，并一次性承包了两个蔬菜大棚，家里经济拮据的状态很快得到缓解。常某春是 Z 镇菇农，祖辈几代人一直在种植菌菇，但都是沿袭传统的种植方式，凭借几代人口耳相传的经验，种植香菇以来倒是没有赔本，但一直没有好的效益，遂萌生了放弃利用菌菇生产讨生计的路子。在 LS 县被确定为金融扶贫试验区后，该县很快引进了像崇信集团这样的大型农业企业，龙头企业的进驻不仅盘活了乡村社会的资本，而且为其带来了新的生产技术。常某春就在该企业营建的标准化食用菌产业园承包了香菇种植大棚。这种种植大棚比菇农传统的种植大棚更具技术优势，这种大棚有三层顶棚，不仅可以遮阳、遮雨、隔热，还能够自动调节温度和湿度，极大地提升了香菇的出菇率和出菇质量。"我刚收的头茬菇除去每棒 5 元的成本，净赚了 4800 元！"常某春兴奋地说。

[①] 吴晨：《不同农业经营主体生产效率的比较研究》，《经济纵横》2016 年第 3 期。

表3-2　　LS县政府对菇农技术培训的重视程度变化典型例证

编码	典型例证援引
纵向压力与激励 M_2	2006年8月被确定为H省伏牛山生态旅游开发重点县　编码：CM_2 2016年确定为金融扶贫试验区　编码：CM_2 省长扶贫工作联系点　编码：CM_2
提升政绩的动机 M_1	镇党委委员陈磊说："现在有意愿承包香菇大棚的农户，到镇农业服务中心报名的有400多户，目前这个产业园建成的150亩大棚不够用，准备扩建到400亩，还要在槐树村、杜店村等村大力发展。"编码：CM_1

（二）农民企业家的培育

能人治理是乡村农业产业振兴的关键主体，尤其在农民组织化程度较低且农民自主经营能力较弱的欠发达地区。随着县域政府加大力度引进和培育新型农业经营主体，新兴农村经济能人迅速崛起并参与到乡村产业发展中。一些经济能人进入村两委后，不仅将企业经营理念引入乡村事务治理，还将创业发展作为村庄治理的工作重心[①]。在农业产业专业化发展过程中，经济能人的带领能力、从业背景以及获得信贷等因素影响着专业村的形成速度[②]。经济能人在农业产业发展中扮演着"直接投资者""决策参与者"和"乡村社会的利益争取者"三种不同角色，而基层政府则依据不同的情形发挥"财政收益驱动下的合作共谋""利益博弈中的被动介入"和"官僚制逻辑下的主动干预"等作用[③]。在组织内情境因素的影响下，为了在与同时期被划定为金融扶贫试验区的其他县的竞争中获得优势，LS县域政府主动出击在农业经营主体培育中逐渐形成了两种农民企业家培育的方式，即本土内生力量的培育和外部"柔性引才"。

积极调动资源，培育乡村社会的致富能人带领乡村发展产业（如表3-3所示）。乡村产业的发展需要依赖乡村内生能力的提升和乡村资

[①] 卢福营：《论经济能人主导的村庄经营性管理》，《天津社会科学》2013年第3期。

[②] 林柄全、谷人旭、严士清、钱肖颖、许树辉：《企业家行为与专业村形成及演变的关系研究——以江苏省宿迁市红庙板材加工专业村为例》，《经济地理》2017年第12期。

[③] 郑扬、胡洁人：《双向嵌入：农村经济能人与基层政府行为——政治社会学视角下的城镇化问题研究》，《上海行政学院学报》2018年第6期。

源禀赋结构的升级①。精准扶贫政策的实施不仅提高了广大农村地区贫困人口的经济收入，也一定程度上促进了当地农业产业的发展。然而，在自然环境恶劣、资源禀赋差、产业发展落后的深度欠发达地区依然存在经济发展的"经济飞地"②，存在不少处于贫困"边缘"状态的相对贫困群体③。LS 县的情况就是如此，要靠乡村社会自身去发展农业产业几乎不可能实现，面临自上而下的政策压力，为了超额完成上面摊派的任务指标，县域政府不得不采取积极的措施扶持乡村社会的经营主体。

　　LS 县西南山区一名普通的农户成长为远近闻名的农业技术好手，薛某的成长离不开县域政府的引导和扶持。20 世纪 80 年代，薛某高中毕业后回家正好赶上 LS 县包产到户，县域政府鼓励和引导农户积极发展食用菌产业，并提供相应的优惠政策。薛某从此便跟随村里的农户上山砍伐栎木回来种植木耳。虽然在生产队的帮助下解决了启动资金和购置生产设备的难题，但是很快由于菌种的问题，木耳种植赔得血本无归。为了能够学习到更好的生产技术，在镇政府的资助下他远赴上海和福建等地学习菌菇栽培技术。学习归来后他就在自己家里开辟试验场，每天上山寻找野生木耳和香菇的菌源，并进行试管试验。经过长期的试验，他不仅掌握了菌菇种植的生产技术，而且成功将南方的香菇种植经验移植到 LS 县，并培育出本土高产、优质、适应性较强的菌种。看到薛某种植香菇成功致富，周边很多菇农纷纷跑来请教经验。薛某毫不吝惜自己的经验和技术，只要有菇农来请教种植香菇中的困惑，他都会解答。在 LS 县政府的激励下，薛某深入该县的村村落落免费为困难群众提供菌种和香菇生产技术。在薛某的带领下该村十几户人家跟着发展起香菇种植产业。村民刘某在他的带领下发展菌菇种植，经常到薛某的香菇种植基地去学习考察，看基地如何做菌袋，如何管理菌棚。如果遇到两人都无法解决的问题和困惑，县农技站专门成立的相应的接待窗口会帮助他们解答疑惑。精准扶贫政策实施以后，LS 县被确定为金融扶贫试验区，各银行为农业产业发展增加了小额

---

　　① 张丙宣、华逸婕：《激励结构、内生能力与乡村振兴》，《浙江社会科学》2018 年第 5 期。

　　② 张明善：《我国深度欠发达地区"飞地经济"模式的适应性分析》，《西南民族大学学报》（人文社科版）2019 年第 1 期。

　　③ 朱冬亮：《贫困"边缘户"的相对贫困处境与施治》，《人民论坛》2019 年第 7 期。

贷款额度，也降低了贷款的门槛限制。薛某敏锐地觉察到先机，带领全村人更新了生产设备，不但配备自动程控装袋机等机械设备，而且恒温菌种培育室、冷库、净化接种室等一应俱全。不仅实现了香菇生产的流水化作业，而且保证了香菇菌袋中碎木屑营养成分的完全挥发。LT县在苹果产业经营主体培育过程中也经历了相似的状况。LT县S村的村民景某原，1997年在县域政府的支持下他率先在该县成立了苹果专业生产合作社，在不断吸收其他地域苹果种植先进经验的同时，他们还将周围的农户吸纳进来，传授果农生产经验和技能。到2017年该专业生产合作社的参与户数已经达到4160户，人均收入超过2000元。

表3-3　　县域政府培育农民企业家行动的典型例证

编码	典型例证援引
纵向压力与激励 M_2	LS县金融扶贫模式受到习近平总书记批示：LS县被H省确定为金融扶贫试验区省长扶贫工作联系点。编码：CM_2
提升政绩的动机 M_1	"每扩种1000袋，大概要投入6000多元，没有足够的资金我也扩种不起。那时，只要资金足够我就会扩种，因为我对种植食用菌的前景很看好。"编码：CM_1

大力从外部引进懂技术、会经营的人才以促进乡村产业发展是快速提升政绩的很有效的办法。为了高质量完成国家金融扶贫试验区的政策目标，单纯依靠培育本土农民企业家显然有点不合时宜，因为从发现人才到培育成农民企业家要历经漫长的过程，而在自上而下的试点性政策压力下实属存在远水不解近渴的窘境。LS县通过从外部引进龙头企业的方式来发展当地的农业产业项目。崇信集团和金海生物等农业龙头企业就是在上述政策利好的条件下入驻/进驻LS县的。崇信集团的叶某原本是LS县的农民，退伍复员之后开始涉足农业产业化项目。2015年初，他将产业项目瞄准了LS县的鸡和生猪养殖，参照欧美养殖技术标准建立了现代化的养殖场。产业虽然发展起来了，但是由于养猪产业全部采用欧美生产设备，所需人工非常少，只需要两个人就可以管理整个工厂2000多头猪，对当地群众的带动作用非常小。为了带领周围贫困户脱贫致富。在与县金融办、扶贫办和产业办负责人沟通后，县域政府同意并支持崇信集团发展

香菇和蔬菜产业。在建立蔬菜大棚的时候县域政府提供了各种优惠政策,崇信集团出资 2100 万元,县政府出资 900 万元,联合成立产业信贷保证金池,撬动银行 2.1 亿元贷款。截至目前,崇信集团在 LS 县 11 个乡镇发展袋料香菇种植项目,引导该县 6000 多户农户发展了香菇种植产业。崇信集团先后花费 3 亿多元建立了 10 万平方米和 3 万平方米的菌棒生产企业各一家,在县政府金融扶贫贷款和贴息政策的鼓励下投资 3.8 亿元建立食用菌生产园和食用菌研发中心,年生产菌棒达到了 3000 多万棒。金海生物是 LS 县推进金融扶贫政策后引进的另外一家大型农业龙头企业。同样在县政府金融扶贫政策的推动下,该企业投资 7 亿元发展香菇种植项目,其中花费 2 亿元建立占地达 150 亩的食用菌研发中心,投资 2.8 亿元分别在 7 个乡镇建立食用菌生产基地示范大棚 769 个。众多农业龙头企业的进驻不仅构建了该县从配套装袋、拌料、灭菌、接种和养菌等环节的流水化生产线,而且极大地提升了该县香菇产业的自动化、工厂化和多元化水平。

县域政府借助乡土情结,多方动员吸引农民企业家进驻(如表 3-4 所示)。在对崇信集团李某的访谈中我们发现,农民企业家的个人情感信念对企业的产业发展行动影响很大,尤其是新乡贤和乡村治理精英。乡贤向乡村的回归不仅可以修复城乡有机循环的活力,而且还能够实现新乡贤个体价值和社会价值的有机统一①,是促进乡村产业发展的关键着力点。当务之急是培育"内生型经纪"②,靠乡贤推进产业发展。如上文所述,崇信集团叶某原本就是土生土长的 LS 县人,退伍复员之后,他依靠在部队养猪的技术在当地投建了养猪场。在没有外部技术支持的条件下开始独立研究生猪饲料的配方。2005 年叶某创建了第一家现代化的饲料加工厂,恰逢同年当地流行猪瘟,其他养猪场均不同程度受到损害,唯独叶某的养猪场未受其害。俗话说"福兮祸所伏,祸兮福所倚",猪瘟的蔓延不仅没有让叶某承受巨大损失,而且一下子声名鹊起,成为当地有名的"猪

---

① 姜方炳:《"乡贤回归":城乡循环修复与精英结构再造——以改革开放 40 年的城乡关系变迁为分析背景》,《浙江社会科学》2018 年第 1 期。

② 殷民娥:《培育乡贤"内生型经纪"机制——从委托代理的角度探讨乡村治理新模式》,《江淮论坛》2018 年第 4 期。

馆"。在事业步入正轨之后，叶某开始筹划在家乡发展公益事业。在养猪产业粗具规模后，叶某第一次捐资500万元用于家乡产业培育。2016年前后共捐款3000多万元。为了更精准地开展公益事业，叶某加入H省慈善协会并成为理事会成员。一次机缘巧合之下让叶某决定在LS县投资发展菌菇产业。张某原是H省政法委书记，退休之后担任慈善总会主席。在H省慈善总会号召会员单位扶贫的政策背景下，张某引荐叶某在LS县发展菌菇产业。与LS县培育农业产业中所面临的情形相似，LT县在发展苹果产业的时候同样也面临农民组织化程度低、果农经营管理技术能力不足等问题。为了能够尽快完成省苹果产业发展的任务指标，LT县政府将企业与农户联动起来，个体农户以转包、出租和互换的形式流转土地，从而培育和催生了一大批农业龙头企业。LT县政府相关部门在全县各村庄建立起50个服务站点。在县政府的协助和资助下，多家农业龙头企业对果农进行技术培训，目前全县共发展起来378家农民专业合作社。在县政府大力支持下，各企业纷纷对农户进行技术培训，LT县也形成从生产、贮藏、加工到销售的一条龙产业体系。

　　农民企业家在培育农业产业中究竟能够发挥什么作用呢？其优势是如何呈现出来的？第一，农业企业的进驻有效提升了农村的组织化水平。在香菇产业发展中，龙头企业负责提供成熟菌袋、技术支持和负责成果回收，但香菇的日常管理需要动员当地农民来操作。为了能够有效动员当地群众，崇信集团与LS县政府协商在当地组建农民香菇专业生产合作社。合作社扮演着联系企业与农户角色。合作社不仅负责香菇大棚承包户的订单；生产管理及产品回收等生产环节，还负责协调企业在乡村开展技术培训等相关事宜。合作社是由当地村庄的致富能人或者村干部组建的，但是囿于当地自身生产技术的限制仅依靠这部分人群去推动产业发展本身就存在很大风险。农业龙头企业拥有先进的科研团队和生产管理经验丰富的团队，对农村本土技术力量的培育具有很大助益。农户不仅可以从企业项目中学习到丰富的生产技术，而且能够获取企业中更为先进的生产管理经验。第二，龙头企业的进驻不仅提升了种植户的收益，也降低了个体农户种植香菇的风险。按照崇信集团与县域政府达成的合作协议，每5户就可以成立一个专业生产合作社。贫困户在加入合作社后承包菌菇生产大棚，不与企业直接对接。龙头企业通过融资的方式建立生产基地和温控大棚，待基础设施配套齐全后由合作社负责向企业申请经营大棚，获得经营资格后再向银行贷款发展菌菇产业。大棚所需要的菌棒都是企业食用菌研发中心提供的发酵充分的成品，在大棚管理半个月就可以出菇。此外，企业还给每一个大棚配备了一名企业技术员，全程负责指导。第三，龙头企业的进驻提升了个体农户的生产技术水平。LS 县和 XX 县地理位置毗邻，自然资源禀赋非常相似，都处于黄河与长江交汇的地方，都具备丰富的发展香菇产业的条件。XX 县早已经实现了工业化生产，近年来正着力发展香菇的深加工产业链，但 LS 县却依然固守传统的生产经营技术。香菇种植与其他草腐菌种植存在很大的差异，限制香菇种植最大的因素就是辅料的来源问题。草腐菌种植所需要的培养基是玉米芯、棉籽皮等，只要这些农作物面积扩大了，草腐菌的辅料问题就解决了，但是发展香菇需要栎木碎屑来培育菌丝，但是一棵栎树要长到能够种植香菇至少需要 7—8 年时间。2007 年后，LS 县政府响应中央的号召落实禁止采伐山林的政策，该县香菇产业一下子就受到了很大的冲击。龙头企业进驻后，不仅带领当地菇农转变传统的种植技术和理念，在菌种、制菌棒、生产香菇和香菇回收方面都严格执行标准化的生产规范，极大地提升了香菇菌棒的出菇率，而且开拓了新的辅料来源，从俄罗斯等森林资源丰富的国家进购香菇生产所需菌材。

表 3-4　　　　　农业龙头企业进驻后对农业产业的影响

年份	鲜香菇产量（万吨）	标准化香菇基地（个）	制棒企业（家）	新增农民专业生产合作社（个）	扶贫专项资金（万元）	产业扶贫资金（亿元）
2014	20					1.3
2015	20					
2016	20	173			6000	25.2
2017	20	187	37	91	1920	4.7

（三）村干部等积极分子的培育

在国家大力支持乡村产业振兴的政策背景下，部分回流的乡村精英和村庄内部精英敏锐地抓住时机，响应中央政策并采取相应的行动，在公司主义的包围中成为乡村场域中另一部分拥有相对话语权的群体①。作为乡村治理的代表性人物，他们具备较强的乡村社会资源的整合能力，深刻地影响乡村的治理机制和治理能力②。正如上文所述，无论是 LT 县还是 LS 县都采取了多种措施将农户培育成技术工人和农民企业家，但是有一个问题却迟迟没有讨论，即普通农户是如何从众多的种植户中脱颖而出被县域政府选中的？

政府部门常从乡村致富能人中选拔带头人。Y 村是市政协副主席扶贫工作联系点，也是市财政局对口帮扶的村庄。从精准扶贫政策实施以来，在政府相关部门的帮扶下该村已经栽种苹果 175 亩，人均达到 1.9 亩。李某就是 Y 村一普通果农。在对口帮扶单位与村庄开展的双联互动中，李某接受政府部门的资助去接受苹果树种植培训，学成归来后他利用自己掌握和学习到的先进生产技术带领周围的群众发展苹果产业，先后免费为村里 28 户果农修剪了 68 亩果园，并提供现场教学和指导。此外，在县政府产业办相关人员的协调下，他还去其他乡镇现场传授苹果树种植的经验和技术，开展培训达到 160 多场次。

乡村农业产业的发展不简简单单是发展经济的问题，更是乡村社会治理问题。发展特色农业是推进农村基层社会治理的重要途径。从 2009 年开始 LT 县以村庄民主管理为突破口，进行了提升基层组织引导乡村经济发展能力的尝试。按照 LT 县 "三议两公开" 的政策设计，但凡村庄中有较大事务都需要先由 "村两委" 研究决定，并提交全村党员代表大会审议，最后提交村民会议或村民代表大会讨论做出决议。村民代表大会通过的决议还需要在村庄内部进行公开，以接受普通民众的监督和质询。例如 XZ 村在研究推进整村扶贫的相关事务时，围绕适合发展什么产业在村民大会上引发热烈讨论。村干部提议发展苹果产业，但是很多村民对发展苹果产业存在许多疑虑。为化解农户心中的疑团，村干部为村民仔细算了种苹果和种小麦的对比账。最后村民代表大会全

---

① 李云新、阮皓雅：《资本下乡与乡村精英再造》，《华南农业大学学报》（社会科学版）2018 年第 5 期。

② 吕蕾莉、刘书明：《西北民族地区村庄权力结构下的乡村精英与乡村治理能力研究——对甘青宁三省民族村的考察》，《政治学研究》2017 年第 3 期。

票通过了这项提议。据 LT 县民政局数据统计，2009 年以来该县采用上述方式决定的村庄重大事务共计 360 多项，其中 90% 以上的项目得到落实。"三议两公开"民主管理的价值不只仅仅体现在村庄重大事务的决策上面，还提供了一条选出乡村产业发展"带头人"的科学途径。懂经济、会经营的乡村干部一直是农户最真切的愿望。但现实情况往往是很多村干部十几年未曾更换，他们固守传统的思想文化，不思革新，经营能力很差，更遑论带领农户发展农业产业项目。"双评双议"活动，重新将乡村公共事务的决定权全部归还村民，大小"村官"都得看村民"脸色"办事了。对于工作成绩不突出的村干部，村民有权通过相应的程序罢免。另外，村民还可以通过民主评议制度选拔村支部书记。2008 年以来，LT 县由群众评议被提拔到村支书岗位的党员有 21 位，14 名村干部由于在"双评双议"中群众不满意而被免职。在加强对干部监督的同时，LT 县域政府还积极改革村干部绩效考核制度，对村干部实行以"基础工资 + 绩效工资 + 奖励工资"为模式的结构工资制。依靠群众对村干部的评议来确定村干部的实际工资等级和绩效奖励标准。此外，LT 县还积极推动村干部进行产业经营能力培育教育。在县产业办相关部门的协助下，该县顺利成立了多个党员专业经济合作社，让党员在合作社发挥先锋模范带头作用。SZ 村是 LT 县出了名的后进村。2009 年经过村民评议之后，郑某开始担任该村支部书记。在新任支部书记的带领下，该村 10 名养殖户联合成立了养牛专业经济合作社，之前没有从事过任何产业项目的村民刘某在合作社的带领下养殖了 20 多头牛，年底挣了 7 万余元。如今，LT 县已建成 47 个养牛、苹果、蔬菜等农村党员专业经济合作社，累计发展社员 2800 余人，其中致富能手占到 90%，党员达到 870 余人。

（四）政府柔性引才[①]

自上而下的政策考核任务与农村本土农业产业人才匮乏的张力是制约

[①] "柔性引才"，与"刚性引才"相对，"是指在人才引进过程中，突破地域、户籍、身份、档案、人事关系等限制，不改变其户籍（不迁户口）或国籍，不改变人才与原单位关系（不转人事关系），将人才吸引到本地工作或创业的人才引进和使用方式"。参见陈光普《"柔性"引才研究——基于沪郊的实证分析》，《中国市场》2014 年第 43 期。

欠发达地区农业产业化发展的重要因素。一方面，与发达地区农村相比，欠发达地区县级产业项目在资金投入、平台建设、产业层次等方面都缺乏明显的竞争力，对农业技术人才的吸引明显较弱。另一方面，虽然从中央到省、市政府都给欠发达地区产业发展提供了相当多的产业优惠政策，所施加的压力也不小，但是农业产业的发展终究还是要依靠人来执行。没有雄厚的人力资源支撑，农业产业项目想要摆脱传统小农经济状态下的生产模式是非常困难的。

为了有效解决这些问题，LT 县采取"一事一议"特殊引才政策，近年来先后引进院士专家人才 17 名。专家学者的到来为当地培育了一批本土的农业技术人才。近几年该县共培育果业专业技术人才 48 名，示范带动培育了一大批农民果业技术员，实现了务果村庄每村有 1 名技术员的目标，而且吸引一大批农业技术骨干来 LT 县发展，极大地促进了苹果产业的转型升级。为了尽快高质量完成建设国家矮砧苹果综合标准化示范区和全省有机苹果基地的考核任务，LT 县先后聘请国家现代苹果产业技术体系岗位专家赵正阳和西北农林科技大学退休教授袁景军以及其他国内知名专家教授为技术顾问，并支持他们在该县组建苹果产业发展专家咨询顾问团。专家咨询顾问团除了要对苹果产业发展规划提出科学的意见方案外，还需要负责苹果生产基地技术咨询、现场教学等任务。按照专家顾问团与 LT 县的合作协议，每年专家们需要在 LT 县工作 180 天。在专家团队的技术支撑下，LT 县苹果产业正稳步发展，截至 2017 年，全县规范种植果园 22.67 万亩，创建省级苹果标准化示范园 2.3 万亩。2017 年，全县果品实现产值 7.2 亿元。

三 普惠性压力型体制下县域政府培育农业经营主体的行动策略

在普惠性压力型体制引导的组织内情境的约束与作用下，欠发达地区县域政府只需要对照上级政府的政策标准，达标就算完成任务，并不需要就农业经营主体做创造性探索。因此，在农业经营主体培育过程中欠发达地区县域政府倾向于稳定优先的行动策略。下文将从经营主体培育的各个方面阐述县域政府培育农业经营主体行动策略的运行逻辑及影响因素。

（一）农民职业技能培训

首先，在稳定优先的农业经营主体培育策略下，欠发达地区县域政府会放任农业经营主体自然成长。一方水土孕育一方文化，一方文化影响一方经济、造就一方社会。特定的地域文化不仅有助于催生农户种植群，还可以提升农民之间的合作关系质量[①]。此外，在文化越多样的地区，民营高科技企业会获得更多的创新产出，当公司所在城市不同方言之间的差异性越大、人口流入较多、包容性更好及知识产权保护水平越高时，方言多样性对创新的影响越显著[②]。不同地域的文化形态不仅影响当地经济社会发展，也直接影响农业技术人才的成长机制。XX县与陕西省商南县相邻，虽然这两个县风俗习惯相似，但两县人的经营管理理念却大相径庭。丰富的自然资源禀赋以及封闭的社会环境造就了商南人安于现状和竞争意识不强的性格。改革开放后很多年，商南县人依然固守着传统的生活方式，经济发展基本没有太大的起色。然而，与商南人的境况出现较大反差的是此时XX县已经有很多青年人只身闯外地寻找发展机会。很快商南县出现了一个现象，XX县人在城市里开商铺的同时，还会深入山区卖家用品、老鼠药等。随着时间的推移部分商南人开始发现原来独身来商南县的XX县人一部分已经做了小老板了，而且不断有XX县人涌入商南县"淘金"。XX县人虽然身居大山深处，但这里的人自带"客家文化"的精神特质，只要需要他们就会走南闯北，四处奔波。只要有活干，有钱赚，他们就会不嫌脏不嫌累，任劳任怨，坚韧不拔。长此以往最终在当地形成一定的竞争优势。XX县独特的文化特质使得该县农户很早就自发革新生产技术，提升食用菌生产的技术水平。与XX县经营主体培育的状态略有差异，由于缺少政府部门的干预，LS县虽然与XX县同一时期涉足食用菌种植和生产，但是该县却一直沦为周围市县的原材料供应地，菇农的生产技术一直停留在椴木香菇等传统的种植技术。

[①] 胡平波、卢福财、李建军：《文化生态视角下农民专业合作社的形成与发展——以江西省为例》，《农业经济问题》2012年第11期。

[②] 潘越、肖金利、戴亦一：《文化多样性与企业创新：基于方言视角的研究》，《金融研究》2017年第11期。

欠发达地区县域政府并不是一成不变地追求稳定优先的行动策略，在特定的条件下追求政绩的需要也会促使县域政府短时间内由稳定优先的行动策略转变为发展优先的行动策略。S镇是XX县食用菌产业发展的龙头，改革开放后S镇紧紧抓住该县及周边县市发展香菇产业的市场机遇，借助自身的交通区位和自然资源优势，积极主动地吸引海外客商来XX县发展香菇产业。随着香菇产业的逐渐成熟，XX县不再满足于单纯提供原材料的经营模式，转而寻求在当地建立食用菌交易市场的新模式。目前已成为全国香菇行业货源中心、价格中心和信息来源中心。吸引XX县域政府举全县之力发展香菇产业的根源在于香菇产业丰厚的利润回报，这对于提升县域政府的政绩大有裨益。第一，香菇产业的发展为当地创造了众多的工作岗位。每天清晨，该县S镇就会出现成群结队骑着车上班的人群，其中以青年人居多，他们像潮水般涌向XX县香菇产业园。香菇产业的发展吸引了周围村庄大量的农户参与到产业发展中，香菇市场的分级加工、购销、运输服务等环节为当地困难群众创造了众多的就业机会。村民和香菇企业的工人都在香菇基地工作，并获得同等的职业回报。据该县产业办数据显示，2017年S镇在香菇市场参与分级加工的妇女6000多人，参与购销的男性劳动力8000多人。第二，香菇产业的发展带来了巨大的经济效益，使得财政能力较弱的XX县政府如"久旱逢甘霖"，使其具有更大的信心投资和引导香菇产业的发展。2016年，XX全县香菇总产量突破24万吨，综合效益达60亿元，出口创汇6.6亿美元。第三，香菇产业的发展也为商业资本进驻乡村开辟了一条崭新的道路。20世纪90年代，率先来XX县从事香菇产业的厂商大多来自福建、浙江和广东等地，还有日本、韩国等国家的商人。他们只是把当地生产的香菇进行收购后通过浙江等口岸再转卖到其他国家和地区。2005年前后，XX县香菇约有60%通过浙江、福建口岸出口到海外。XX县香菇产业发展最旺盛的时候曾经有500多家菇品公司从事食用菌产业，年购销香菇、木耳等野生干品食用菌3万吨，交易额10亿元。很快XX县政府意识到单纯依赖外部企业很难持续提升本地的香菇生产能力和竞争能力，所以该县政府开始积极引导本地香菇企业的创建。2005年，第一家本土香菇生产企业在县城成立。2010年，从事香菇种植和加工的农业龙头企业的数量发展为12家。2013年1月至10月，以张仲景大厨房、聚兴农副食品有限公司为龙头的30多家香菇加工出口企业出口香菇2.2万吨，创汇3.5亿美元。截至2017年3月，XX县香菇总产量突破20万吨，综合效益突破60亿元，全县农民纯收入的60%均来自香菇产业。

横向府际之间的竞争压力是导致县域政府培育策略发生转变的重要因素。为了能够促进香菇产业的发展，1997年，XX县成立了由县长为组长的食用菌工作领导小组和食用菌生产办公室。2012年，XX县食用菌产业化集群发展领导小组成立。在乡镇层面，一部分香菇生产的重点乡镇成立了香菇生产办公室。在村一级，各重点村庄均有香菇标准化生产的信息员，主要负责香菇基地的建设和管理工作。县政府财政每年出资1000万元用于奖励香菇标准化生产。2012年XX县陆续制定《香菇标准化生产技术规程》《XX县香菇生产用木屑质量标准》《XX县生产用麸皮质量标准》。之后，XX县投资3亿元扩建了以干菇交易为主的双龙香菇市场，投资6000万元扩建以鲜菇交易为主的丁河香菇市场。赵某荣就是在XX县香菇产业发展政策强力推进下被培育出来的致富能人。20世纪90年代，XX县号召当地农户发展食用菌产业，但由于"南菇北移"的趋势刚刚出现，北方乡镇传统种植的食用菌也仅限于草腐菌和木耳等，香菇种植无论对当地农户还是政府相关产业部门来说都是一片非常陌生的领域。在县政府的资助下，赵某荣追溯到了香菇发源地——浙江庆元，在XX县政府的协调下赵某荣与庆元县政府建立联系。XX县政府已经事先与庆元县政府进行了沟通与协调，所以赵某荣在庆元县的考察学习过程基本未遇到什么困难。1995年赵某荣开始在自己村里试验种植香菇，在26个农户的蔬菜大棚里投放的15万棒香菇喷水出菇，第一批香菇卖到了日本千叶和北京大钟寺。香菇种植试验成功并取得非常不错的成绩引起了当时县委县政府领导的高度关注。每座蔬菜大棚年收入有3000元，而建立一座香菇大棚每年收入可以达到5万元。1996年，在当时县委领导的支持下赵某荣开始尝试香菇标准化生产的路子。与其他食用菌相比，香菇是所有食用菌中最难培植、生产技术最复杂且污染率最高的，农户分散的、各行其是的种植模式很难规避香菇种植中存在的技术风险。一旦香菇生产的某一个环节出了问题，整个香菇产业就会全军覆没，赔得血本无归。农民可以少挣钱但是不能不挣钱，一旦产业发展出现失误，不仅会打击菇农发展香菇产业的信心，而且有可能引发严重的社会问题。

表 3-5　普惠性压力型体制下县域政府培训农民职业技能的影响要素典型例证

编码	典型例证援引
提升政绩的动机 M_1	（1）"公司提供菌种和技术，以每公斤高于市场价 4 元的价格收购香菇，农户负责种植、采收。目前，一个月收购 3 万多公斤香菇，今年预计收购 15 万公斤，产值可达 2000 万元。"四里店镇党委书记说道。编码：BM_1 （2）菜棚养菜年亩纯收入 3000—6000 元，养香菇一下子一个菜棚纯收入拿到了 5.5 万元以上！编码：BM_1 （3）2015 年，全县香菇总产量突破 20 万吨，产值突破 20 亿元，综合效益突破 50 亿元，出口创汇突破 6.8 亿美元，同期出口创汇增长 16%。编码：BM_1 （4）2017 年全镇在香菇市场参与分级加工的妇女 6000 多人，参与购销的男性劳动力 8000 多人，解决了该县大量剩余劳动人口的就业问题。编码：BM_1
县域政府行动选择 H	（1）从 2009 年开始，XS 县重点培训各个乡镇的蚕桑站站长、技术人员、蚕桑专业经济合作社的负责人。编码：DH （2）XS 县蚕桑局每年拨付大量资金用于对桑农桑苗、蔟具和蚕茧收购补贴。编码：DH （3）镇政府以向社会购买服务的方式建设香菇种植园，免费提供给菇农使用。编码：BH （4）1997 年由县长为组长的食用菌工作领导小组和食用菌生产办公室成立。编码：BH （5）2012 年 XX 县食用菌产业化集群发展领导小组成立。编码：BH

（二）农民企业家的培育

将引入农民企业家的相关内容纳入政府相关部门的绩效考核体系是促进县域政府各部门积极采取措施的制度原因之一。农业龙头企业在乡村农业产业中扮演着非常关键的角色，而农业企业负责人的企业家精神则是影响产业发展的关键要素之一。2016 年，XS 县将蚕桑产业的发展效果作为相关部门实绩考核的重要指标。第一，干部选拔制度规定三年任期内桑园种植面积达到 5000 亩以上或者新扩建的桑园面积达到 2000 亩且产业收益明显的乡镇主要干部，在同等条件下优先考虑擢升为党政主要领导、分管领导。第二，干部选拔任用制度规定，身处蚕桑产业发展一线且获得群众广泛认可、工作业绩突出的乡镇农技工作人员在乡镇干部选拔时优先录用。第三，干部绩效考核制度规定，由县委组织部会同人事局、蚕桑局等相关部门制定考核方案，对桑园种植面积达到500亩以上的村支部书记和蚕茧年生产能力达到6000担以上的农民专业合作社的主要负责人进行奖励，解决他们的事业编制问题，享受财政拨款工资待遇。为了能够完成这些绩效考核指标，欠发达地区县域政府也会积极动员资源。县域政府通过增加奖补的方式来激励农民在家创业，依托本村的自然资源条件发展农业产业项目。2017年，XS县针对该县产业发展的实际需要及时更新了农业产业项目培育中的奖补措施。针对农业品牌创建方面，XS县相关奖补制度规定，获得中国驰名商标、江西省著名商标（红土名牌产品）的农业经营主体可以向县财政申请一次性奖励20万元和3万元。获得"三品一标"农产品认证的农业经营主体可以按照无公害农产品、绿色食品、有机食品和地理标志产品的等级分别申请3000元、10000元、20000元到50万元的奖励。针对企业带领群众发家致富方面，带贫企业要保证其所带领的2017年后新建档立卡的贫困户，每月工资不低于1500元，企业可以申请从县财政获得每人2000元的补贴。此外，在XS县注册成立电商品牌且在该县有实体产业存在的企业，积极开展电商业务培训，组织推销农产品，开展农村邮件、包裹等物流输送且企业运行成绩良好的可以申请县财政3万—5万元的政策扶持款。针对农业基础设施建设层面，相关奖补制度规定，农业经营主体新发展蚕桑集中连片面积200亩以上，企业或者合作社组织管理体系健全，对农业新科学技术的吸收能力较强，配备了基本的农业生产设备，并且获得企业同行和社会各界认同的可以从县财政申请基础设施建设奖补。此外，2017年XS县还另外统筹涉农资金4000万元用于支持新型农业经营主体开展基础设施建设、市场营销和品牌创建等活动。

横向府际之间的竞争压力是县域政府采取行动的重要动力。与XS县缓慢发展的步伐不同，近年来在"昌九一体化"战略的推动下，该县周边的溧阳区、武都区等借助这一政策契机获得了快速发展，尤其是武都区依托资源优势的茶产业、乡村旅游产业迅猛发展，因此，该县也被评选为全国文化先进县。这就给XS县的主政官员带来了不小的竞争压力。为了化解这些压力，帮助农业企业解决在产业发展中的融资难问题，XS县政府采取了一系列措施。该县政府积极统筹涉农专项资金，并整合省、市、县三级配套财政帮扶资金共计2500万元成立了风险担保金。此外，他们以风险担保金为本金，与本辖区内的多家银行建立了合作关系，撬动银行贷款 2 亿元，专门用于辖区内从事桑、茶、林、畜四大产业。存在产业发展资金受限问题，但风险可控、还款信用度高的新型农业经营主体发放贷款。此外，对于采用"企业合作社+贫困户"经营模式的经营主体，并且是按照正常程序申请贷款的，县财政还按当年贷款基准利率给予 20 万元内的贴息。"2017 年我县再次整合县级财政资金 2100 万元扶持蚕桑产业项目建设，新扩桑园基地 3500 亩，完成标准化桑园建设 11500 亩。"（编码：DH_2）此外，为了应对上述压力，XS 县域政府及相关部门将注意力集中在乡村致富精英上，借助他们的力量提升整体的农业产业质量。一方面，县域政府辅助农户创办农民专业生产合作社。农业产业项目周期长，见效慢、投入大且风险比较高，个体农户往往会采取更为保守的态度来发展农业生产。成立合作社，形成规模化经营对个体农户来讲是非常困难的。XS 县通过村委会领办合作社的形式增强农户的信心。按照 XS 县的政策设计，以乡镇为单位组建蚕桑专业生产合作社，支持蚕桑村村支部书记、村委会主任或蚕桑站站长担任生产合作社的领办人，并鼓励与蚕桑产业有关的企业、事业单位和个人依法加入乡镇蚕桑生产专业合作社。合作社理事长、副理事长入社股金比例要分别达到社员总股金的 10% 和 5%。乡镇长兼任合作社顾问，财政所长兼任监事。鼓励上述主体领办合作社具有以下几点优势：其一，正如上文所述，农业生产风险太高，一般农户都对此持观望态度，由村两委或者蚕桑站作为发起人成立合作社能够解决无人领办的问题。其二，村两委和蚕桑站是本地内生的组织，与企业超强流动性不同，他们是不可移动的实体，由他们领办合作社更容易打消农户心中的疑虑，增强农户的发展信心和积极性。其三，由村两委领办合作社，不仅可以增加农户的经济收入，还能够通过分红等措施壮大村集体经济，为村庄公共事务的治理提供必要的物质基础。此外，XS 县对合作社的发展也提出了相应的考核指标和要求。比如合作社至少要带领 5 名党员、6 户群众和统筹 21 户贫困农户加入，每户按 200 元/亩的标准交纳股金，即可成为社员，门槛低、多受益。入股合作社的农户不仅可以通过承包的蚕桑园获取生产性收入，还可以从合作社的利润中获得分红。此外，加入合作社的农户可以承接合作社的订单，免费获取合作社提供的技术服务指导和生产培训，并共享合作社的产业营销链。蚕桑专业生产合作社的主要职责就是负责为蚕农提供栽桑、管桑、养蚕技术服务,把控鲜茧收购、烘焙、干茧销售等环节。合作社相关制度同时也规定严禁其他单位、企业和个人进入鲜茧收购市场。此外,XS县政府在重点乡镇建立蚕桑专业生产合作社的基础上创建全县蚕桑生产联合社,以促进各合作社之间的协调和整合。蚕桑生产联合社与乡镇专业生产合作社是指导关系,为乡镇蚕桑专业生产合作社提供技术指导和培训,并定期监督合作社,负责产业发展风险资金提取和使用,并帮助合作社发展筹措资金。蚕桑生产联合社的成员除了各重点乡镇的蚕桑合作社外,还吸纳了一些与蚕桑产业相关的企业或者组织加盟。XS县还重视建立龙头企业与蚕桑专业生产合作社及蚕农的对接合作机制。引导茧丝绸龙头企业与蚕桑专业生产合作社、蚕桑专业生产合作社与蚕农在互惠互利、诚实守信的前提下,实行订单蚕业,建立起"公司+合作社+农户"的经营模式。龙头企业把蚕桑基地与蚕桑专业生产合作社作为"第一车间",把蚕农作为"第一车间"工人。蚕桑专业生产合作社出售干茧,在同等条件下要优于本县茧丝绸龙头企业。XS县也非常重视优质桑园基地建设。继续实施"十百千"优质桑园基地工程,在原有重点蚕桑乡镇、重点基地村和示范大户的基础上,将太阳升、何市、马坳、古市、西港、山口、漫江、征村、渣津、白岭10个乡镇建成5000亩以上的高产优质蚕桑乡镇;在全县蚕区内建设100个500亩以上的蚕桑基地村,培育1000户3亩以上的蚕桑高产优质示范户。确保全县标准化、优质化桑园达到10万亩。

表3-6　农业企业培育中县域政府行动的影响要素典型例证援引

编码	典型例证援引
纵向压力与激励 M_2	XS县成立了从农民专业生产合作社到全县蚕桑生产联合社纵向一体化的产、购、销网络。编码:DP_1 "与以前产业的发展路径不同,我们是先扶持发展专业合作社,后号召发展蘑菇产业。"镇长说道。编码:BP_1
提升政绩的动机 M_1	2016年XS县将蚕桑产业发展效果作为相关部门实绩考核的重要指标。编码:DM_1

续表

编码	典型例证援引
财政能力 M_4	XS 县政府积极统筹涉农专项资金，并整合省、市、县三级配套财政帮扶资金共计 2500 万元成立了担保风险金。编码：DM_4 2017 年我县再次整合县级财政资金 2100 万元扶持蚕桑产业项目建设。编码：DM_4
政府行动选择 H	县财政对带贫且达到规定标准的农业龙头企业给予每人 2000 元的补贴。编码：DH1 XS 县政府对在辖地开办有实体店的电商企业奖励 3 万—5 万元的政策扶持款。编码：DH2

XX 县长胜蘑菇专业合作社从一个农民自发组织起来的微型组织成长为辐射 7 个乡镇 40 个行政村 3600 多个农户的大型农民专业生产合作社，见证了该县县域政府角色的变化。长胜蘑菇专业合作社仅用 5 年时间，建成菇房面积 80 万平方米，蘑菇种植面积达 200 万平方米，年产值实现亿元大关。这一成绩离不开县域政府的步步支持。2003 年，长胜镇村民柯某海与福建福州菇农合作种植香菇 3000 多平方米，两人合股共投入资金 8 万元，由于市场行情把握准确，香菇产业发展顺风顺水，他们赚到了发展香菇的"第一桶金"。看到发展香菇赚到钱了，周围村民纷纷效仿。第二年，该镇香菇种植面积迅速扩大到 20 万平方米。但由于菇农从一开始就是仓皇上马，根本没有任何种植技术保障，没有组建正式的营销团队，也不懂香菇的交易流程，导致在香菇交易过程中相互压价，恶性竞争。最终，小商贩在其中赚得盆满钵满，而全镇大部分菇农在这场香菇"风潮"中亏损。长胜镇党委书记的关注为该镇香菇产业的发展带来了转机。镇党委经过广泛调研和市场调查后确定了通过培育香菇生产合作社以促进农户与市场对接的建设方案。"与以前产业的发展路径不同，我们是先扶持发展专业合作社，后号召发展蘑菇产业。"镇长说道。（编码：BP_1）

2005 年，在镇政府的协助下该镇 5 户农户联合成立了长胜蘑菇专业生产合作社。镇政府还专门制定出香菇产业的发展规划，计划在 2 年内引导农民种植蘑菇面积达 50 万平方米。"新的种植模式要靠专业合作社去推广，资源优势转化为经济优势，也只能靠专业合作社市场化的运作来实现。"（编码：BP_1）为了帮助农业合作社平稳发展，镇出台了包括 3 年内减免蘑菇专业合作社所得税、建菇房规费、政府免收林木规费以及对香菇种植基地进行补贴等多种优惠政策。此外，在镇政府的支持和协调下，蘑菇专业合作社组织和培育了100多人的营销队伍，吸引了来自江苏、浙江等地的投资，合作社的香菇价格也从原来的每公斤不到4元上升到现在的每公斤7元左右。崔某生是边斜村村民，常年在广东、福建等地服装厂务工，2016年在哥哥的催促下返乡创业。启动香菇种植需要大量的启动资金，但崔某生虽务工多年但少有盈余，无奈之下加入了合作社。合作社在考察了崔某生的发展能力后，积极与镇农商银行联系，并以合作社名义做担保，帮助崔某生获得贷款2万元。此外，合作社还依托与省农科院食用菌研究所和该省食用菌协会等机构的合作关系定期为崔某生的香菇生产基地提供技术指导。"我与合作社签了合同，生产的蘑菇由合作社包回收，现金收购，不打白条。"（编码：BP_2）

最后，在农业产业化过程中，县域政府除了花费巨资培育农业专业生产合作社外，也依靠创建小微企业来提升本地产业的发展能力。2010年，一家公司与养蚕人公司联合投资2亿元发展丝绸深加工。一家公司与另外四家公司联合组建新公司，新增8组自动缫丝生产线和1条丝绒生产线。2017年，XS县全县新建养种100张的小蚕专育公司25家，每个公司全部配备叠式蚕台、切桑机、升温补湿器等省力化养蚕设备。县级财政对每个小微企业补助3万元，对于发展方格蔟的小微企业按照每张方格蔟50%的蔟款补助，并对方格蔟蚕茧每斤给予1—3元的补价，激励小微企业发展。

（三）村干部等积极分子的培育

传统的小农分散经营不仅无法有效整合、利用市场需求信息，而且无法应对农业产业化发展中潜在的金融、市场风险。在农业产业集体经营中，领袖或积极分子发挥着重要作用。社会责任感、团体压力、个人利益、制度排斥[1]以及社会关系网络[2]等是促进积极分子或领袖产生或影

---

[1] 盛智明、蔡永顺：《私人利益与公共行动：集体行动中积极分子的参与转变——基于A市业主领袖的考察》，《东南大学学报》（哲学社会科学版）2017年第1期。

[2] 蔡起华、朱玉春：《关系网络对农户参与村庄集体行动的影响——以农户参与小型农田水利建设投资为例》，《南京农业大学学报》（社会科学版）2017年第1期。

响后者行动选择的重要因素。但劳动力外流对农户参与集体行动意愿的负效应[1]和行政过度干预导致的农民集体行动能力弱化[2][3]依然存在。因此，农业产业发展中需要大力培养参与集体行动的积极分子。

  为了完成考核任务，欠发达地区县域政府常选择短期内提供补贴、奖励或者提供临时性就业机会来增加贫困群体收入。那么县域政府究竟依靠什么动员农户参与到产业项目中呢？农业产业发展效益与农户经济收益预期的匹配关系是影响农户决定采取合作行动的关键。瓦房店村是XX县典型的贫困村，余某平家是村里的脱贫户。在农业产业发展之前，为了帮助贫困户卸下负担，增强其发展的农业产业信心，乡镇政府根据国家的精准扶贫政策给予"七改一增"、学生上学补助、公益岗等一系列福利性政策，暂时帮助他们解决了生活上的困难。余某平平时在村里打扫卫生，空闲之余去村里的种植基地打零工，生活水平比往年提升了不少。太阳升蚕桑生产专业合作社2010年订种12000张，产鲜茧10000余担，全镇蚕农收入达1700万元，合作社社员每户增收8300元。2009年，马坳镇HX村新任村两委领导班子上任后，在广泛征求村民意见和社会调查的基础上，村两委确定全村发展蚕桑产业。2010年，HX村全年蚕桑总收入突破500万元，丝茧由原来的张种30—35公斤提高至55—60公斤，亩桑产值由原来的3000—5000元提高到8000—10000元。2016年，XS县蚕桑局制定政策，要求蚕桑产业相关的龙头企业要从加工增值的利润中提取一部分提交给乡镇蚕桑专业生产合作社进行二次分配。

  在普惠性压力型体制的约束下，欠发达地区县域政府会放任农业经营主体自我成长，不做太多干预。"经济行为的社会文化本质和经济主体非纯粹的经济人特质"决定经济发展离不开市场主体的文化需求，"文化直接作用于经济主体的行动选择，但间接影响综合政策投入和综

---

[1] 王博、朱玉春：《劳动力外流与农户参与村庄集体行动选择——以农户参与小型农田水利设施供给为例》，《干旱区资源与环境》2018年第12期。

[2] 余越：《文化何以能影响经济》，《浙江社会科学》2005年第5期。

[3] 骆希、庄天慧：《贫困治理视域下小农集体行动的现实需求、困境与培育》，《农村经济》2016年第5期。

合科技投入"①。此外,少数民族习惯法、宗教文化、经济习俗和经济伦理对经济发展也存在显著影响②。因此,政府在推进农业产业化培育过程中不可忽视对农户精神世界的关注。XS县HX村是一座籍籍无名地处深山的村庄,全村几千户人家散落在山沟里,由于可用耕地资源非常稀缺,这里的年轻人常年外出务工。正是在这种环境条件下,赌博、打架、打牌、耍钱成为农户日常打发时间、排解寂寞的途径。打架斗殴在这里是平常之事,村里先后有多人受过派出所的警告处罚。即使个别村民想发展产业,也往往会因为信用评级太低,而无法从农商银行获得贷款扶持。正因如此,2009年村两委班子换届,这个破旧的小山村依旧未引起县域政府部门的注意力。对于与之类似的村庄,县域政府也倾向于任其自然生长。

(四) 政府柔性引才

教育培训与政策扶持是当下政府强化农业实用人才培育的重要途径③。虽然政府连续投入几十年,但是农业实用人才培育中依然存在涉农人才数量不足且质量不高④、管理方式陈旧、技能水平不足、福利待遇较差⑤及激励保障机制不健全⑥等问题。在乡村振兴背景下推进农业产业发展,除了要一如既往地推进本土人才的培育之外,还需要进行多方聚才,鼓励和引导各界人才回归乡村。

由于政府引才方式的不同,政府柔性引进人才的方式可以分为体制动员型的柔性人才引进和社会动员型柔性人才引进。体制动员型的柔性人才引进强调县域政府部门在不改变人才所属户籍、工作关系等条件下,通过政府系统内部自上而下派遣干部进村入户帮助当地发展农业产业。社会动

---

① 李国璋、肖锋:《文化对经济增长的作用机理分析——基于软投入理论》,《甘肃社会科学》2013年第5期。
② 王杰:《影响少数民族经济发展的四种典型非正式制度》,《学术界》2016年第10期。
③ 薛建良、朱守银、龚一飞:《培训与扶持并重的农村实用人才队伍建设研究》,《兰州学刊》2018年第5期。
④ 冯超、孟宪生:《涉农人才培育短板在哪》,《人民论坛》2019年第21期。
⑤ 王鹏程、王玉斌:《乡村管理服务型人才振兴:困境与选择》,《农林经济管理学报》2019年第3期。
⑥ 冯丹丹:《民族地区农村实用人才激励机制的构建及路径选择》,《中南民族大学学报》(人文社会科学版)2018年第6期。

员型柔性人才引进是指政府部门通过与企业或者其他社会组织协商，引导多元主体参与农村产业发展。

体制动员型的柔性人才引进是政府通过组织内部力量扶持乡村农业产业发展的主要途径。在农业产业化中，体制动员型的柔性人才引进按照政策启动来源的差异，又可以细分为局部动员和全局动员。局部动员是指在政绩发展的驱动下各个地方政府在自己辖区开展的，为促进农业产业发展而动员政府相关技术部门的技术骨干进村入户开展农业技术培训的行动。XS县从很多年前就已经确立了大量引进外部人才的产业发展策略。2008年开始XS县陆续派遣农业技术人才进驻村庄，协助村庄蚕桑基地发展农业产业项目。县蚕桑局派遣蚕桑工作站的技术人员深入水源乡、马坳镇、合什镇等乡镇的重点村庄开展"阳光工程"蚕桑专业技术培训，指导村民如何提升蚕桑产业发展。县农技站的技术人员主要围绕桑树栽培管理技术、小蚕饲养及共育技术、大蚕饲养技术及省力化技术推广、方格蔟使用技术等方面给村民做现场教学。在现场教学后，农技站工作人员还会与村民就蚕桑产业技术信息、农村法规政策进行广泛的讨论。此外，XS县域政府不仅重视如何引才入村这方面的工作，而且每年花费巨资对驻村基层干部进行相应的技术培训，以提升他们服务和引领乡村经济发展的能力。"我们下乡来扶贫都是带着政策、资金和技术下来的，从2016年到现在我们总共投入了90多万元的资金用来支持产业项目，都是现金，不是物质的形式。我们要通过政策、技术和资金让群众有发展的信心。"（编码：BH$_2$）

XS县域政府对派驻村庄的干部教育主要包含两种形式：第一种采取授课、送科技下乡、播放录像、印发技术资料等多种形式进行。科技局、农业综合开发办、农业局、县委党校及各乡镇积极组织干部学习相应的生产科学技术，通过播放录像和学习研读技术资料以提升干部的科技能力。XS县蚕桑局2016年在全县共举办4期全县性的栽桑、养蚕、收茧技术培训班，县乡技术人员在蚕区授课160多场次，培训人数逾万人，发放资料3万余份。第二种授课形式是采取现场教学，让每一位合格的派遣干部都参与"结对帮民富"活动，县政府相关部门的农技干部负责结对帮扶5户蚕农，而乡镇基层干部需要结对帮扶10户蚕农。

体制动员型的柔性人才引进的另外一种类型是全面动员。精准扶贫政策实施以来，中央政府将派驻扶贫驻村工作队作为一项常态化的任务并以制度的形式确定下来,各级政府及相关部门纷纷对本单位所联系的对口帮扶村派出帮扶工作队。五座楼村是XX县林业局对口帮扶的村庄,2017年11月,县林业局驻村工作队开始驻村开展工作。了解清楚帮扶村庄的经济发展情况是驻村帮扶工作队开展工作的第一步,其中就包括先了解每户家庭的生活环境和贫困家庭的经济收入水平以及产业发展状况。驻村工作队依靠贫困家庭的固定资产状况来核查农户的经济收入状况。驻村工作队工作人员还通过向农户周围的邻居等打听农户家的实际经济收入状况以及产业发展情况,以便为群众提供精准的服务。"对于群众的实际经济收入我们谁也无权力查证,只能是询问。如果他在外面有车子、有房子,相对来说就容易核查。""不过我们这个地方村里经常会办喜事请客,村里人都会去帮忙,通过他们就可以打听到一些村里居民的经济收入状况的信息。这个人家里有几个人出去打工,几时回来这些他们都很清楚的。过年过节谁家什么情况都比较清楚。在农户家庭中走访的时候经常看到十几个人在一家吃饭。"驻村工作队队长说道。(编码:BH$_2$)但是很多贫困户的家庭即使是在政府部门的资助和扶持下发展产业,对缓解他们的家庭状况没有太大的助益,只能通过财政兜底的方式来解决基本生活问题。"在我们帮扶的过程中,有很多的贫困户只能采取政府兜底的方式,这些人大多患有慢性疾病,比如尘肺病。在镇子不远处有个石铁厂,在石铁厂打工的有5年、8年和10年的,但基本上都不超过10年。"(编码:BP$_2$)按照精准扶贫政策的规定标准,驻村工作队在进村以后就积极筹划村庄的农业产业发展。在实际操作过程中,驻村工作队并不是如外界所说的那样"外来的和尚乱念经"。工作队在确定产业项目的过程中认真考察了村庄劳动力情况、资源禀赋、养殖或者种植习惯以及当下市场需求结构等,并且在实施过程中针对农户缺少资金、技术能力不足等困境采取了相应的措施。"我们村有氟镁石、脆硫锑铅矿、石墨、钛铁矿,还有种植业和养殖项目。我们的养殖业有小龙虾,所有贫困户的稻田只要挖出1米深、1.5米宽的池子,我们就补助500元。我们局里拿钱帮助他们种植有机稻,每亩地至少增收1000元。全村现在有100多亩地养殖小龙虾,创造收入十几万元。全村目前62户群众参加了小龙虾养殖项目。"(编码:BH$_2$)五座楼村有8000亩地,其中大概7000亩地是山地,其中4000亩山地是生态公益林,只有1000亩地是水浇地。该村的村民之前没有种植猕猴桃的技术和经验，驻村工作队结合该村的自然资源优势，在村里的山地上种植猕猴桃、桃子和柿子树共100亩，林业局还派遣技术人员进行现场教学。

除了为村庄农业产业项目培育技术人才外，驻村工作队还积极协调帮助村庄培育人才。在驻村工作队的居中协调下，五座楼村成立了大旗合作社、深瑞合作社、生态茶园合作社和生态茶叶加工工厂。合作社采用村社合营的经营模式（如图3-1所示）。合作社在生产的时候是带有风险的，一方面要花费很大的力气动员群众，另一方面市场风险也会挫伤农户的积极性。而村社合营就可以杜绝这方面的问题。深瑞合作社主要是村支部书记负责管理，其他合作社都是由村委会主任和其他村干部在管理。合作社的主要目的是统一生产标准，只有达到一定生产标准才可以卖得出去。村党支部聘请技术员统一管理。茶叶采摘的时候由合作社统一进行安排，确定今天采摘哪家的，明天集中采摘哪一家的，然后合作社以集体的名义与商贩交易，这样一来茶园的收入能够增长20%。由于不是茶叶的主产区，五座楼村在以往发展产业的时候很容易被商贩压价，白白遭受损失。"我们这里不是茶叶的主产区，量很少，茶叶下来了只能拉到信阳等地去卖，个体农户去卖很容易被商贩压价，我们以合作社的形式卖出去，因为量大还可以和商贩还价。"（编码：BP_1）合作社成立以后，实行产销一体化的运营模式，农户不入股但是作为成员和合作社一起经营。在合作社经营下，我们可以找很多的专家来帮我们提早茶叶的采摘期，我们比其他的茶叶生产基地要提前5天，别小看这5天时间，价格变化非常大。而且我们价格比他们要低一些，他们卖600元到800元，我们合作社卖400元，销量非常不错。

培育农业产业中，县域政府开展柔性人才引进的一个重要问题是派驻的干部与乡村本土干部之间究竟呈何种关系形态，又会如何影响到产业发展的绩效？首先，驻村干部与本土村干部能够就产业发展事务达成共识。五座楼村驻村工作队从初期就确定了服务者而非管理者的身份。驻村工作队的目标在于如何使贫困户发展起来，真正参与农村农业产业发展，对于乡村社会治理等公共事务并不在驻村工作队关注的范围之内。"我们不越俎代庖，我们驻村工作队一般不发言，也不参与村两委事务的处理。所有的事情我都通过村支书来处理，我有啥想法就跟村支书沟通。"（编码：BH_1）此外，驻村工作队与乡镇政府之间建立了明确的上下级权责分工体系，每年县委组织部都会专门考核驻村工作队的工作业绩。

第三章　县域政府培育农业经营主体的行动逻辑 / 111

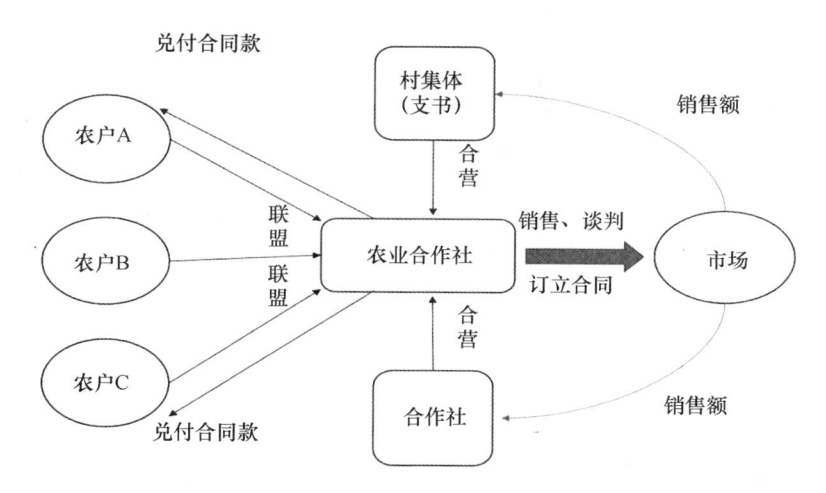

图 3-1　农业生产经济合作社运营模式

BD 乡肖围村村民的经济收入来源主要依赖于外出务工，因此村里常住人口基本是老弱病残，农业产业发展非常受限。即使有个别农户在经营基本农田之外会种植些花木来贴补生活，但是由于经营能力有限又是分散经营，所以导致市场竞争能力非常有限。"我们村以前是没有合作社的，也没有什么公司入村发展产业，都是我们村自己搞些种植和养殖。农民因为文化程度低，看不到产业发展的好处。而且花木这种产业当年是没有收获的，需要生长几年。不像种粮食，当年就可以收获。所以一直没人动手做这些东西。"（编码：BP_2）驻村工作队进驻后采取了多种措施发展农业产业项目。首先，从思想上彻底打消村民对农业产业发展的疑虑。为了解决以往农业产业项目发展中村民各自为政、分散经营的问题，该县安监局驻村工作队干部帮助农户在银行开户，并挨家挨户做思想工作，鼓励农户之间合作，抱团取暖。在驻村工作队的协调帮助下，该村顺利成立了花木经济专业合作社。其次，农业产业发展的基础设施是非常重要的影响要素。驻村工作队进村以后，通过多种途径筹集资金改善村庄的产业基础设施。"以前我们村交通不是很好，一下雨到处都是泥巴。自从定为贫困村后，争取了很多项目，村里的路通了，变压器从原来的一台变成了三台，自来水也通到了我们家里。"（编码：DH_2）最后，驻村工作队调动资源为村庄提供技术援助，提升村民的技术能力。驻村工作队邀请县农技站技术专家为农户现场教学，极大地提升了乡村经济发展能力。"自他们来了后,给我们请了农业专家,教我们怎么嫁接,原本很老的树,嫁接后价钱翻了三四倍,现在基本实现了更新换代。要比同样种植粮食增长三四倍收入。现在一亩地达到4000元的收入。"(编码:DH_2)

四 组织外情境下县域政府培育农业经营主体行动策略的调整

综上文所述,两种压力型体制引导的组织内情境形塑了欠发达地区县域政府总体的行动策略,但县域政府并非被动的政策执行者。与之相反,在面对各个村庄差异化的组织外情境时,欠发达地区县域政府会对组织内情境下形成的行动策略做出灵活调整。下文将分析欠发达地区县域政府如何依据组织外情境的差异而对组织内情境下已经形成的行动策略做出调整?哪些差异化的因素影响县域政府行动策略的调整?

(一)试点性压力型体制下县域政府培育农业经营主体行动策略的调整

在试点性压力型体制引导的组织内情境下,欠发达地区县域政府会充分发挥政策赋予的自主性,全面主导辖区内农业经营主体的培养。但是在政策具体执行过程中,县域政府会依据组织外情境要素的差异而灵活调整。在组织外情境较强的村庄,农业经营主体具备较好的经营能力和生产技术,县域政府会由全面主导者转变为辅助者和协调者,在融资、政策支持等方面为经营主体有限兜底。在组织外情境较弱的村庄,县域政府会延续行政主导的方式,由外部嵌入统一的培训项目来培育和提升农业经营主体的能力,并为农业企业、农户、合作社等经营主体进行全面兜底。本书将欠发达地区县域政府的兜底行为总体性概括为"兜底铁三角"[①](如图3-2所示)。

欠发达地区县域政府为何会将试点性压力型体制下培育农业经营主体的行动策略调整为"兜底铁三角"呢?首要的影响因素是欠发达地区乡

---

① 即农业产业发展中政府为农户产业启动兜底、政府为带农企业施以优惠政策、政府对带农企业施以奖补但前提条件是带农企业能显著提升农户产业经营能力。笔者在调查研究的基础上,将此种情形定义为县域政府培育农业产业中的"兜底铁三角"。

第三章　县域政府培育农业经营主体的行动逻辑 / 113

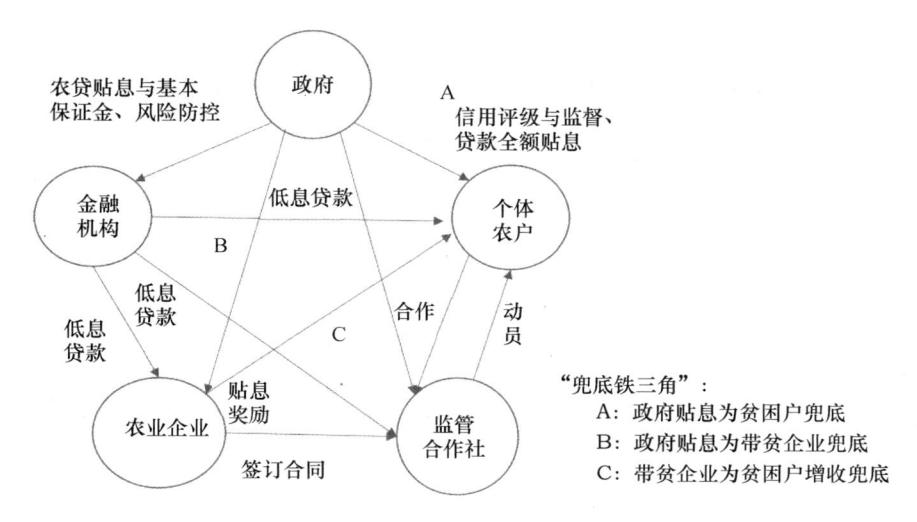

图 3-2　"兜底铁三角"运行机制

"兜底铁三角"：
A：政府贴息为贫困户兜底
B：政府贴息为带贫企业兜底
C：带贫企业为贫困户增收兜底

村的自主经营能力的差异。近年来，国家加大力度支持农业产业化发展，但是农业产业融资难一直是悬而未决的难题，无论是个体农户还是农业企业都存在这些问题。当下农业产业融资的困难主要体现在以下几个方面：融资环境不好、融资能力受限制、融资结构不协调以及融资技术难度高[1]。汪昌云等利用 1999—2009 年的全国农村固定观察点数据，从资金配置效率、金融机构行动等多角度分析了金融市场化对农户信贷的影响，发现金融市场化降低了农业生产贷款，而且农户所在地区的农业投资机会越大，正规贷款受抑制程度就越低[2]。这与本书所观察到的情境吻合。农业产业项目见效慢，周期长且耗资不菲，单纯依赖农户个体储蓄发展农业产业项目很不现实。然而，贷款流程要求产业经营必须成一定的规模后才具备贷款资质。"规模农户加入产业链能够减少农户与金融机构之间的信息不对称，合约实施机制不完善所致的交易成本过高的问题，从而提高其

---

[1] 唱晓阳、姜会明：《农业产业链融资难问题的应对策略》，《云南社会科学》2016 年第 4 期。

[2] 汪昌云、钟腾、郑华懋：《金融市场化提高了农户信贷获得吗？——基于农户调查的实证研究》，《经济研究》2014 年第 10 期。

信贷可得性。"[1] 那些自主经营能力较强的村庄无论是融资渠道还是担保资格都更优于经营能力弱的村庄。县域政府不得不为这些经营能力较弱的村庄全面兜底以推进产业政策，而对那些经营能力较强的村庄政府只需要在银行等金融机构与乡村之间搭建联系桥梁即可。其次是乡村社会自组织能力对县域政府行动策略的影响。兼业小农是当下乃至未来很长一段时间内中国农业产业发展中的主要经营主体。在高度社会化的农业产业分工体系中，各种资本通过对农业产业链和价值链的控制在整个产业流程和产业链中占据绝对优势。农户虽然在名义上享有自主经营和自主管理的权利，但是往往被裹挟进市场化进程中，成为资本的附属品。在乡村社会自组织能力较强的村庄，村民以组织化的形态出现，增强了乡村与资本博弈的力量，二者的话语权相对更为对等，政府只需要发挥辅助作用，并不必然需要强力的行政干预。但是在那些自组织能力较弱的村庄里，小农户在与资本的博弈中明显处于劣势地位。这就需要县域政府对小农兜底，积极引导和鼓励农户进入产业链，并为小农户初期融入市场和产业链提供必要的风险兜底。在很多小农加入产业链的过程中，政府不得不向带农企业施以利好政策，鼓励企业带领小农户发展生产。

在"兜底铁三角"行动策略中，县域政府培育农业经营主体的行动逻辑究竟呈现何种运行形态呢？为了在政策试点推进过程中便于向农户和带农企业放贷，（1）H省建立了从人民银行省中心支行及其他同级金融机构—人民银行市中心支行及其他同级金融机构—人民银行LS县支行—LS县级金融中心—乡级金融服务站—村级服务站，纵向到底的金融服务体系[2]，简化并降低了涉农金融贷款的手续及门槛，避免了由于农户条件不匹配和带农企业资质不高等导致的融资难问题。（2）省、市、县、乡（镇）级政府及村分别对应不同级别和层次的金融服务机构，针对金融扶贫事项展开联合办公活动，实时通报政策执行进度。（3）LS县依托纵向金融服务体系，对全县所有农户进行信用评级和筛查。从村级金融服务站、乡级金融服务站到县级金融服务中心实现农户信用数据从下而上逐层逐级向上报

---

[1] 周月书、王雨露、彭媛媛：《农业产业链组织、信贷交易成本与规模农户信贷可得性》，《中国农村经济》2019年第4期。

[2] LS县共设立县级金融中心1个、乡级金融服务站19个、村级服务站352个。

送。全县 8.82 万农户的信用数据上传数据库后作为考核农户信用贷款的依据。(4) 在社会信用评级和金融服务体系贯通后,由政府设立的风险补偿金与银行、省农信担保、省担保集团,分别按照 20%、10%、50%、20%,以及 20%、20%、40%、20% 的比例设立风险担保机制。

"兜底铁三角"模型同样适用于解释 LT 县培育农业经营主体行动策略调整的事实。首先,县域政府为农户组织化生产兜底。在农民专业生产合作社创建之前,LT 县虽然每年都花费大量资金扶持苹果产业的发展,但由于只注重前期的投入而没有重视苹果后期的技术管理和销售体系建设,导致农户在产业发展中的效益并不明显。LT 县有的年份扎堆种植苹果树,在果农销售季节互相压价,结果导致大量的高质量苹果被贱卖。为此,县果业局通过成立农民专业生产合作社来解决这一问题。LT 县在村一级成立了农民专业生产合作社,负责动员合作社农户参与生产并对农户进行技术指导。2015 年,在县政府的协调下,全县 10 个乡镇的 35 个专业合作社成立了金苹果专业合作社联合社。在此之前,果农都是一家一户分散种植的,管理水平良莠不齐,抵御市场风险的能力较弱。加入了合作社后,农户只需负责按照技术标准进行生产,合作社为果农提供产前信息物资供应、产中技术服务、产后储藏销售等社会化一条龙服务。到了收获季节,合作社直接出面与苹果商贩洽谈,由合作社组织统一采购,有效避免了苹果商贩凭借相对信息优势挑起果农之间的价格竞争的问题。"苹果不用拿到市场上卖,通过合作社出售,每公斤比市场价高 0.6 元,我家卖了 1 万多公斤,多收入 6000 元!"(编码:AP1)2016 年,合作社帮助果农代销苹果 1500 多吨,向果农直接输出资金近 600 万元,产业化经营带动 3100 多户果农进行苹果种植,户均增收近 6000 元。此外,县域政府还制定创新奖补政策,积极鼓励合作社和企业带领农户发展生产。县政府每年都会对全县农民专业生产合作社进行分类评级,并由县财政采取以奖代补的形式对合作社进行奖励。对于二类社晋级一类社的奖励 2 万元,三类晋二类的奖 1.5 万元。"对农民专业合作社分类定级,如果能够晋位升级还有奖金哩,这可是个新鲜事!"肉牛养殖合作社的负责人杨金焕说。(编码:AH2)合作社的等级评定由乡镇依据本地合作社发展的实际情况进行自查评估,上报县政府审查和评估,年终的时候由县农民专业合作社协调领导小组牵头,组织人员进行评估、考核验收并实施奖补。

其次，县域政府为农户免费提供生产资料。2018年，居延镇瞄准1.2万亩苹果果园，采取规范化和精细化管理的方式，出资138.2万元免费为果农投放化肥、籽种、农药等生产资料。2018年秋季，居延镇在四个村规范化种植优质红富士苹果6030亩，并投资1200万元在产业园区新建5000吨果蔬贮藏保鲜气调库1座。

再次，县域政府在土地流转中为企业兜底。LT县早年被确定为全省牛羊大县和设施蔬菜基地以及优质苹果基地，这成为该县政府及各部门全力发展农业产业的主要动力。牛羊、蔬菜、苹果要实现规模化经营，土地流转是制约涉农企业发展的关键一环。LT县政府出台了有关促进土地流转的意见，制定了规范土地流转的合同文本，并成立了土地流转仲裁和调解机构，分别在各乡镇建设土地流转示范点13处，先后为兰科双孢菇生菜基地、海东集团优质苹果生产基地和万宝路头肉牛产业园等"农"字号龙头企业的产业经营项目提供土地流转服务。

最后，县域政府为生产经营启动资金兜底。在资本逐利的驱动下，纵使有国家产业政策的支持，但发展规模较小或者处于起步阶段的企业也较少受到信贷的青睐。为了能够促进农业产业的可持续发展就需要政府通过行政干预的手段配置资金，以弥补小微企业或创新产业资金链不足的问题，其中，政府补助是比较重要且直接的政府配置资源的手段。LT县苹果产业发展过程中逐渐形成两种典型的"兜底铁三角"模式，即互惠担保模式和助保金增信模式（如图3-3所示）。

互惠担保模式是围绕LT县邮政储蓄银行所创立的"金果联盟"互惠贷产品展开的。在县政府的政策激励下，该县在苹果产业融资中形成了"政府—银行—互惠担保组织—企业—农户"的关系链条。政府扮演着协调者和监督者的角色。政府以政策优惠为整个融资模式给予支持，并对银行的行动予以奖励。邮政储蓄银行组织筛选出来的企业，组建"金果联盟"互惠担保组织[①]。"金果联盟"互惠担保组织倡导会员企业尽可能地

[①] 会员企业按照贷款金额一定比例缴纳风险保证金，注入资金池，由基金管理委员会统一管理。会员企业互相担保，采用果库经营权质押、法人企业担保、"会员+果库+果商"等多种抵押担保方式。贷款以"联盟会员"为单位进行授信，单户企业贷款限额1000万元以内，限额2年内可灵活借用，并采取优惠利率。

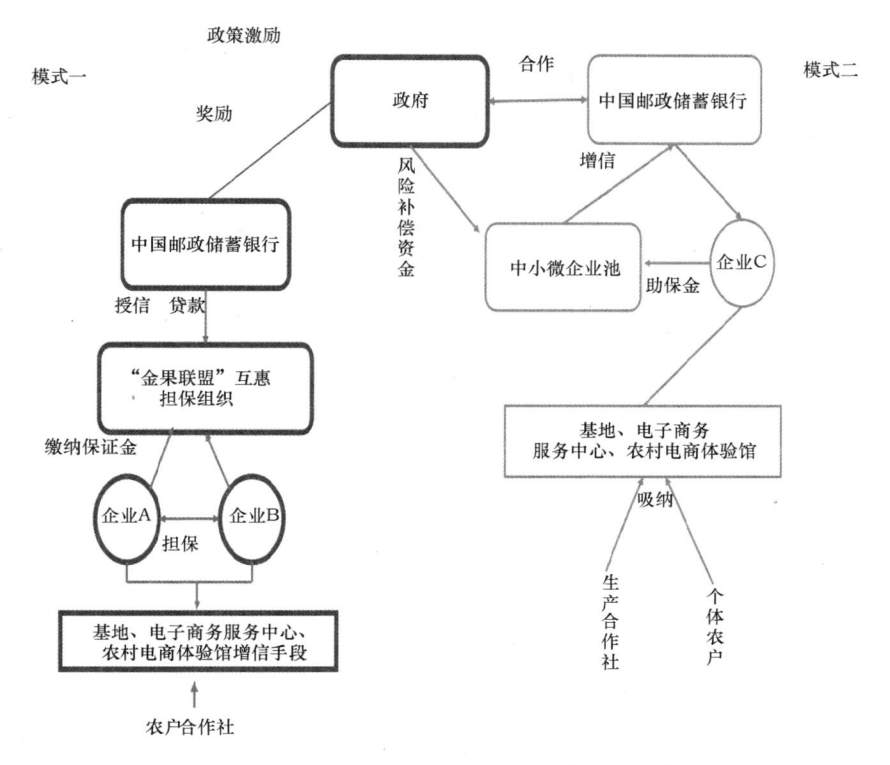

图 3-3　LT 县政府为农业经营主体融资兜底

吸纳中小企业、农民合作社、家庭农场（专业大户）等多种经营主体进入会员企业的生产基地、电子商务服务中心或者农村电商体验馆。通过加大对涉农企业尤其是苹果产业企业的信贷支持力度，LT 县苹果产业取得了巨大的发展，仅 2013 年邮政储蓄银行就已投放贷款 1.05 亿元。

助保金增信模式则围绕中小微企业资金池展开。LT 县政府统筹和整合涉农专项资金作为风险补偿资金注入中小微企业资金池，加入这一模式的企业也需要向资金池注入保证金。2017 年，县政府投放省级财政补助资金 1000 万元，县级财政筹措资金 125 万元，整合其他涉农资金 220.5 万元进入中小微企业资金池，并吸纳社会资金 2234.2 万元。政府借助中小微企业资金池为参加这一模式的企业提供担保，为企业增信，从而帮助企业获取更多的资金。获得融资的企业再通过电子商务中心、企业生产基地等将农户、合作社等吸纳进来。

（二）普惠性压力型体制下县域政府培育农业经营主体行动策略的调整

在普惠性压力型体制引导的组织内情境的约束下，欠发达地区县域政府只需要对标完成自上而下的考核指标即可，并不需要做过多的探索性尝试。因此，大多数时候县域政府会保持稳定优先的行动策略。当面对乡村组织外情境差异化的要素时，欠发达地区县域政府就会调整在普惠性压力型体制引导的组织内情境下产生的行动策略。在乡村自主经营能力和自组织能力等组织外条件较弱的条件下，县域政府会继续延续"稳定优先"[①]的政策取向，社会政策取代经济规划作为政府的工作重心。县域政府致力于调控通货膨胀幅度、保障民众基本就业和维护社会秩序稳定。农业经营主体培育未得到实质提升，致使政策执行结果与政策目标之间背离，出现名实分离现象。与之相反，对乡村自主经营能力和自组织能力等组织外条件较强的村庄，县域政府的行动策略则会由稳定优先转向更具发展主义特征的策略。在产业发展中，县域政府会着重支持这类村庄的产业项目发展，很多时候甚至愿意为这些村庄农业产业的启动进行兜底[②]，从而保证了政策执行结果与政策目标之间的一致性，呈现名实相符的结果。本书将县域政府在普惠性压力型体制下且乡村组织外情境较强的村庄调整后的行动策略定义为"选择性兜底"。

农业产业经营主体培育中，县域政府采取"选择性兜底"的行动策略是多种因素共同作用的结果。第一，乡村社会的自组织能力是吸引县域政府注意力，促使其调整行动策略的重要因素。乡村社会是否有产业积极分子或者"领袖"会影响县域政府选择性兜底行动是否发生。HX 村地处幕阜山腹地，偏僻、贫穷、民风彪悍是以往外界对这个村庄的印象。十几年来，仅有 2700 人的村庄就有 67 人因打架、斗殴、偷盗而被劳教或判刑。由于没有能人带动，农业产业一直沿袭传统做法，低产且无效益。村民生计基本靠外出务工解决。"好事没有、坏事不断，多年没有变点样。"

[①] 从中央相关文件可以预测，在乡村产业政策实施过程中中央政府重点强调稳定基础上的经济发展，由此稳定与发展两种取向成为中央对基层治理的期待。

[②] 本书把县域政府的上述选择行为界定为"选择性兜底"，即县域政府不是对所有产业项目或者村庄兜底，只是对个别村庄进行兜底。

村民这样评价村庄情况。(编码：DP$_2$) 2008年恰逢村委会选举，村里的老党员、老干部联名向镇党委上书，提议徐某年回村担任党支书。在乡镇领导干部的鼓励下，徐某年将经营步入正轨的公司交给自己的儿子打理，自己返乡同父老乡亲一起创业。徐某年曾经营过花卉苗木产业，也开创了XS县现代化养猪产业，是当地有名的企业家。在回乡参加村集体创业的过程中，从县政府跑资金修公路，到发展蚕桑、花卉苗木等产业，再到争取省蚕种厂落户HX村，所有的启动资金除了由村集体筹措的小部分，其余大部分都是徐某年亲自跑各级政府申请和以自己公司资产做担保向银行借贷的。因为徐某年的存在，该村逐渐引起政府相关部门的重视，也慢慢获得政府的扶持政策。第二，乡村社会的自主经营能力让县域政府主政官员看到了其发展的潜力，符合政府主政官员短期内追求政绩的偏好。XS村在新建东津水电站后，意想不到的事情发生了，原来的水田变成了"冷浆田"，原来一年两季变成了一年一季，村民蒙受了很大的损失，为此怨声载道。新任村两委班子经过认真研讨，敏锐地把握住了XS县蚕桑产业转型的市场讯息，果断放弃传统的农作物种植结构，改田种桑，并将滩涂、洼地一并改造，新扩桑园800亩。为了打消村民的顾虑，村委会不仅给农户免费提供桑苗，还四处请专家来村做技术培训。2016年，仅蚕桑一项，该村年收入近300万元。参与蚕桑产业的农户每年养四季蚕，年均收入达到2万多元。第三，村庄的组织能力和集体行动能力也是重要影响因素。土地细碎化、家庭分散经营是制约当前农业产业化发展的关键因素。但村级党组织的组织能力如何提升，如何动员群众却是上述观点尚未讨论之话题。一方面，新任村两委干部通过上门"一对一、点对点"服务，耐心劝说，提振村民发展产业的信心。村民徐某明时常约人出去打牌赌博，为此欠下了几万元的外债，夫妻之间常常因为此事争吵不休。新任村书记上任后第一件事就是去他家回访，在村书记的劝说和帮助下，徐某明开始尝试种桑养蚕。在村两委的帮扶下，他又开始做起了水泥生意，经过几年的奋斗，他收入已经达到十几万元，曾经的"滥赌鬼"变成如今的"小富豪"，并参与村中心村集资建房，住进了小洋楼。另一方面，村两委从提升村级党组织的服务能力这方面着手进行改革。村民方某国是HX村出了名的"懒汉"，只要一没钱就想着法去上访，从中获取点生活费。新任村支部书记亲自上门做方某国的思想工作，并举荐方某国担任村民小组长。这让方某国体验到从未有过的尊重和信任。方某国不仅认认真真完成了村两委交代的任务，而且积极协助村组开展各项工作，于2016年初光荣入了党。此外，新任两委班子着意提升班子的组织能力，陆续成立了农业产业支部、老年协会支部和企业发展支部。第四，乡村的资源整合能力亦影响县域政府的行动选择。乡村资源配置分为自给自足型、资源汲取型以及资源赋予型三种类型。培育农业产业过程中，资源整合的目标不仅在于将乡村内外有用资源统合起来服务产业发展，还在于通过营造可获利形势以吸引政府资本和市场资本的注意，为产业发展提供必要的资金支持。HX村在发展乡村经济的同时，近年来筹措近2000万元资金完善村级基础建设，投资180万元实现组组通水泥路，启动投资500万元完成HX大桥建设，投资60万元建成了全县首个村级自来水厂，投资600万元建设了HX移民中心村。2012年，HX村人均纯收入达6000元，村集体收入达30多万元。如上述数据所示，HX村在资源整合能力方面体现出卓越的优势（如表3-7所示），这也吸引了很多企业在该村驻扎创业。

表3-7　　　　　　XS县HX村资源整合能力典型例证

入驻时间	企业名称	地点	法人代表
2011-06-08	XS县恒茂木竹加工厂	HX村十四组	钟某娥
2012-07-18	XS县春耕肉牛养殖场	HX村十五组	吴某平
2014-07-17	金樱子酒业有限公司	HX村十五组	聂某水
2015-04-10	桑田蚕业有限公司	HX村十组	徐某年
2016-01-06	双徐茶业有限公司	HX村十组	徐某年
2018-11-22	维纳斯环境艺术建设集团	HX村十四组	陈某凡

农业产业启动资金储备、产业规划设计、资源整合能力等是影响产业孕育初期的最为关键的要素。欠发达地区的县域政府财力非常有限，甚至政府部门的日常运转都要依赖中央政府自上而下的转移支付，所以县域政府部门并没有足够的资源对辖区内所有的村庄产业实现全覆盖扶持。这时候精明的政府只会选择具有一定基础条件的村庄并对其进行兜底以扩大这些产业原本就有的优势（如表3-8和表3-9所示），以期农业产业能够真正发展起来。

表3-8　　　　　XS县HX村对政府资源的影响典型例证

时间	项目名称	经费（万元）	扶持单位
2015年12月	卫生室建设项目	27.5500	争取上级项目资金及自筹资金
2015年12月	综合服务中心及村卫生室装修建设项目	20.0964	争取上级项目资金及自筹资金
2018年10月	公路白改黑工程项目	361.8937	县发展和改革委员会
2018年11月	生活污水处理工程项目	390.0000	县发展和改革委员会
2018年11月	东津三级水电站枢纽工程	2974.8400	XS县欣达水电实业有限公司
2019年5月	HX村至山口墩村新建公路建设工程	186.4000	县发展和改革委员会

表3-9　　　试点性压力型体制引导的组织外情境下XS县政府
行动策略变化例证援引

编码	典型例证援引
乡村自主经营能力 DP_2	仅有2700多人的村共有67人因打架、斗殴、偷盗而被劳教与判刑。"为了赶场子（打麻将），一些村妇连孩子和家都不顾，早上起来不管孩子洗没洗脸、漱没漱口，给他们一两元钱吃早餐就上麻将桌。"70多岁的老党员方某说	1. 依托村民理事会制定村规民约，彻底清除赌博风，修路、架通自来水、建移民新村； 2. 村"两委"班子决定改田种桑，并将滩涂、洼地一并改造，新扩桑园800亩； 3. 2012年村里办起了水电站、自来水厂、矿泉水公司、蔬菜基地等10个企业，安排了200多村民在家门口就业； 4. 2014年HX村村民议事会决定新建2000平方米的养蚕大棚； 5. 到2016年底，HX村贫困户人均纯收入达到5000余元

续表

编码	典型例证援引	
乡村自组织能力 DP₁	1. 许多年轻人不务正业，好赌好斗，村里治安乱，生存环境差； 2. 村民因东津水电站修建和 HX 水电站筹划频繁集体上访	迅速成立村民理事会，经常性召开村组会、村民大会化解矛盾冲突；村集体送桑苗、建蚕室、供技术，鼓励村民科学养蚕
政府行动选择 H	镇干部入村只有两件事，一是罚款，二是收费	1. 2012 年省委党校及县委办、发改委、财政局等 20 个部门开会商议如何帮扶 HX 村解决发展问题； 2. 县财政局、扶贫移民办整合资金 67 万元重点培植了西港、杭口、山口 31 家蚕桑生产专业合作社和改造了 3 家蚕茧收烘站； 3. 县国土局、扶贫移民办、县财政局等单位安排资金 694 万元重点扶助建设了守红村、山口塅村等 30 个 66.7 公顷的蚕桑基地，完成了对几个重点村老旧桑园的现代化示范基地改造

此外，XS 县还将几个自组织能力和自主经营能力较强的村庄，比如 MO 镇山口塅村、ZJ 镇司前村、XG 镇堰上村、ML 乡上坪村、TYS 镇坳头村确定为蚕桑产业的重点扶持村。2013 年全县整合 26 项财政资金，共计 2913.49 万元，用于扶持这几个重点村发展 5 个小蚕工厂①。自此之后，县扶贫移民办、交通局还安排资金 672 万元，为蚕桑村建设 35 千米的配套公路和 3 座桥梁。县财政、扶贫移民办安排 115 万元，扶助征村乡建成 33.3 公顷桑芽菜基地和马坳乡。

按照上述定义和性质判断，县域政府的"选择性兜底"行动策略主

---

① 小蚕工厂模式是实现由订种到订蚕的重大变革，以公司或私营业主为主体，建设专用桑园、标准饲养车间以及相关配套的设备设施，通过专业技术人员标准化操作，"工厂化"地生产合格的小蚕产品，并按照市场理念进行销售。小蚕工厂是按照规模化、专业化和集约化以及大批量、多批次、四龄起蚕分发到户的要求进行运作。

要体现出如下特征：第一，县域政府的选择性兜底行动只发生在具备一定组织外优势条件的情境下，既不会出现在不具备产业发展所需要的组织外条件的情境中，也不会一成不变。随着农业产业趋于稳定，县域政府会逐渐弱化农业产业发展中行政主导的影响力，转变为一种协调农户与企业之间关系的角色。比如上文所述，XS 县政府将马坳镇山口塅村和 HX 村、ZJ 镇司前村、XG 镇堰上村、ML 乡上坪村、TYS 镇坳头村作为蚕桑产业重点乡镇中的重点村来加以扶持。从一开始县域政府就是将蚕桑产业作为一项支柱产业在抓，而上述村庄是县政府选择出来的优势典型。县政府对这些村庄的诉求不仅仅在于提升个别村庄农户的经济收入水平，维持社会的基本稳定，而是将这些村庄嵌入县政府的产业发展规划当中。第二，从行动者关系角度来看，县域政府一开始是农业产业项目的主导者、支持者和监督者，整个产业都是在政府一手协调下推进的，政府部门并不是产业发展的旁观者或者"小政府"。比如，XS 县发展蚕桑产业已有几十年的历史，只是由于多种因素的影响，产业发展出现一次次波动，但至今为止县域政府在蚕桑产业发展中依然发挥着关键性的领导角色。XX 县种植食用菌产业也有几十年的历史，但也正是在县域政府的主导下该县才逐渐增加香菇种植，走上了标准化生产的道路。第三，选择性兜底只发生在具备一定基础条件的村庄发展产业的初级阶段，而政府并不是对产业发展的全程进行兜底。比如 XS 县 HX 村曾经是国家级贫困村，但因为新任村支部书记较强的资源动员能力和经营能力，该村遂引起了县乡政府的注意。县乡政府不仅为农户发展产业提供资金支持，还协助村集体争取省蚕种厂在该村落户。但是随着该村蚕桑产业步入正轨，政府部门开始逐渐抽离，交由村委会和村办企业来经营。

五　县域政府培育农业经营主体行动策略的结果

在组织内外情境的双重作用下，欠发达地区县域政府在培育农业经营主体的行动中会出现差异化结果。普惠性压力型体制下的行动策略在试点性压力型体制引导的组织内情境的作用下，欠发达地区县域政府在组织外情境较强的村庄只需要发挥辅助作用即可，政策执行结果与政策目标之间趋近，形成名实相符的现象。在组织外情境较弱的村庄，县域政府采取行政主导的方式，由外部强力嵌入统一的培训项目，但部分培训项目并非基于村庄产业发展的实际需求从而使得政策执行结果与政策目标之间背离，出现名实分离现象。欠发达地区县域政府培育农业经营主体行动的差异化结果也存在一些潜在的风险，即政策连续性能否保持、高强度激励是否容易催生"一刀切"问题。

（一）政策的非连续性与资源浪费

培育农业产业中政府扶持行动只能建立在同小微企业发展的基础性要素方式、小微企业的客观需求及市场有效参与有机结合的基础上，而扶持缺失和扶持越界均会影响政府扶持的有效性。农业产业项目培育是一项耗时、费力、高投入的经济活动，扶持缺失往往会导致产业项目中途夭折，扶持过度则会导致行政包办的负面效应。农村要发展什么农业产业项目完全由政府干部决定，没有调动农户的积极性，发展产业也成了被动应付。农户一有问题就找乡村干部，不知道自己找市场，依赖性强，结果造成农业生产与市场需求脱轨。

在普惠性压力型体制下，县域政府政策的随意变动或者中途中断会对产业发展产生极大的消极影响。由于普惠性压力型体制已经预先设定了标准和考核时间。考核时间一过，考核任务就算完成，后续也不会再有持续性的政策压力，往往会导致县域政府要么想尽办法应付需完成的指标，要么以堆资源的方式完成任务后撤出。2007年，XX县出台政策着力培育香菇产业，倡议全县农民建标准化厂房种植蘑菇，并承诺包技术、包产量、包回收，实行"三包"。大古镇村民积极响应政府政策修建了1056个标准化菇厂房。县政府为全镇菇农配备了4个技术员，但由于全镇菇房太多，4个技术员无暇顾及。此外，由于对香菇生长所需要条件掌握不够精确，香菇出菇率还不及预期的一半。政府产业办相关部门对市场行情的判断不成熟，导致政府事先承诺的价格根本无法兑现，菇农出现大面积亏损。次年，村民新建的标准化香菇种植大棚一排排赫然停放在村庄耕地上，有些菇农不甘心就此失败，决心再种植香菇，但政府的政策这时却暂停实施，县政府派驻乡镇的技术员全部撤走。中途又遭遇原材料疯狂涨价，从而产量更低，全镇菇农全军覆没，有的甚至颗粒无收，亏损比上年更甚。时间到了2010年，之前停摆的香菇种植厂房被种植户改做其他生意。但就在此时县政府出台了《关于展开标准化菇房和养猪场排查整改的通告》，部分改换性质的厂房被政府部门警告没有按"规划"要求擅自改变菇房用途，属于非法生产，并要求限期撤离。从产业启动一开始，政府部门在产业政策制定过程中就并没有很好地吸纳来自企业和农户的建议，也缺乏对市场发展趋势的谨慎调查，项目仓促上马。既没有形成对接市场的机制和部门，也没有对香菇产业发展所必需的技术条件做充足准备，结果第一次香菇种植尝试以失败告终。面对产业政策的初次失败，县域政府不是寻找产业失败的根源并想法补救，而是让产业政策一度停摆。政府在产业政策实施中的随意性不仅造成财政资金的流失，而且直接损害农户的生产积极性和利益。

此外，在普惠性压力型体制下，县域政府出于提升政绩的需要会在条件较好的村庄或者片区发展产业，但实际情况却容易形成"扶富不扶贫"的局面。当下产业扶贫政策的执行方式主要有两种。第一种是通过扶持农业龙头企业和专业生产合作社的方式，由他们建立种植和养殖业基地，建立加工厂，完善流通设施，促进产业发展，同时吸纳贫困户参与产业开发，同步带动贫困户增收脱贫。但实施效果却并不尽如人意。普惠性压力型体制下的政策任务是按照更广泛的地域设定的，是依据整体层面上存在的问题而启动的，不可能兼顾到个别有差异的村庄。这样导致的结果是政策标准往往超前于个别村庄的实际状况。为了想办法完成上级的任务，当地政府部门只能以取巧的方式来应付。例如本书即将要提到的山坳村产业扶贫。山坳村是一个无耕地、无特色资源、无劳动力、无基础设施的"四无"贫困村，也是 H 省的国家级重点贫困村，但是按照精准扶贫政策的要求，每个贫困村都需要有支柱产业且收入要达到 5 万元。在稍稍具备经济发展基础条件的村庄中这些政策要求只要政府支持一下基本可以完成，但是在这些没有任何产业条件的村庄，要完成上述任务的确过于困难。为此，镇政府动员外出务工的村民回乡并在距村 30 公里外的山峡村租地发展养鱼和养猪产业。笔者在调查中发现，该产业项目是由镇政府牵头，由这名外出务工的村民投资的，乡镇关于该村的集体经济收入也是由这名村民垫付的。这样看来，普惠性压力型体制下的任务算是完成了，但是该村村民并没有从中获得较大收益。这些产业扶贫实践有可能成为当地政府为应对考核任务的权宜之计，一旦政策压力撤销，不仅村庄产业会重回原来的样态，而且以集体经济名义发展的养鱼和养猪基地都可能会面临产权方面的纠纷。

希冀通过鼓励农业龙头企业和专业合作社与贫困户建立利益联系机制，带领农户发展产业的希望有可能也会落空。从国家扶贫小微贷款的流向来看，政府部门希望通过引导农户借助小微贷款发展农业产业。从各地公布的数据来看，个体农户、龙头企业和合作社小微贷款的数额不分伯仲，但笔者在调查中的发现却与官方公布的数据有很大出入。政府在很多地方推进的扶贫贷款根本没法贷出去，或者说农户由于生产经营能力的限制根本无意贷款。但是为了能够完成任务，镇政府在经过农户同意之后便会以农户的名义将贷款从银行借出，之后再转手交给农业龙头企业或者合作社使用，企业只需要花费较少的分红给农户就可以低息享受国家的扶贫专项贷款，而且有的地方还对这些贷款全额贴息，这等于鼓励了农业企业无息或者低息使用国家专项贷款，但农户只是短期内增加了收入，并不可持续。

另外，农业龙头企业对提升当地农业产业能力的影响非常小。不考虑农户加入企业产业链的意愿，单纯从农户的生产管理技术来讲，农业龙头企业普遍实行的是工厂化和标准化的生产，需要较高的技术水准，普通的农户由于文化素质限制根本无法掌握这些较为先进的农业生产技术，至于参与企业主导的产业化流程就更是无从谈起，而且一部分龙头企业因为采用国外的先进生产管理技术，所需人工非常少，所以无论是对增加乡村产业的内生能力还是增加就业影响都非常小。例如 LS 县崇信集团在进入该县后迅速掀起了香菇产业发展的热潮，曾一度将 LS 县的香菇产业推进到全国排名靠前的位置，并实现了大规模出口。崇信集团种菇采用欧美技术，大棚设施的安装等采用山东寿光的温室大棚种植技术，先进的技术可以实现恒温恒湿，而且还可以控制香菇出菇方向。这些技术对普通农户来说要逾越的门槛太高，而且每个大棚也只需一个人管理即可，充其量一个大棚也只能解决一户人的生计。与崇信集团工厂化生产不同，LT 县苹果龙头企业在带领当地农户发展中对当地农户的正面影响会大很多。苹果产业发展分两个部分：一是苹果种植部分，二是苹果的深加工部分。在苹果种植部分，虽然龙头企业也实行标准化和专业化生产，但企业除了通过流转土地进程的苹果生产基地外，还需要培育当地农户种植苹果，如此形成一定的产业规模。这也促使农业企业愿意花费更多精力提升农户的生产管理技术，农户自然也能够参与到企业的产业链条中。而苹果的深加工阶段需要耗费大量的人力，这就为增加当地的就业提供了助益。

（二）高强度激励与政策执行"一刀切"

在试点性压力型体制下，任务的发包方虽然没有预设政策达成的标准，但也赋予了地方较大的自主权，增加了自上而下的政策支持力度，保持着一贯的高强度政策压力。在政策压力与激励的双重作用下，县域政府在产业发展中表现出不同于以往的发展积极性。正如上文所述，在经历一次次产业的跌宕起伏之后，LT、LS 县域政府总是能够始终坚持产业政策不动摇，并一步步将传统的小农分散经营的产业做成了外向型产业，并在世界同类产业中占据一席之地。然而，农业产业的发展与企业工业存在很大的差异，对于农户的技术要求和自然禀赋要求较高，高强度的政策压力一旦与县级主政官员强烈的追逐政绩心态产生碰撞，有可能会产生政府官员忽略局部地方产业条件不足的劣势强行推进政策，结果出现"一刀切"问题。2012 年，双湖镇以扩建香菇交易市场和提升香菇品质为名征收大湾村 200 余亩口粮田。据村民反映这些农田不仅配备了水利设施，水稻、小麦、玉米等农作物都能种，而且产量也很高。针对此事，村民与镇政府之间各执一词，冲突不断。农户认为村民小组仅有 200 余亩口粮田，在政府征地中 95% 的村民不同意，并怀疑所征耕地其实另作房地产之用，并没有用于香菇市场扩建。镇政府出示的意见表明征地的目的是解决香菇交易市场层次低、加工地不规范、购销加工企业用工短缺、深山群众增收渠道不畅等问题。征地是符合相关程序的，并且取得了大部分村民同意，镇政府还在大湾村进行了公示。镇政府曾多次召开村两委会议、群众代表会议征求群众意见，并得到了大多数群众的签字同意。随着争议的不断加深，问题也越来越多。首先，关于被征收土地的性质，镇干部坚持认为用地属商贸、工业、住宅、公共设施二类地价区四类混合用地，2009 年之前已经由耕地变更成了建设用地。但农户手中的粮食直补册却显示直到 2011 年村民仍在领取粮食直补，这说明镇政府从一开始说的土地性质变更就站不住脚。其次，镇政府与村民小组所签订的征地协议中，"征地面积"条款居然是空白的。镇政府给出的说法是镇政府工作人员在进行入户测量时遭到村民的阻拦，无法进行测量，遂以以往公开的数据为标准进行公示。

历经十几年的发展，LT 县苹果产业取得了瞩目的成就，果农的经济收入也取得了长足进步。但 LT 县个别乡镇在苹果产业发展中也曾出现过类似的"冒进"行动。从 20 世纪八九十年代开始，究竟改种苹果树还是种植传统粮食作物就一直争论不断。恰逢 2006 年该县被国家农业部确定为全国最适宜种植苹果的地区、被省政府确定为苹果生产重点县后，LT 县苹果产业开始大踏步推进。在推进的过程中就出现了部分乡镇干部不惜一切手段，强迫农户放弃传统的粮食种植，改种苹果。有些村庄虽经历了一次次的起伏和干群矛盾的忽起忽落，但产业最终发展起来了，干群之间的矛盾也就此和解了。然而，有些乡镇缺乏明显的规划，幼树才生长两三年就被乡政府强行铲除，重新栽植。乡镇政府与农户围绕耕地冲突不断。

六　小结

回溯欠发达地区县域政府培育农业经营主体的历程可以发现，欠发达地区县域政府在培育农业经营主体中普遍且长期存在差异化行动结果的现象，即同一政府在执行培育农业经营主体相关政策时可能同时存在执行结果与政策目标趋近或者执行结果与政策目标背离的现象。本书将前者称之为名实相符，将后者称之为名实分离。

在试点性压力型体制引导的组织内情境下，欠发达地区县域政府在培育农业经营主体的过程中采取"兜底铁三角"的行动策略，在辖区范围内全面推进农业经营主体培育。在组织外情境较强的村庄，农业经营主体具备较好的经营能力和生产技术，县域政府兜底只需要发挥辅助作用即可，政策执行结果与政策目标之间趋近，形成名实相符现象。在组织外情境较弱的村庄，县域政府采取行政主导的方式，由外部强力嵌入统一的培训项目，但部分培训项目并非基于村庄产业发展的实际需求从而使得政策执行结果与政策目标之间背离，出现名实分离现象。

在普惠性压力型体制引导的组织内情境下，县域政府只需要对标完成自上而下的农业产业发展考核指标即可，并不需要县域政府进行过多探索性尝试。在乡村自主经营能力和自组织能力等组织外条件较弱的条件下，县域政府往往会采取"稳定优先"的政策取向,社会政策取代经济规划作为政府的工作重心。县域政府致力于调控通货膨胀幅度、保障民众基本就业和维护社会秩序稳定。农业经营主体培育并未得到实质提升,致使政策执行结果与政策目标之间背离,出现名实分离现象。与之相反,对乡村自主经营能力和自组织能力等组织外条件较强的村庄,县域政府在产业发展中会着重支持这类村庄的产业项目发展,很多时候甚至愿意为农业产业的启动进行兜底,从而保证了政策执行结果与政策目标之间的一致性,出现了名实相符现象。

欠发达地区县域政府培育农业经营主体行动中存在的差异化结果的现象,是其在组织内情境的约束下,依据组织外情境要素的差异而做出的理性选择。但是这种差异化的结果也存在潜在的风险,即政策的非连续性和高强度激励催生的"一刀切"问题。

第四章

县域政府促进农业产业技术革新的行动逻辑

提升辖区整体农业产业技术水平，促进农业可持续发展是欠发达地区县域政府推进农业产业发展的重要目标之一。但信贷投入规模不足、农业经营主体的经济绩效低、农户对生态农业技术采纳意愿弱等条件都限制了新兴农业产业技术在欠发达地区的推广。为此，需要动员涉农企业、合作社、农户等主体协同参与政府主导的农业产业技术革新行动。但是在县域政府推进农业产业技术革新的行动中却长期存在差异化结果的现象，即同一政府在执行提升农业产业技术革新相关政策时可能同时存在执政结果与政策目标趋近或者执行结果与政策目标背离的现象。本书将前者称之为名实相符，将后者称之为名实分离。名实相符意指在县域政府的推动下，政策执行结果与提升辖区整体农业产业技术水平的政策目标趋近。名实分离意指大农户、农业企业优先实现农业产业技术升级，整体农业产业技术水平并未有效提升的实际结果与政策目标之间相悖。那么，县域政府促进农业产业技术革新行动差异化结果的行动机理是什么？县域政府遵循何种行动逻辑？这些行动逻辑如何产生差异化的结果？影响县域政府行动策略的要素是什么？本书将从情境、行动者、过程和结果几个要素切入剖析上述问题的形成机理。

一 农业产业技术革新动力：行政主导下的多元主体合作供给

虽然历经几十年的发展，我国农业的科技化和机械化水平有了很大的提升，但欠发达地区农业生产仍然是小农户最主要的作业单位，兼业农户不断增加，大农户和农业龙头企业正蓬勃发展。农户"粗放经营"依然存在，生产操作随意性强和滥用农药化肥等问题并没有很好解决，不仅导致农业生产处于低效状态，而且影响农产品质量。欠发达地区农业生产技术水平相较发达地区还存在很大的差距，其特征主要体现在如下几个方面：

（一）农民接受技能培训的普及率偏低

农业产业技术培训既是政府农技部门、农业科研院所推广农业技术的渠道，也是提升农户生产技术水平的重要途径。当下，欠发达地区农业人口的农业科技素质偏低是制约欠发达地区农业产业发展的关键因素之一。庄天慧等人在调查中发现，参加过农业技能培训的农户占据被调查对象的比例偏高，分别为云南 67.75%、贵州 74.91%、四川 78.26%、重庆 86.21%。

（二）贫困户以村庄社会为主导的科技扶贫网络仍然占主导地位

农业产业技术革新的方式有讲座授课、现场示范、参观访问、远程教学、咨询服务等。为了保证这些农业技术的推广方式能够真正发挥效力，政府部门设立了五级农技推广体制。其中，基层农业技术推广体系设立在县乡两级，主要职责在于推进农业产业技术培训和提高农业信息服务水平。从亲友邻居及市场获得新品种信息占比高达 63.11%。基层农技推广部门并没有完全发挥作用。在获得与家庭主要产业相关的市场信息方面，也有超过半数的家庭是从亲友邻居处获得，而来源于政府相关部门的比重仅为 10.52%[1]。

（三）贫困户对于农业科技扶贫的政策知晓度

贫困群体对国家科技扶贫政策的认知状态决定了贫困户对科技扶贫政策的认知强度，从而决定了国家科技扶贫政策实施的有效性与贫困群体的农业科技需求。李博等在调查中发现，51.8% 的贫困户对国家科技扶贫的

---

[1] 庄天慧、余崇媛、刘人瑜：《西南民族欠发达地区农业技术推广现状及其影响因素研究——基于西南 4 省 1739 户农户的调查》，《科技进步与对策》2013 年第 9 期。

政策不了解，了解和非常了解的仅占到 13.1% 和 8.3[①]%。

（四）科技扶贫存在的"门槛效应"

对于农业技术推广人员来说，他们关注的是技术本身是否先进，是否能促进农业产量的提升，但是对在农业技术推广中产生的潜在的社会后果并不关心。例如 LT 县苹果产业当下最新采用的矮化密植集约高效的苹果栽培技术。这些技术确实很先进，但是掌握起来对农户的科技素质要求比较高，只有那些能够跨越技术应用和投资门槛的人才能够成为科技扶贫的对象，而一般的散户、贫困人口根本无力分享科技政策带来的红利。这使得农业科技政策的推广往往存在"门槛效应"。

综上所述，欠发达地区农业产业技术水平比较低，推进农业产业技术革新的难度很大，而且很多农业技术的推广只能以公共物品的形式推广和普及。因此，在欠发达地区推进农业产业技术革新必须在坚持政府核心领导地位的前提下，逐步培育和吸纳多元经营主体参与农业技术的革新。从上述情况分析，我国培育农业产业中农业产业技术革新的影响要素主要包括两个层面的内容：政府组织内情境要素和政府组织外情境要素。农技队伍制度[②]、政府政策支持、政府补贴、政策压力等是影响农业技术管理效果的政府组织内情境因素。职业农民的从业意愿、农业专业合作社状态等是影响农业产业效果的政府组织外情境要素。因此，在推进培育农业产业中，需要考虑在组织内外情境约束的条件下政府是如何开展行动的？接下来从本书所选取的案例展开分析。LS 县原本只是 H 省一个籍籍无名的贫困县，辖区内很少有农业龙头企业，农业产业延续传统粗放的耕作方式。自从确定为全国金融扶贫试验区后，突如其来的政策激励和压力促使该县各政府部门被动员起来参与产业培育。县域政府为引导龙头企业在当地扎根，推行了大量的优惠政策。借助企业之手，县域政府对当地香菇产业的生产管理技术进行了一轮"大换血"。在龙头企业设立的村庄香菇生产基

---

① 李博、方永恒、张小刚：《突破推广瓶颈与技术约束：农业科技扶贫中贫困户的科技认知与减贫路径研究——基于全国 12 个省区的调查》，《农村经济》2019 年第 8 期。

② 2004 年新一轮政府农技推广体系改革缓解了农技队伍知识老化和人才断层等问题，但农技推广行政化不仅未减弱反而加强。参见胡瑞法、孙艺夺《农业技术推广体系的困境摆脱与策应》，《改革》2018 年第 2 期。

地内，政府负责培菌、制造菌棒等技术流程，而农户只需要按照农业技术员的指令操作。"现在一个香菇菌棒出的菇能卖10元，过去只能卖6元，卢氏有3万户菇农，种了3亿个菌棒，这一下就多挣了12亿元！"（编码：CP2）与之不同，LT县域政府基本一直掌控着苹果产业的生产技术管理。2012年县政府制定了苹果产业产品质量标准和生产技术规程，拥有幼园早果丰产栽培技术和树形改良、配方施肥、果实套袋、有害生物综合防控、果园覆盖等12项实用技术。

从基本属性角度看，农业生产技术可以分为公共物品类农业技术和私有物品类农业技术。公共物品类农业技术由政府负责研发和推广，具有非竞争性和非排他性的特征。政府出于维护社会稳定和粮食安全对公共物品类农业技术投资，委托农业科学研究机构展开研究，并将研究成果逐步由各级政府农业部门自上而下推广。私人物品类农业技术的供给主体不再仅限于政府，而是包括了涉农企业、农民专业生产合作社、农业科研院所等多主体，具有独立性、自主性和排他性的特征。私人物品类农业技术涵盖整个产业链，包括技术研发和物资供应等前期阶段，种植和养殖等中期阶段，也包括农产品深加工、运输、包装、冷藏等产后环节。按照私人物品类农业技术供给主体的差异，又可以细分为专业组织带动型、市场带动型、企业带动型、科研机构带动型等。

二 试点性压力型体制下县域政府的农业产业技术供给策略

压力型体制下增长导向的财政分配体系、压力驱动的政策执行体系、统合取向的社会参与体系是县域政府开展行动的关键动因。在试点性压力型体制引导的组织内情境下，欠发达地区县域政府倾向于采取"发展型政府"的行动策略，在本辖区全面推广先进的农业产业技术。县域政府所推广的农业产业技术按照属性可以划分为公共物品类农业产业技术和非公共物品类农业产业技术。下文首先将讨论试点性压力型体制下县域政府推动农业产业技术革新行动的核心内容。

(一) 公共物品类农业产业技术地供给

农业产业技术革新在培育农业产业中究竟发挥着何种作用呢？技术吸收能力对农业企业创新绩效的影响至关重要，技术吸收能力高的企业会获得更多的技术创新，创造更高的绩效。以 LS 县香菇产业的技术革新为例。LS 县深处崇山峻岭之中，是长江和黄河交汇之地，漫山遍野的栎树为该县发展香菇产业带来了得天独厚的优势。LS 县引入香菇产业后，在农业生产技术方面逐渐形成两种路径：一辈辈人口耳相传的传统技术和现代化、专业化的工厂化种植方式。LS 县种植食用菌历史悠久，早些年该县农户经常上山砍伐栎木，在树桩上钻孔塞入菌种，喷水后任其自然生长。1997 年以后，随着将香菇作为全县经济发展的重点产业，LS 县对农户传统的生产技术做了改进。为了保护当地的森林资源，在政府部门的限制下农户只被允许将树枝和秸秆等粉碎后装袋，经过充分发酵后培育菌种。时至今日，每年到冬季，农户就会纷纷上山砍伐栎木和杂木，利用每家每户的粉碎机将木料加工成木屑，到了第二年春天装袋并上笼用蒸气消除杂菌。等到菌丝出现后需将菌袋全部摆出门外，依靠自然气温的变化，当温度降低到 20 度以下，香菇开始逐渐萌生并缓慢生长。冬天低温下，在寒风的刺激下香菇菌盖逐渐生成一道道裂纹，俗称的"花菇"就此长成。与传统的种植技术不同，现代工厂化、专业化的生产技术表现出了明显的优势。(1) 为避免农户因为购买质量较差的菌种影响出菇质量，县级政府常依托农业龙头企业解决技术难题。在政府扶贫贷款政策的扶持下，崇信集团投资 5 亿元，在 LS 县建成了占地 258 亩的现代化菌棒生产线 4 条，年生产菌棒 3500 万袋，辐射到周边 5 个乡镇，带领周围农户一起发展香菇生产业。(2) 香菇培育菌材由企业从省外或国外采购，并在企业生产基地进行严格的杀菌、发酵和培菌，避免了农户分散培育，造成对菌材的浪费。(3) 农户将充分发酵好的菌袋购进后放置在农业企业建设的标准化大棚半个月就可以出菇。香菇种植不再采用传统的种植方式"靠天吃饭"，现在标准化大棚内可以做到恒温恒湿，而且还可以控制采光和香菇的出菇时间，基本能够做到每季都能出香菇，极大地提升了香菇的产量和农户的经济收入。与农户传统的分散经营种植模式不同，现代化工业生产模式的推行，使得香菇的产量提高了 20%，市场价格和香菇生产的比率上升40%，劣质香菇的数量下降了20%，每户菇农年收入增加了2万元。

表4-1   LS县历年重点建设项目之涉菌项目

年份	项目名称	建设规模	资金（万元）
2018	杜关镇民湾村蔬菜和食用菌基地二期	建设占地95亩的标准化食用菌大棚120个	1540
	县园区安置点配套产业基地	占地680亩，建设高标准食用菌大棚1000个，年生产能力2000万袋以上	21000
	林海兴华香菇生产专用成套设备产业园	占地190亩，年加工空调设备1000台套，钢结构产品3万吨，菌棒1.5亿棒	38000
	金海生物科技示范园	占地142亩，建设食用菌研发、生产、加工产业园1座，总建筑面积9.6万平方米，年产菌棒4000万袋，加工鲜菇、干菇0.85万吨	22000
	东明镇涧北食用菌产业园二期	该项目占地257亩，建设香菇菌棒生产车间11栋，建设面积10万平方米，配套装袋、拌料、灭菌、接种、培育等设备	25000
	范里镇食用菌袋料加工基地	建设1000万袋香菇菌棒厂一处、香菇大棚两处	10000
	狮子坪乡颜子河食用菌基地	建设100个标准化食用菌大棚	800
	双湾镇崇信集团食用菌产业基地	流转土地400亩，建设钢结构大棚700个	5000
	朱阳关食用菌产业园二期	租地500亩，建设400吨冷库1个，技改生产线1条，香菇大棚100个	2000
	狮子坪河南金海生物科技食用菌基地二期	建设标准化大棚47个，种植羊肚菌70000平方米	5000

续表

年份	项目名称	建设规模	资金（万元）
2018	潘河金海生物科技公司食用菌大棚	建设标准化食用菌大棚160个	5000
	潘河崇信集团食用菌大棚	建设标准化食用菌大棚104个	3000
2019	香菇产业园	全县建成工厂化菌棒加工基地5个，年生产能力达到9500万棒（其中东明涧北菌棒加工基地3000万棒、文峪产业集聚区菌棒加工基地2500万棒、朱阳关菌棒加工基地2000万棒、瓦窑沟菌棒加工基地1000万棒、范里菌棒加工基地1000万棒）；建成横涧代家、潘河前河等出菇基地80个，高标准大棚3000个；建成金海生物和善都生物2个香菇精深加工基地	114160

资料来源：LS县政府网站。

试点性压力型体制引导的组织内情境下，欠发达地区县域政府借助转移支付资金加大力度促进基础设施投资。欠发达地区基础设施的建设短板一直是制约农业产业发展的重要因素。由于耗资巨大且预期效益不确定，很少有市场资本愿意投资于此，因此需要政府部门以公共产品形式加以供给。2017年，金融扶贫试验区正式进入运行状态，山洼村被县政府列入重点扶持对象。在县政府的资金扶持下，该村很快建立了香菇生产基地，免费向村民发放大棚，并将发酵好的菌棒发放给农户。此外，政府部门还派遣县农技站的工作人员驻村帮助村民提高生产技术。但是，香菇产业的特殊种植流程，在菌材发酵、装袋、培菌、控温等环节都需要消耗大量的电能，而牛耳村地处伏牛山山脚下，通往村里的400V线路多分布在山坡上的茫茫林海之中，且均为裸露的铝质导线，这不仅增加了每年的电能损耗，而且还经常出事故，导致村里隔三岔五地停电。"用电烤制香菇时如遇突然断电，一批几十筐香菇的品质会大打折扣。"（编码：CM1）这些因素严重影响村民的生产生活。在 LS 县政府的督促和支持下，县供电公司将牛耳村原有的两台 30V、50V 变压器分别更换为 100V、315V 变压器，将该村电线全部换成了绝缘电缆，并重新设计电路的走向，将电线从深山密林移往公路边上。"现在站在路边就能够随时维修线路，查看电路的运行状态，给电力工作带来了很大的方便，加上不再频繁跳闸了，村里种香菇农户的投诉基本没有了，去村里收电费村民也不再骂我们了。"（编码：CM1）

欠发达地区县域政府直接参与农业产业技术革新投资。八角楼村富有氟镁石、脆硫锑、铅矿、石墨、钛铁矿等资源，种植业和养殖项目也在发展，但一直处于分散经营、各自为政的粗放经营状态。县林业局挂点帮扶该村后，为农户每亩地补助 500 元，并协助村民开挖 1 米深、1.5 米宽的池子。县林业局拨付专门款项资助农户发展有机水稻。另外，驻村工作队还依靠自身的技术优势，组织村民在村里搞特色种植。八角楼村有 8000 亩土地，其中大概 7000 亩地是山地，4000 亩山地是生态公益林。只有 1000 亩地是水浇地。在村里的山地上种植猕猴桃，林子下面种植茶树，茶树已经种了 60 多亩地了。县林业局资助村民在村里种植了 100 亩的桃树和柿子树，还种植了一些核桃树。这里的人之前没有种植猕猴桃的技术和经验，驻村工作队就请技术人员过来现场教学。桃树和柿子树县林业局下派一个技术专家过来指导。在驻村工作队的扶持下，该村成立了大旗合作社、深瑞合作社、生态茶园合作社和生态茶叶加工厂。合作社实行村社合营模式。合作社在生产的时候是带有风险的，一方面驻村工作队需要花费很大的力气动员群众，另一方面市场风险也会挫伤农户的积极性。村社合营就可以杜绝这方面的问题。深瑞合作社主要是八角楼村支部书记来负责管理的，其他合作社都是由村委会主任和其他村干部在管理。合作社的主要目的是统一生产标准，只有达到了一定的生产标准才可以卖得出去。村党支部聘请技术员统一技术管理。茶叶采摘的时候由合作社统一进行安排，确定今天采摘哪家的，明天采摘哪家的，然后合作社以集体的名义跟商贩交易，这样一来茶园的收入能够增长 20%。在 LS 县政府的政策扶持下，茴香村新建了一个占地 300 亩、年生产菌棒 3000 万袋的加工厂，这也成为目前国内单工厂生产量最大、自动化水平最高的食用菌菌棒厂。重视对农业产业发展中生产管理技术的调控也是 LT 县在苹果产业发展中强调的内容。2016 年，LT 县出台了《关于加快推进苹果产业转型升级创新发展的意见》，经过几年的发展逐渐形成了"村村有大点、乡乡有大片，点片相连"的产业带动新局面。为了从整体上提升全县的苹果质量，县政府统筹规划，从新品种和新技术入手，按照统一规划、部署的方式，派遣技术员全程跟踪，提供技术服务，并现场监督苹果树的种植。县政府派驻乡村的技术员对苹果园地址选择、苗木选择、栽培技术、施肥修剪、花果管理和病虫害防治等方面实行全程无死角监管，实现了"一年定杆、两年重剪、三年全拉严管、四年挂果、五年丰产"的目标。为了动员全县技术力量提供农业产业技术，增加农产品的质量，LT 县先后开展了南北对接结对帮扶、科技人员蹲点抓示范、技术人员包村户等行动。在苹果树重点栽培村庄，驻村技术人员采取现场指导和课堂教学相结合的方式与农户进行交流，手把手教授农户果树的管理经验和技术。2017 年，LT 县成立了果树果品研究所苹果良种苗木繁育基地、苹果国家种植资源异地保存库项目和中国农业科学院果树研究所综合试验示范基地，初步形成了种苗繁育、技术推广、贮藏增值、加工转化紧密衔接，产前、产中、产后相互配套的产业体系。

表 4-2　　　　　　　　　农户生产管理经验不足的影响

编码	典型例证援引
提升政绩的动机 M_1	1. 基地的收益明细表上，记录着第一茬香菇的收入明细，最低的一个棚收入 15000 元，最高的因包了 7 个棚，收入达到近 20 万元。编码：CM_1 2. "今年是我承包香菇大棚的第一年，第一茬香菇已经获得了 2.7 万多元的收入，第二茬也在持续收获中。"编码：CM1 3. "一个棚可以装 9240 个菌棒，一棒出 6 两多香菇，一年出三四茬。香菇按等级 2 元到 8 元一斤，如果每棒的收益低于 1 元，公司会保底回收，补足差价"胡政霞说。编码：CM1 4. 用电烤制香菇时如遇突然断电，一批几十筐香菇的品质会大打折扣。编码：CM1 5. "专业的事交给专业的人来干，我们请来了种菜状元张荣。张荣带来了寿光的生产技术。编码：CM1

追求稳定的政绩表现是县域政府积极主动提供公共物品类农业产业技术的重要原因。精准扶贫政策实施后，越来越多的地方将香菇种植作为完成政策目标的重要产业项目之一。LS 县作为国家级重点贫困县和 H 省金融扶贫试验区，中央省市都给予大量的政策和资金扶持，但是想要真正做出一个良性运转的农业产业绝非易事，不仅要考虑政策资金扶持，而且更重要的是契合市场需求。为了完成精准扶贫和试验区双重任务指标，LS 县将目标锁定在香菇产业。香菇从种植到出菇所需时间短，见效快，一年时间就能够获得利润。香菇种植的历史从 20 世纪 80 年代就开始逐渐在北方盛行，种植基础好。从鼓励农户种植来看，能够降低农户的种植风险，而着眼于一县产业项目，大面积失败的可能性非常低。从近年来发展香菇产业的情况来看，大部分的农户是赚了钱的，只有很少的一部分农户因为技术等原因失败了。近年来虽然香菇的种植规模逐渐扩张，种植的地域也逐渐扩散，从起初的主产地向一般种植地发展，但是各省香菇的批发价格基本趋于稳定，没有大起大落，发展香菇产业对农户增收和政府政绩都是有利的。然而，这并不是说明发展香菇没有任何风险。由于媒体的过度报道，很多原本没有香菇种植经验的村庄或者地区开始大面积模仿种植香菇，其中暗藏一定的技术风险。在一些政府扶贫干部看来，香菇是人人可以做的产业项目，不仅好推广，贫困户也容易接受。不像苹果、核桃等果树种植，如果效益不好，长在地里不好收拾，香菇种植不见效益，下一年不种就是了。但是如此思考的人绝没有考虑香菇种植的成本问题。

苹果产业是 LT 县重点发展的农业支柱产业，早在计划经济时期该县就已经开始发展苹果产业，后来经历了家庭联产承包责任制改革后，部分果树归集体经营，部分归个体农户经营。但是由于对农业生产技术的忽视，果树的品质逐渐老化，苹果的质量也下降了，逐渐被市场所淘汰。近年来，从中央到地方政府都对苹果产业发展给予了很大的支持，苹果产业也因此有了长足发展，无论是鲜果出口还是果汁出口都取得了很大的进步。2007 年后，新上任的县委领导班子锐意改革，紧紧把握苹果产业发展的大好趋势，通过政府扶持的方式全面调整苹果产业的发展格局，淘汰落后的苹果品种，与西北农林科技大学等科研机构合作开发新的品种，改良苹果的口感，逐渐赢得了市场的好评。

官场政治生态是影响县域政府培育农业产业的关键要素。虽然近年来国家加大对欠发达地区农业产业发展的转移支付力度，在有些地区促进了经济发展，但是少数地方政府的腐败降低甚至抵消了转移支付的政策效果，进而阻碍了经济发展。从地方公共支出角度看，公共支出效率的提高有利于经济长期增长，而腐败的发生降低了公共支出效率的正向效应。LS县地处长江与黄河的交汇处，背靠崇山峻岭，山中到处是适合栽培香菇的栎树。虽然早在20世纪90年代，该县农民就开始尝试种植香菇，但总是零零散散形不成规模，渐渐成为周围香菇市场的原材料供应地。官场政治生态的腐败可能是造成LS县香菇产业发展处于弱势地位的重要原因。2012年6月，尚勤镇上秦村李某财借助县政府修建快速公路的机会，在协助镇政府工作人员丈量土地的过程中利用行事之便虚报自家被征收土地3.09亩，套取国家征地补偿款83430元。直到2017年9月25日，李某财东窗事发，被免去村委会委员职务。采访中，范窑镇村民鲁某介绍道，2014年，该村村支部书记和村委会主任利用职务之便侵吞村集体经济收入、骗取国家惠农资金，并私设小金库，将扶贫的低保指标分配给自己的亲戚朋友。后来鲁某将村支部书记和村委会主任侵吞15330元公益林惠农资金的事情举报到县政府，县纪委给予二人严重警告处分。在此之后，村党支部书记和村委会主任虽然短暂安稳了一段时间，但是很快便原形毕露。从2014年到2018年的4年时间，涉嫌把村里的17100元现金侵占贪污，装进自己的腰包。2018年，抢占集体土地16亩，占为己有。

  财政能力是影响县域政府提供公共物品类农业产业技术的重要因素（如表4-3所示）。从LS县财政局获取的数据显示：2015年该县公共财政收入56312万元，上级补助收入157125万元，债务转贷收入7700万元，上年结余580万元，调入资金14691万元，收入总计236408万元。但是该县2015年用于人员工资、基础设施、教育、卫生、民生等方面的支出就高达210499万元。上解上级支出7300万元，债务还本支出5100万元，安排预算稳定调节基金13509万元，年终无结余。截至2016年底，全县政府债务余额5.8亿元，其中政府负有偿还责任的债务余额为5.56亿元（一般债务4.49亿元，专项债务1.07亿元），无偿还责任的债务余额0.24亿元。借助省政府将LS县确定为金融扶贫试验区的重要契机，该县积极利用自上而下的扶持资金促进贫困乡镇和村庄的农业产业项目发展。

表4-3　　　　　财政能力对县域政府技术供给行动的影响

编码	年份	试点性压力型体制资金整合援引证据
财政能力 M4	2017：CM4	扶贫贷款达到10100万元，其中建档立卡贫困户7124户贷款3.6亿元，合作社110家贷款3.4亿元，龙头企业15家贷款3.1亿元； 国投创益等各类基金3.65亿元； 申请到8245万元用于水源区京豫对口协作建设和农村环境综合治理； 总投资91143万元新建对口协作项目库50个项目
	2016：CM4	扶贫贷款达到8818万元，生态补偿金8850万元，中央、省、市56个单位定点帮扶LS县，累计落实帮扶资金3265万元，总投资5000万元的凤凰山猕猴桃农业生态观光园项目
	2015：CM4	2015年全国电子商务进农村综合示范县，2年内可获得国家专项扶持资金2000万元，争取政策性资金4082万元扶持10个乡镇22个村2162户群众发展中药材、林果、食用菌等增收项目
	2014：CM4	中央彩票公益金在LS首次实施；投资314万元
	2012：CM4	财政扶贫贴息资金100万元
	2011：CM4	省扶贫办、省财政厅分配财政扶贫贴息资金60万元，贴息贷款额度1200万元

资料来源：依据县财政局数据整理。

（二）私人物品类农业产业技术地供给

与公共物品类农业产业技术地供给机制存在很大的差别，私人物品类农业产业技术意在通过竞争性的途径，由企业、社会组织、经济组织等非公共组织来提供个性化和多样化的服务和产品。

欠发达地区县域政府通过培育乡村致富能人拓展农业产业技术供给渠道。能人治理村庄是改革开放以后才逐渐出现的现象。改革开放为乡村社会的发展注入了新的活力，而税费改革则为乡村经济社会转型提供了难得的契机。与乡镇经济转型相伴而生的是农村基层社会的分化，农村社会逐渐形成了富人群体、技术能人和一般群众。在经济利益的驱动下，单纯依靠宗族或者政治资本的传统精英在乡村社会中的作用逐渐下降，而有能力引导民众致富的富人或技术能人等精英的权威慢慢在加强，并逐渐成为衔接国家与社会关系、实现政府政策落地的重要纽带。2014—2016年27省份756个村庄的治理调查数据证明，富人治村能够显著提升灌溉设施维护频率，而传统的宗族网络对乡村治理精英治理绩效影响不显著，正式的基层民主制度可以显著提升村庄的公共物品供给水平。李庄地处深山，土壤贫瘠，可耕地稀缺，从古至今，该村村民的生活都非常艰难。李大牛就生活在这个贫寒的村庄。早在20世纪80年代，李大牛在上山放羊间隙偶然发现生长在枯木上的木耳和猴头菇，遂萌生了自己培植菌菇的想法。中学毕业后，李大牛开始务农。随着家庭联产承包责任制的推进，LS县政府有意推广食用菌技术，木本袋料食用菌种植技术开始在该县农村广泛推广。由于当地山高林密，森林资源丰富，食用菌种植很快形成了一定的规模。政府部门的着力扶持引起了李大牛的注意，也激发了他发展食用菌产业的兴趣。从1990年开始，在没有任何设备和技术的条件下，李大牛将树叶、玉米芯、麸皮等原料混合装进玻璃瓶中发酵，然后植入菌种进行反复试验。最初的几年里，由于实验食用菌种植技术需要大量的资金和原材料，有时还需要到外地买菌种、学技术，这对原本贫困的家庭来说无疑是雪上加霜。访谈中，李大牛向研究者们说："那些年过的日子就不叫日子，整天到处凑钱来做试验，也没整出什么名堂。家里人也说我是不务正业，一到年底，家门口到处是前来要账的人，那时候别说过年吃肉了，连粉条都快吃不起了。"1996年，为了进一步开展食用菌种植技术试验，李大牛向亲戚朋友借钱在县城创办了一家废品收购站，经过一段时间的经营，废品收购站的生意逐渐步入正轨。李大牛遂开始了白天收购废品，晚上继续做试验的模式。此外，他还继续扩大试验规模，用不同配方的原料同时进行对比试验，然后再调整配方，摸索最佳的原料配方比例。经过20多年的苦心经营，李大牛的食用菌改良技术终于获得成功。2014年，李大牛采用树叶、玉米粉、麸皮、玉米芯、石膏粉等原料混合做成了食用菌袋料，并种植了1000袋猴头菇，当年收入就达到了15000元。食用菌改良技术的成功很快就传遍了周边，也引起了当地政府的重视，在政府相关部门工作人员的协助下，李大牛不仅顺利流转了30亩土地，而且成功在银行获得贷款，镇政府为贷款补贴一部分利息。此外，在镇政府的扶持下李大牛还成功成立了食用菌种植合作社。为了能够带动周围群众发展产业，镇政府向县域政府部门打报告，将李大牛食用菌生产园确立为食用菌产业示范基地和连翘育苗基地。食用菌种植技术的改良，不仅提高了产品的产量，也提升了食用菌的口感和质量，为周围群众增收拓展了一条新的门路。以种植猴头菇为例，以往村民种植的猴头菇袋料成本在4.5元左右，一年能够生产三茬，按照鲜菇每斤6元的价格，一个菌袋的收入也就27元。但是采用改良后的技术，每袋袋料的成本压缩到了2.5元，按照每年生产三茬，每斤8元的价格算，收益为45.5元。目前李大牛自己的食用菌种植园共种植食用菌10000袋，种植连翘苗40万株，木灵芝10000袋，羊肚菌6亩。为了方便食用菌的保鲜和运输，县政府积极协调，安排扶贫专项资金完善该村的食用菌冷链系统。

在私人物品类农业产业技术供给中，乡村能人衔接国家与社会关系的另一个例子也发生在LT县苹果产业发展中。1997年1月26日，景大鹏带领全村200人建立了县农业新技术推广协会，经过十年的发展，协会开始逐渐向全县拓展，人数发展到了4000多人，为协会会员增收2000多元。2007年7月11日，景大鹏敏锐地察觉到全县苹果产业转型的讯息，经多方联系，终于在县供销社、工商局部门的大力支持下，成立了全县第一家农民专业合作社，其中有1267名骨干会员。在县乡政府的协助下，合作社从一开始就将向农民传授科技知识，建立标准化生产基地作为合作社的重要工作内容。此外，合作社多方搜集苹果种植的技术经验，并将其汇编成书免费向合作社会员发放，印数从开始的200多份增加到目前的5000多份，几年来，共印发40万余份。在传授农业产业技术知识的同时，合作社还倡议会员实行标准化生产，县政府出资聘请中国农业大学、中国农科院、甘肃省农科院、西北农林科技大学的专家为果农现场讲学，专家团队的进驻不仅带来了先进的农业生产知识，而且也带来了新的营销知识。随着合作社的影响力逐渐扩大，外界也对这个传统意义上的贫困小县城投来了越来越多的目光，其中包括省政府相关部门。"双联"活动中，省政府组织和邀请中国农科院果树研究所、西北农林科技大学、北京中农乐果树新技术研究所等与苹果种植相关的科学研究机构的专家学者来LT县现场讲学。近三年，全县共举办各类大型公益性科技培训319场次，培训农民4.9万人（次）。

欠发达地区县域政府吸纳农业龙头企业，为当地产业发展提供多样化、个性化的私人物品类农业产业技术。农业龙头企业的进驻，不单单解决了农业生产的机械化耕作问题，还包括革新农户的生产理念和经营观念。LS县香菇种植历史可以追溯到20世纪80年代，这个时机正好是中国"南菇北移"的开端时期。但是经历了几十年的发展，该县的香菇产业发展一直处于产业链的低端，并逐渐成为周围香菇市场的廉价原材料供应地。造成这一现象的原因在于没有龙头企业的带动，单纯依靠政府部门的扶助既不能很好地掌握市场上最先进的香菇种植技术，也不能对香菇产业链进行革新。这就成为制约当地香菇产业发展最为关键的因素。为了破解这一困境，LS县政府出台大量优惠政策，包括低息贷款、政府贴息、土地流转等吸引香菇产业相关的农业龙头企业进驻。崇信集团和金海生物公司就是在此时进驻的。截至目前，崇信集团在全县11个乡镇建立生产基地发展袋料香菇项目。2016年，崇信集团出资2100万元，县政府统筹整合涉农专项资金900万元，成立县产业信贷保证金池，以此撬动银行贷款2.1亿元来发展该县香菇种植。龙头企业的进驻不仅盘活了乡村社会的资本，而且带来了新的生产技术。崇信集团先后投资3亿元建立10万平方米和3万平方米的菌棒生产厂各一家，解决了全县6000多户菇农买菌棒的棘手问题，这不仅降低了菇农生产和销售中存在的风险，而且降低了菇农的生产成本，提高了农户的经济收入。金海生物是LS县引入的发展食用菌产业的另外一家农业龙头企业。金海生物投资2.2亿元建立了占地150亩的集研发、生产、深加工于一体的香菇生产基地，投资2.8亿元在全县7个乡镇建立了标准化香菇种植大棚769个。目前已经建成的大棚有692个，带动全县400多户农户发展香菇产业。

农业龙头企业对当地农业生产技术革新的促进作用是有目共睹的。第一，改变了LS县传统的香菇种植模式，传统的种植模式就是老百姓自己上山砍树，或者从外地进一批木料回来自己做菌袋，然后自己出菇，最后将香菇卖给当地一些小商贩。老百姓一年出力不少，但是收益不是特别高。香菇企业却不同，不是采用生产香菇的传统模式而是菇农工厂化生产香菇。从产业链的角度来看，老百姓做不到的事情由香菇企业来做，所以就变成了老百姓在大棚里看护，龙头企业来提供菌棒，并对出菇过程进行全程技术支持，最后进行产品回收。第二，改变了LS县传统的香菇种植习惯。传统的种植方式是每年的一二月份开始备料，三四月份开始装袋，出菇来年3

月，所以一年只能出一季。工厂化生产是一年365天都有香菇生产。第三，LS县传统的种植模式也发生了改变。香菇企业引进日本和韩国种植香菇的经验技术，建立双层棚，两层农膜，一层遮阳膜，一层保温膜，棚的标准面积是40平方米，可以调温、调湿和调光。棚内现在可以做到上面出菇，下面不出菇，达到定向出菇的效果。只要天气合适，香菇企业技术人员就可以想办法让满棚都出菇。这些大棚是从2018年5月就开始出菇，崇信集团种植了581个棚，基本上都出菇了。现在11个乡镇，共建立了13个生产基地。而老百姓种植香菇出菇率就没香菇企业这么高，染病率一般会达到10%，出菇率达到一般水平就不错了，有些人家几千袋几乎全部死光。香菇企业的菌染病率是千分之二，香菇已经成为LS县扶贫的第一产业。应当说香菇企业是利用了当地比较优惠的金融政策和产业化基础，以此方式去扶贫。

三　普惠性压力型体制下县域政府的农业产业技术供给策略

在普惠性压力型体制下，自上而下传导下来的政策任务已经形成了标准的量化指标，县域政府只需要对照指标完成任务即可，并不需要做过多的拓展和延伸。因此，在大多数情况下县域政府会倾向采取稳定优先的策略。本书将县域政府的行动策略定义为"任务型治理"[①] 取向。下文将从

[①] 任务型治理概念源于任务型组织。任务型组织概念最早由张康之教授等提出。常规任务的出现是任务型组织设立的基础性根据。任务型组织的消解与常规组织的消解机制存在很大的不同，任务型组织的消解是任务消解、组织成员心理资源衰减等因素共同作用的结果。任务型组织的资源获取能力受到组织内外的信任关系以及组织目标的明确性等因素的影响，其获取资源的目的在于直接使用，是从属于任务得以完成的需要。此外，任务型组织在运行机制上体现出组织成员流动开放、组织成员间建立了信任—合作的关系、独立分散的专业权力和诱惑性的权力、非控制导向和非等级制等结构特征。延续上述理论脉络，本书将任务型治理界定为依托政府科层组织结构，围绕着特定的任务而展开的政府治理行动。从治理行动的发起和消解来讲，任务型治理是政府为实现特定任务而开展，也因任务的完成而终止。在治理的主体上，任务型治理倡导政府领导下的政府、市场组织、社会组织的多元主体合作治理。在资源获取方面，任务型治理强调要整合政府资源、市场资源以及社会资源以推进任务完成，摆脱单纯依靠政府资源的局限性。在治理工具的选择上，任务型治理强调正式制度和非正式制度相结合的治理工具，突破科层制单纯依靠制度控制的运行机制。在时效性方面，任务型治理是临时启动的，带有随机性和运动式治理的特征，但是在特定条件下任务型治理的行动也会逐渐延伸到常规治理，变身常规治理机制下的治理行动。

组织内情境的多个要素解析欠发达地区县域政府行动策略的运行逻辑及形成原因。

（一）公共物品类农业产业技术供给

在普惠性压力型政策引导的组织内情境下，欠发达地区县域政府出于提升政绩的需要，为乡村产业发展提供一定的公共物品类农业产业技术。市场组织通常将利润的最大化作为考察组织运行绩效的主要指标，而公共物品类农业产业技术由于成本过高、预期收益不确定未必会吸引市场资本的注意。因此，需要政府通过提供公共物品类技术，撬动资本市场，从而提升农业产业的整体技术水平。XX县从20世纪80年代开始发展香菇产业，但在香菇产业发展的初期，菇农曾经因为各种技术原因遭受损失。首先，香菇产业是劳动密集型产业，为了节省种植面积就需要采用立体化种植，搭置香菇架，还需要定期对香菇菌袋进行技术处理，以确保香菇孢子生殖，而这些都需要较大的成本，一般农户根本无力承担如此高额的费用。另外，香菇种植对菌种的质量和种植环境的要求非常严格，如果达不到理想的技术条件会直接影响到香菇的出菇率。这些都需要政府做好宏观调控和市场引导。其次，无论是采用椴木种植还是菌袋种植，都需要消耗大量的菌材，如果任由农户上山砍伐，发展香菇产业，对环境的危害极大。XX县位于南水北调工程的源头，生态环境质量直接决定着水资源的质量。香菇产业的发展虽然不能对当地的生态环境造成致命性的伤害，但是会极大地损害当地的阔叶林——栎木，而这种树的更新能力非常弱。随着南水北调工程的建设以及生态旅游产业的发展，香菇产业与保护生态资源之间的矛盾日趋紧张。XX县政府决定禁止村民上山砍伐栎树种植香菇。这给刚刚起步的香菇产业无疑泼了一盆冷水。为了能够继续经营当地初具雏形的香菇产业，县政府确定了依靠外部购买菌材发展香菇的战略。2006年后，在XX县政府的协助下，该县派遣工作队从中国东北和俄罗斯等森林资源丰富的地方购买菌材，这些活动是小企业或者分散的农户无法独立完成的。时至今日，XX县依然从邻近的陕西、吉林、黑龙江以及俄罗斯等地进购菌材发展香菇产业。除此之外，在县域政府相关部门的严格管控下，XX县进行每年14万立方米的森林抚育。为了能够减少林木资源的消耗，近年来，县政府出资实行柴改煤、柴改电、柴改沼气工程，免费为农户建设相应的基础设施。XS 县在蚕桑产业公共物品类技术提供方面也花费了不少力气。养殖小蚕不仅耗费巨大，而且温度要控制在 27℃ 至 28℃ 之间，春天养小蚕，房间要升温；夏天养小蚕，房间要降温。养殖的过程中还需要定期消毒和防疫。由于蚕桑养殖不像香菇种植可以实现工厂化养殖，政府只需要提供基础设施即可，蚕桑养殖是要分散在每一户蚕农家里经营。依靠个体农户根本无法应对养殖过程中可能存在的技术风险。这时候就需要政府派遣农技相关部门的技术人员下乡为农户提供相应的公共服务。

在普惠性压力型体制引导的组织内情境下，欠发达地区县域政府往往会采取各种措施来完成政绩目标。精准扶贫政策实施以后，XX 县将食用菌产业作为头号产业和"一村一品"领衔工程来抓，将食用菌产业纳入县域经济结构调整总体规划、新农村建设规划中，并成立了由县委书记亲自挂帅担任组长的食用菌标准化生产领导小组，设立了正科级规格的食用菌生产办公室。为了促进食用菌产业的快速发展，带动全县贫困户脱贫致富，县财政投资 500 万元建立了食用菌科研中心，配备了国内最尖端的科研设备和 20 多名专业技术人员。此外，县政府还专门成立了县食用菌产业化集群建设领导小组，统揽全县食用菌产业发展规划、生产、技术、管理及项目建设等工作。为了消除农户在产业发展中的技术恐慌，XS 县政府通过向蚕农发放公开信，通过广播、电视节目等宣传养蚕、桑园管理技术，向蚕农承诺收购底价和统一生产技术标准，给农户吃下"定心丸"。县政府还积极筹建技术培训班，2016 年，累计举办三期科学养蚕技术培训班，培训人数达 120 人。"今年春蚕养了 4 张种，赚了 8000 多元。这多亏了县蚕桑局付师傅的技术指导"（编码：DP2）此外，为解决本地农户技术能力不足的问题，县政府新建了一个现代化的小蚕共育公司，小蚕共育量达千余张。小蚕共育公司协助养蚕大户提高蚕茧的质量，公司技术人员帮助农户增建通风、采光、温度等适应蚕种生活环境的养蚕大棚 2300 平方米。

为了完成中央"一村一品"的任务指标，早在很多年前 XS 县政府就成立了"蚕桑局—蚕桑工作站—蚕桑合作社"纵向一体的组织机制。蚕桑局负责蚕桑产业的调控，蚕桑工作站负责各重点乡镇桑苗种植、蚕种发放等工作。按照该县的制度规定，需要以乡镇为单位组建生产合作社，合作社主要负责蚕种发放，动员群众种植桑苗和养殖蚕种，以及蚕茧的议价回收。2014年，XS县在政府工作报告中提出要将推进蚕桑等特色农业规模化和基地化建设作为全县重点项目，并确定当年蚕桑基地要达到5000亩，以此作为县蚕桑局的中心工作。为了监督县蚕桑局及蚕桑重点乡镇的工作，县政府还出台了相应的量化指标，将桑园面积的巩固、发展，年养种量、产茧量，合作社建设，阶段性生产管理，新技术推广等一同列入考核范围。蚕桑工作考核采取平时检查与年终考核相结合的办法进行，以平时检查得分为主。县委县政府对年底蚕桑工作考核排名前六的乡镇及县直属帮扶单位进行奖励。对年底考核在80分以下的乡镇及帮扶单位给予黄色警告，并直接影响到乡镇及县直属帮扶单位主要领导的绩效考核。对不作为或因工作失误造成桑园面积严重荒芜弃管、挖毁桑园的乡镇和挂钩县直部门的主要领导和蹲点领导及村支部书记、乡镇蚕桑站技术干部实行责任追究，予以党纪、政纪处理。为了做好全县香菇市场发展的调控工作，XX县召集全国农业产业技术专家对该县的香菇发展情况进行了评估，并在评估数据的基础上制定了《香菇标准化生产技术规程》，对香菇的生产环节，包括香菇生长的环境条件、菌材的选择及培育、香菇生产机器设备的选择、农产品深加工流程等各个方面进行了严格的规定①。

　　提高农户收入，增强政府财政能力是县域政府行动的重要原因。XS县在发展蚕桑产业的过程中，县域政府重视对蚕桑生产技术的探索，先后弃用了蜈蚣蔟等养蚕方式。经过县政府农技专家的严格筛选，方格蔟作为优良养殖方式被县政府确定为统一标准并加以推广。利用方格蔟养蚕，不仅比其他养蚕方式减少人工成本，还可减少次下茧产出25%左右，上蔟率提高到95%至98%，平均张种茧产量达45公斤以上。为了保证公平合理地收购蚕农的蚕茧，县蚕桑局严格实行议评收茧制度，实行优质优价，劣质低价。蚕桑专业合作社动员蚕农在收购前事先做好蚕茧分类，分拣出上茧、次茧后，分类交售。2017年，XS县每百斤茧中只有0.75公斤左

---

① 相关制度规定，县财政每年投入资金2000万元用于香菇标准化技术、服务、管理及奖惩，建立香菇标准化生产基地，对入驻基地的每个香菇大棚奖励500元，实行统一基地规划、统一原辅材料、统一菌种供应、统一技术管理、统一加工销售的"五统一"种植规范。

右的次下茧，春茧张种产量达 56.35 公斤。四批次蚕茧每公斤均价 34 元，高于 33.6 元的全国均价。山口镇蚕农邓某文在访谈中说："2016 年我们家采用蜈蚣蔟养蚕，只卖了 1000 多元，今年在县政府农技人员的帮助下改用方格蔟养殖，蚕茧的重量和上等蚕茧都比较高，卖到了 3000 元。"（编码：DM1）此外，政府出资创建小蚕工厂是增加农户收入的又一个途径。在中央"一村一品"政策的指引下，XS 县围绕发展蚕桑产业进行了大量尝试。首先，政府出资建造小蚕工厂以降低农户的风险。小蚕工厂将蚕饲养到四龄起，就分发给农户饲养，农户领回小蚕后只要饲养十来天就可以出售了，省去了农户因为养殖小蚕技术不过硬导致死蚕和蚕茧质量差等风险。此外，蚕种厂还对蚕农进行小蚕质量承诺，只要小蚕质量出现问题，蚕种厂按照事先约定的赔偿标准进行赔偿，打消了蚕农的后顾之忧。而且小蚕工厂将蚕培育快成年再交给农户去养殖，让那些年龄偏大且不懂技术的蚕农也能够很快掌握蚕桑养殖的技术，并实现增收。其次，育蚕养蚕需要专门的蚕室和相应的技术设备，但是这些前期都需要大量投资，分散的农户根本无力完成这些任务，需要政府以公共物品的形式加以提供。通过多批次养蚕，蚕农的蚕房、养蚕设备设施得到了充分利用。经过近年来的不懈努力，XS 县蚕桑产业取得了巨大的进步。从蚕种厂的经营态势来看，从 2013 年建立中山口第一家蚕种厂开始，到现在 XS 县蚕种厂已经发展到 5 家。设立小蚕种厂的初衷并非为了广泛盈利，而是在于化解个体农户养蚕的风险。虽然小蚕种厂每年养殖几千张蚕种，但是盈利并不是很可观。从个体农户养殖情况来看，全县 5 个小蚕工厂每年向全县蚕农发放蚕种 11230 张，每张蚕种的产量达到 43.54 公斤。小蚕种厂的设立不仅提升了 XS 县蚕茧的质量，而且极大地带动了周围群众发展蚕桑产业。例如 HX 村近几年，桑园面积扩展了 66.67 亩，每张蚕种的重量能够达到 45 公斤以上，每亩桑园的效益达到 6000 多元，2015 年，全村仅蚕桑产业一项收入就高达 400 万元。此外，黄龙乡养殖面积达到 6.7 亩的种植大户有 30 多户，山口镇杨坑村蚕桑基地村集中连片扩桑都在 6.67 亩以上。

（二）私人物品类农业产业技术供给

县域政府与乡村治理精英合作是解决私人物品类农业产业技术供给难题的重要途径之一。塔坳村位于 XX 县西南边陲，由于在大山深处，加上耕地资源非常少，这里的农户多以种植食用菌维持生计。依靠延续几十年的食用菌种植技术，农户虽然不会亏损，但是香菇出菇率和鲜菇质量没办法得到保证，市场行情并不是很好，种植香菇只能勉强维持生计。王向阳就是该村的一个普通的村民。和王向阳一样，村里很多人从20世纪90年代就开始探索香菇种植的经验和技术，但是迟迟未有所获。为了摆脱传统的种植经验的束缚，从本地生产经验死循环中跳出来，王向阳前往香菇的发源地福建，向当地的香菇种植专家和种植大户请教，回乡之后经过无数次的探索，终于形成了自己的香菇种植技术。在种植香菇的过程中，他结合香菇的生长规律，选择在第一年的4月到9月做菌袋，在此之后进行培菌、养菌，10月逐渐开始出菇。香菇出菇一直持续到第二年的4月。选择在这段时期种植香菇是因为这个时期的香菇属于低温菇，耐寒能力较强，产量和经济效益都比较可观。而且这个时期正好赶上香菇出售的旺季，市场行情非常好。在王向阳的带动下，周围群众纷纷发展香菇产业。如何让王向阳的香菇种植技术逐渐扩散出去，让更多的农户受益，不仅是他本人头疼的问题，而且也是当地乡镇政府面临的难题。在镇政府的协调和资助下，王向阳开始在全镇各个香菇种植点做巡回宣讲，现场讲授香菇种植的经验和技术。王向阳本人也不吝啬将自己的种植技术传授给周围的农户。只要有人上门请教，他都会手把手教他们如何培菌、如何养菌。"每扩种1000袋香菇就需要增加6000多元的成本，没有充足的资金，村里的香菇种植是形不成规模的，只要资金充足，我们村还可以继续扩种香菇，我们对香菇市场的行情是非常看好的。"访谈中王向阳说道。为了解决这些问题，镇政府扶持周围几个村的村民合作成立了香菇生产专业合作社，还帮助合作社申请了政府惠农补贴和小微贷款，帮助村庄香菇产业扩大种植规模。2017年，XX县将塔坳村确定为香菇生产重点村，并从县级统筹涉农专项资金中抽调出一部分资金建设恒温菌种培育室、香菇冷库、净化接种室，此外，政府还贴息帮助菇农购进了自动控制装袋机的设备。

　　政府组织内部培育技术人才是解决农业产业技术瓶颈的一个重要途径。徐某攀是XS县蚕桑局技术推广中心主任和桑树病虫预测预报站站长。1963年，徐某攀生于竹坪乡南圳村，1981年，进入农校学习，学成归来后进入县农技站从事农技推广工作。1991年，因为工作业绩突出被调入县蚕桑局技术推广中心工作。XS县是全省有名的蚕桑基地县。蚕桑产业经历几十年的发展，蚕农积累的经验虽也不少，但在过去由于粗放经营，科技含量不高，所以蚕农没少受损失。徐某攀在毕业后一直潜心研究科技养蚕。他充分利用业余时间研读《栽桑学》《养蚕学》和《桑树病虫害防治学》等专业书籍，并在县政府的资助下向蚕桑专家学者学习经验和技术。1991年，刚调入蚕桑局工作不久，徐某攀就迎来了上任的第一个难题：桑管员反映部分桑园桑枝封顶不长、叶片细小、叶质差。经过采集样本、详细绘制芽瘿蚊活动曲线图，他终于找到了桑树疑难病虫害的症结所在，并且有针对性地提出春季适时摘芯、夏伐后毒土防治、秋季用药喷梢保芽的综合防治技术，使桑芽瘿蚊病虫害得到有效控制。2007年，徐某攀得知桑园爆发了桑粉虱虫灾，并且受灾面积迅速蔓延。于是，他建议全县统一订购桑药，此举有效遏制了病虫害的扩散，为蚕农避免损失1000余万元。2008年，徐某攀在分析木架上搭蚕盘养蚕等传统养殖方法利弊的基础上提出木制叠式蚕框饲养小蚕的方法。在一个25平方米的小蚕共育点饲养小蚕，原来只能饲养20张蚕种，改用木制叠式蚕框后可饲养蚕种50张。这种方法很快便在全县推广，直到2016年，全县25家新建养种100张以上的小蚕共育公司均采用木制叠式蚕框技术。此外，徐某攀还非常注重蚕桑养殖技术的推广和传播，为了能够让蚕农掌握种桑苗和养蚕的技术，他建议制作以"栽桑养蚕、防病治虫等技术"为主题的新年挂历，这类新年挂历投入市场后被抢售一空。

四 组织外情境下县域政府农业产业技术供给策略调整

　　压力型体制所引导的组织内情境形塑了欠发达地区县域政府推进农业产业技术革新的行动策略，但县域政府并非完全严格按照政策要求去行动。在不同类型的压力型体制引导的组织内情境作用下，县域政府会结合组织外情境要素的强弱采取灵活调整上述行动的策略，最终导致县域政府促进农业产业技术革新行动出现差异化的结果，即县域政府行动的名实相符与名实分离现象同时存在。那么，在不同类型的压力型体制引导的组织内情境下，县域政府如何依据组织外情境调整上述行动策略？哪些组织外情境要素影响了县域政府行动策略的调整呢？

（一）试点性压力型体制下县域政府农业产业技术供给策略调整

服务型政府理念已经提出很多年了，中国各个地方政府都进行了广泛的尝试。然而，在试点性压力型体制下部分欠发达地区县域政府在推进农业产业技术革新中依然坚持发展型政府的行动策略[①]。但是，欠发达地区县域政府在具体供给农业产业技术时会结合产业实施地的组织外情境条件灵活调整上述行动策略。欠发达地区县域政府在乡村自组织能力、自主经营能力等组织外情境要素较强的村庄由全面主导者变为协调者和辅助者，促进经济组织与农户之间建立利益衔接机制，共同参与产业技术革新活动，乡村农业产业技术水平得到整体提升，这与政策目标趋近，形成名实相符现象。此外，县域政府会在组织外情境要素较弱的地方优先扶持农业企业或个别农业大户，技术扩散对周边普通农户的影响微乎其微，乡村农业产业技术整体水平并未得到较大提升，形成名实分离现象。

将农业产业技术革新行动纳入党委中心工作是试点性压力型体制下县域政府的重要行动方式。"东西南北中，党政军民学"，这是对中国特殊的政党体制的写照。县各级党委在政府治理行动中发挥着至关重要的作用。每年县域各级党委会依据本年度经济社会发展的总体思路，从众多的事务中选择最为重要的事务作为党委的中心工作，并以目标责任的形式下发给下级党政部门。为完成中心工作，党委会赋予这些事务政治性色彩以充分调动县域内各级党政部门的资源。当面对试点性政策压力时，相关的事务就会被纳入政治中心工作，成为各级政府部门重点关注的事项。因此，在自主经营能力和自组织能力较强的农业产业项目所在地，县域政府会倾向于采用市场导向的中介型动员的方式来动员农业企业进入，依靠企业的技术优势提升农业产业的生产能力。张某北是 LT 县姚寨村村民，早年间顺应改革开放的大潮去广东创业。2014 年，张某北参加省慈善协会

[①] 发展型政府行动策略是指县域政府持续将经济发展作为中心工作；政府具有很强的自主性能够灵活处理与市场的关系；政府系统有一个理性的、有能力的官僚体制有效地介入市场。由于欠发达地区农民自组织程度、自主经营能力以及经济基础设施短缺等要素，在面对自上而下的政策压力时县域政府就不得不采取直接介入的方式来干预农业产业的发展，由此在产业发展中呈现出较为强势的发展型政府行动逻辑。

组织的活动时,经在省慈善总会工作的老乡引荐来 LT 县姚寨村开展产业扶贫。2014 年,姚寨村种植苹果的村民太少,但本地销售仍消化不了,而外地的商贩又故意压价,导致苹果滞销。张某北遂组织自己公司人员花费 120 多万元收购了 30 多万斤滞销的苹果。在购进第一批苹果解决了村庄的燃眉之急之后,张某北开始聘请专业的评估公司寻找家乡苹果滞销的根源。自从 LT 县被确定为全省重点苹果生产县后,几乎每个村庄都在种植苹果。姚寨村也不例外,全村共有 4000 多亩地种植了苹果,人均可以达到 2 亩。苹果每年的产量有增无减,但是苹果的价格与市面上批发的苹果的价格相差甚远。造成利润剪刀差的原因除了中间商压价盘剥了利润之外,有没有其他的原因呢?经过与 LT 县进行苹果交易的商户的交谈,发现造成该村苹果滞销的根源在于当地村民生产技术问题。当地村民习惯于将采摘好的苹果长期堆放在田间地头,任凭风吹日晒,苹果失光、失色、失水比较严重,而且村民在分装苹果的时候没有严格的分级意识,将所有的苹果堆放在一起混合出售,结果导致很多苹果商贩望而却步。为了解决上述问题,张某北在县政府果业局的帮助下申请到政府贴息贷款 1000 万元兴建了 6000 吨气调果库,引进进口注塑机生产线生产塑料周转筐。在解决家乡苹果产业发展技术瓶颈之后,县政府积极邀请张某北及企业参与县政府开展的"双联行动"。张某北也代表公司主动向县委双联办递交志愿书。在与县果业局建立合作关系后,两家单位派遣技术人员进入该村 468 户人家进行深度调查,发现村里主产的苹果色度、亮度、口感不好,原因在于果农不讲求配方施肥。县政府抽调涉农专项资金 12 万元购买有机肥 150 吨,无偿发放给果农,指导其合理搭配施肥、调节土壤。此后,农业企业对姚寨村及周围乡村的苹果产业进行了标准化规制。公司在县果业局的协助下完成了姚寨村周围村庄的苹果树嫁接工作,经过嫁接的苹果树早开花、早结果、早见效,3—5 年就能达到丰产,丰产期亩产可达 1 万斤。公司聘请果树技术人员,按照苹果树的生长规律编制相应的图书,现场指导村民如何种植、如何管理果树。此外,借助县政府新建的气调果库,以极低的价格帮助果农收购储藏果品。在采摘期向果农无偿提供 10 万多只苹果周转筐,引导果农按等级分装,降低果品流通费用,有效地解决了果品成熟时扎堆上市、价格低、销售不畅等问题。

表4-4　　　　　　LT县政府历年免费提供苹果苗木规模

年份	苗木种类	数量（万株）	金额（元）	苗木产地
2019年春	矮化中间砧优系长枝红富士	5	112500	葳森苗木有限责任公司
	矮化中间砧嘎啦	1	22500	
	矮化中间砧优系长枝红富士	5	150000	庄浪县天源农业综合服务有限公司
	矮化中间砧嘎啦	1	30000	
	矮化中间砧优系长枝红富士	5	170000	金朝阳林果苗木农民专业合作社
	矮化中间砧嘎啦	1	34000	
2018年春	矮化中间砧优系长枝红富士	6	27000	金朝阳林果苗木农民专业合作社
	矮化中间砧嘎啦	1	4500	
2018年秋	苹果苗（乔化）	9.5	220400	杨凌丰驰农业科技有限公司
	成纪1号	9.5	266000	庆阳市光大实业有限公司
	成纪1号（短枝）	9.5	239400	柏林苗木有限责任公司
	新红星	9.5	261250	金朝阳林果苗木农民专业合作社
	烟富3号	8	200000	华淇源苗木种植农民专业合作社
2017年春	苹果苗木（瑞阳）	0.7	140000	华易果业科技发展有限公司
	苹果苗木（瑞雪）	1400	28000	

在试点性压力型体制下，虽然上级政府部门并没有设定短期内将要完成的任务目标，但是不定期的检查和督查活动促使基层政府开足马力创新政策实践，而与压力相伴随的政治激励和仕途晋升预期也鞭策基层官员积极行动。因此，在试点性压力型体制下，县域政府在推进农业产业技术革新中往往带有自上而下强制动员的特征（如表4-5所示）。永塬镇为了保证果农能够掌握标准化果园管护技术，首先，镇党委决定抽调两名领导班子成员作为主要负责人，乡镇抽调16名技术骨干组建镇苹果产业技术服务队，保证每个村庄至少有1名技术服务人员。各村庄依据苹果树种植

面积聘请数量不等的农民技术员，为果农提供常态化技术咨询和实地操作培训服务，并定期对筛选出来的技术员进行培训，邀请农业产业技术专家现场为技术员讲解最新的农业生产技术。其次，镇党委制定严格的绩效考核机制。在工作实施过程中，镇政府会依据入村干部的工作履历和工作做法制定"四关四包"责任制，即包村干部和技术员要严把果树修剪、施肥、拉枝、防病灭虫关和包物资投入、包技术指导、包灭虫防病、包促果措施。乡村干部按照级别分别认领10—30亩不等的责任田，将管理责任与绩效工资、年度考核挂钩，严格考核兑现，确保责任到人，措施落实到位。

表4-5　　　　　　　　发展型政府行动逻辑典型例证援引

编码	典型例证援引
提升政绩的动机 M1	1. "路畔新果园的3亩果子卖了6000元，老园子的2亩果子卖了2万元……"果农冯巧叶两口子刚给四川的客商装完一车苹果，便忙着在地头算起了收入账。编码：AM1 2. 冯家堡村的村主任冯德俊有些滔滔不绝："建示范园，群众每亩地每年可收入600元的土地流转费，村里的群众还可以来产业园里打工赚钱，最主要的是，产业园的建设也带动了群众自己发展果园的积极性，咱村有464亩果园，群众的劳作可细心着呢，今年都已经全面挂果了！"编码：AM1 3. 2014年实现挂果7.36万亩，苹果产量达到7万吨，可实现收入3.5亿元。编码：AM1
乡村自主经营能力 P2	1. "示范基地每25亩为一个灌溉小区，我们定期通过对每个片区内的土壤和果树叶片进行分析，然后根据片区内果树养分需求状况，将养分溶于水中，按需向果树提供。"编码：AP2 2. "在这里打工不光挣钱，最主要的是可以学到先进的果树栽培技术，人家有专业的技术工程师，甚至有外国专家全程进行技术指导，学习人家先进的栽植技术，还愁咱的果园将来赚不了大钱吗！"编码：AP2

续表

编码	典型例证援引
政府行动方式 H2	1. "县政府解决了公司融资紧张的问题，还提供了优惠政策，我们准备建一个品种对比园，将引进世界上大面积推广的优良苹果品种进行试种，筛选出适合当地气候条件的品种进行推广！"编码：AH2 2. 聘请西北农林科技大学教授袁景军为技术顾问，常年蹲点开展技术指导培训，举办大型培训3场次，培训干部、果农3000多人次。编码：AH2 3. 表彰赛园赛果先进果农218人，奖励果树专用肥1390袋，价值32.5万元。编码：AH2
纵向压力与激励 M2	1. 2014年LT县政府开展"果园管理提升年"治理行动，突出强调抓投入、抓培训、抓管理。编码：AM2 2. 召开推进会3次，组织乡镇涉果领导干部、技术人员和果农代表开展果业技能理论测试2次，开展赛园赛果活动2次。编码：AM2

（二）普惠性压力型体制下县域政府农业产业技术供给策略调整

在普惠性压力型体制所引导的组织内情境下，县域政府会采用"任务型治理"（见下文）的行动策略。但在组织外情境优越的中心村，县域政府会摆脱"任务型治理"的行动策略，转而采取重点扶持甚至兜底的方式，助其农业产业技术革新。此种情形下，县域政府政策执行的结果与政策目标趋近，形成名实相符的现象。但在组织外情境较为薄弱的村庄则倾向于追求稳定，继续延续"任务型治理"的行动策略，目标在于完成上级考核任务指标即可。如此情形导致中心村产业技术获得较大进步，而一般村则停滞不前，形成了名实分离的现象。

在组织外情境较弱的村庄，县域政府会倾向延续"任务型治理"的行动策略，通过暂时性的方式来完成政策考核指标。在精准扶贫这项普惠性政策实施后，为了完成脱贫考核任务，在一些基础特别差的村庄驻村工作队往往以送慰问品、给补贴或者开设临时性产业基地或车间等方式来解决村集体经济不足的问题。为了保证政策目标按期完成，XS县经过与多家农业龙头企业协商，在全县设立197个扶贫车间，主要从事服装加工、饰品生产等工作，全县有1786户贫困户在扶贫车间打工。例如黄港镇政府与美饰达纽扣公司合作，由村集体出加工场地，镇政府统一配备桌椅、电扇、饮水器等，企业派驻专业技术人员定向培训，依托来料加工、手工制作等增加贫困户经济收入。该镇创建的另外一家扶贫车间是华荣纽扣加工厂，公司在该镇月山、安全等村建立扶贫车间，贫困户每月可以从工厂领取1500元工资。四都镇也在全镇设立31个扶贫车间，在对全镇900余建档立卡贫困户进行摸底后，安排上百名贫困户在扶贫车间工作，每月可以领取2000元工资，基本可以实现脱贫任务。XS县职业中专对口帮扶溪口镇义坑村，自从精准扶贫政策实施后，县职业中专每年都会送去棉被等慰问品。为了帮助贫困户顺利脱贫，帮扶单位还为每户贫困户免费发放2头猪崽。据不完全统计，2017年端午节、中秋节、春节，工作队为贫困户送去的慰问品或慰问金总值3万元。在任务型治理行动中，县域各级政府部门会整合多种资金来源以保证政策目标顺利实现。2017年，县政府出面整合财政涉农专项资金、企业捐赠款、村集体经济收入以及贫困户入股资金共计115万元，在彪池村成立了占地10亩的双孢菇扶贫车间。扶贫车间共设立双孢菇生产大棚12个，帮扶龙头企业派遣一名技术员驻村进行双孢菇种植管理技术指导。扶贫车间由16户贫困户自主经营，25户贫困人口在车间就业，实现贫困人口年人均纯增收5000元以上。彪池村所在乡镇以相同的方式在全镇建立了7个扶贫车间，覆盖贫困户172户，共437人。

在组织外情境较强的中心村，欠发达地区县域政府会集中大量资源，塑造政绩典型，使得县域政府对资源分配带有选择性分配的特征（如表4-6所示）。在普惠性压力型体制下，自上而下的检查和督查数不胜数，访谈中我们得知有些乡镇每天需要接待五到六拨检查队、工作队。为了在应对这些检查的时候"堆"出亮点和特色，县域政府往往选择部分村庄产业项目作为重点支持对象，而对其他村庄采取凑指标的策略，只要达标即可。2010年，县政府决定每年从财政拨款150万元重点支持蚕桑重点村和重点蚕桑基地建设，并整合财政涉农专项资金不少于500万元支持重点蚕桑村产业发展。HX村在XS县原本是一个籍籍无名的贫困山村。在2009年之前，全村几千户人家散落在山沟里，由于可耕地资源非常稀缺，这里的年轻人常年外出务工。正是在这种环境条件下，赌博、打架、打牌、要钱成了农户日常打发时间、排解寂寞的途径。打架斗殴在这里是平常之事，村里先后有多人受过派出所的警告处罚。即使个别村民想发展产业，也往往会因为信用评级太低，而无法从农商银行获得贷款扶持。村庄农业产业转型发生在 2009 年之后。2009 年新任村两委班子上任后，在广泛征求村民意见和社会调查的基础上，村两委确定全村发展蚕桑产业。2010 年 HX 村全年蚕桑总收入突破 500 万元，丝茧由原来的张种 30—35 公斤提高至 55—60 公斤，亩桑产值由原来的 3000—5000 元提高到 8000—10000 元。HX 村出色的经济发展能力和组织能力逐渐引起相关政府部门的注意。2012 年 HX 村被省委党校及县委办、发改委、财政局等 20 个部门确定为对口帮扶村。政府注意力的增加带来的不仅是政策优惠，还有丰富的资金和技术资源。

表 4-6　　普惠性压力型体制下县域政府资源选择性分配

时间	项目名称	经费（万元）	扶持单位
2013 年	小蚕工厂	养蚕收入 680	县蚕桑局
2018 年 11 月	生活污水处理工程项目	390	县发展和改革委员会
2015 年 12 月	卫生室建设项目	27.55	争取上级项目资金及自筹资金
2015 年 12 月	综合服务中心及村卫生室装修建设项目	20.0964	争取上级项目资金及自筹资金
2018 年 10 月	公路白改黑工程项目	361.8937	县发展和改革委员会
2018 年 11 月	东津三级水电站枢纽工程	2974.84	修水县欣达水电实业有限公司
2018 年 7 月	联梦大桥新建工程项目	713	县交通运输局
2019 年 5 月	HX 村至山口墩村新建公路（HX 段）建设工程项目	186.4	县发展和改革委员会
2019 年 5 月 26 日	中心村一期、二期坡顶改造提升工程	300	县发展和改革委员会

漫江乡牌坊村也是县蚕桑局重点扶植的村庄（如表4-7所示）。丰富的组织资源和较强的自主经营能力使得牌坊村深受县域各级政府及相关部门的青睐。牌坊村位于XS县南部，距离县城42公里，林、茶、桑、粮、畜是该村的支柱产业。从2012年开始，XS县在开展蚕桑技术人员科技下乡"双百"活动中就将该村确定为重点扶持村庄。按照政策要求，该县在全县各个蚕桑重点乡镇和重点村培育30亩以上桑园大户100户、新建50张种以上的小蚕共育点100个，并在每一个小蚕共育点配备一名专业技术员，牌坊村也位列其中。2012年，牌坊村新建小蚕共育点，当年养殖蚕种达71张。县蚕桑局技术人员定期为小蚕共育点提供技术指导，并免费提供蚕药等物资。截至目前，牌坊村小蚕共育点饲养蚕种200余张，涉及蚕农80余户。

表4-7　　　　压力型体制下县域政府重点支持村庄的条件

成立时间	经济组织名称	公司地址
2007年12月12日	蚕桑生产专业合作社	漫江乡牌坊村九组
2011年10月13日	信德保制丝有限公司	漫江乡牌坊村五组
2015年4月10日	三锦服饰有限公司	漫江乡牌坊村三组
2015年7月6日	蛹康食品有限公司	漫江乡牌坊村
2016年6月6日	青云蚕桑生产专业合作社	漫江乡牌坊村
2016年6月7日	启航肉牛养殖专业合作社	漫江乡牌坊村

任务型治理行动是县域政府为完成自上而下摊派的任务指标而临时采取的行动，一旦任务完成，治理行动也就会消失。然而在特定的条件下，县域政府会在局部地区继续坚持这种治理行动，并将其纳入常规治理的行动之中。为何县域政府会选择性地终止任务型治理行动，而对局部村庄或者产业项目给予持续关注并将其纳入政府常规治理呢？具备较强自主经营能力和自组织能力的村庄更符合政府持续获取政绩的预期。五堡村位于XX县西南边陲，距离乡政府仅有20公里，全村共8个居民组，800多口人。沿着村口新建的大桥向左直走就到达村庄，家家户户都盖起了二层小洋楼。按照乡政府的要求，各家各户门窗统一标准，门前都栽着一大盆花树。村庄大部分农户都已经买了小轿车。从村庄整体情况来看，应当是比

较富裕的村庄。访谈中研究者们得知，五堡村在20世纪90年代就有人开始种植香菇，赶上XX县政府将香菇生产作为全县的重点支柱产业的大好机遇，村里的农户大多数都挣了很多钱，家家户户都有自己的香菇种植大棚，有的比较富裕的还自己建立了冷库等。虽然近几年菌材价格上涨，降低了菇农的收益，但是这个村庄也有许多仍获利的菇农，因为他们经营了很多年，无论生产技术和经验，还是市场销售渠道都比较丰富，所以香菇种植的利润还是不错的。在普惠性压力型体制下，政府部门围绕任务展开治理行动时，这些村庄与其他村庄之间的差别并不是很明显，但是一旦任务完成，二者之间的差别立显。在现有政府考核体制下，除了上级政府各部门定期的检查，还有不定期的督查和三方组织的不定期督查。而与五堡村相比，其周边的10多个村就差很远。有些贫困户男人领着子女在外打工，媳妇成天打麻将。选择继续扶持这些具备更多优势的村庄是为了让上级政府部门在检查时能够提供政绩典型。

俗话说："扶上马送一程。"从任务型治理行动转入常规治理行动后，根据当下产业点村庄自组织能力和经营能力的状况，县域政府会理性地选择采用行政主导的行动逻辑。XS县紧密结合蚕丝产业的特殊性质以及重点村庄的实际情况，采用了行政主导的行动模式。第一，政府部门继续加大力度对重点蚕桑基地进行资金扶持。2016年，县政府决定在原来每年安排100万元蚕桑产业发展经费的基础上，逐年增加50万元用于蚕桑村技术更新和维护。第二，继续增加对重点蚕桑村和蚕桑基地技术力量的投入，培育各个基地的技术人才队伍。县政府相关文件规定，每年选聘优秀的专业对口的大学毕业生、研究生到县蚕桑局工作。按照每500亩桑园配一名技术员的原则，增配30名乡镇蚕桑技术人员，并在每一个种植面积达到500亩以上的重点村配备一名驻村技术员，给100个桑园面积500亩以上的基地村配备1名桑管员，享受村级副职薪酬待遇。乡镇蚕桑技术人员由蚕桑局与乡镇双重管理，双方应加强对其工作绩效的考核力度。此外，县蚕桑局每年还举办蚕茧收烘技术培训班，要求各乡镇蚕桑站长、蚕桑合作社理事长、茧站收烘工作人员都必须参加技术培训。第三，统一和规范全县蚕桑产业生产标准。县域各级政府部门将小蚕专育、方格蔟营茧、合作社培育作为蚕桑基地村产业发展的中心工作。全县每个蚕桑基地村，每个栽桑养蚕户都要全面按照《蚕桑生产技术操作规程》进行规范操作。为了保证重点蚕桑村养殖的蚕茧能够达到国家的技术标准，全县设立 30 个养种在 100 张以上的小蚕专育示范公司，建立 300 个养种在 50 张以上的小蚕共育点，新建设了 HX、西港、黄龙 3 个标准化小蚕工厂。此外，县蚕桑局还组织专干免费为蚕农发放治虫农药，组织进行了夏季和冬季两次全县桑园统一灭虫工作。第四，为了确保蚕茧质量达标，县蚕桑局通过借助社会组织的力量来帮助完成小蚕的发放和蚕茧的回收等工作。全县共创建山口、何市、古市、马坳、上杭、征村、黄沙、黄港等 8 个蚕桑生产专业合作社，参与蚕茧收购。

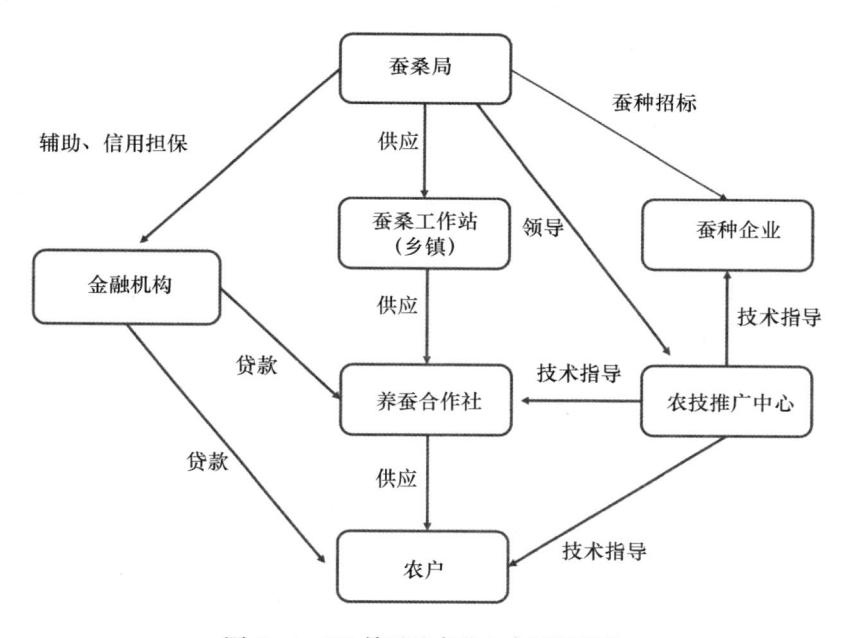

图 4-1　XS 县蚕桑产业生产组织网络

五　组织内外情境约束下县域政府农业产业技术供给策略的结果

单纯靠经济组织或者个体农户解决生产技术革新问题无疑是扬汤止沸。在欠发达地区农业产业发展中，县域政府扮演着非常关键的角色，因为很多公共物品类农业生产技术私人或企业是不愿抑或是无法供给的。如上文所述，在组织内外情境的作用下，欠发达地区县域政府在促进农业产业技术革新的行动中普遍且长期存在差异化结果的现象。这种差异化结果是县域政府在不同类型压力型体制引导的组织内情境的约束下，依据组织外情境要素的差异而做出的理性抉择。但是这些差异化的结果也可能存在一定的风险，即产业帮扶资源配置效率是否高、农业产业技术培训能否精准匹配欠发达地区农业产业发展的需要。

（一）产业帮扶资源配置低效

在组织内外情境作用下，县域政府协调市场组织与农户的关系对农业产业技术的革新起到了很大的作用。但是县域政府行动中存在的名实分离现象也间接造成了一定的消极结果。重复性和低效率资源下沉是县域政府推进农业产业技术革新行动策略中名实分离现象的消极后果之一。资源配置的效率有如下几条：一是市场效率标准，即资源配置是否达到帕累托最优效应；二是对象效率标准，即资源获取对象对资源的使用效率；三是资源禀赋标准，即资源的属性与被帮扶主体需求是否相匹配；四是帮扶资源的分配能否体现公平正义。如果依据上述标准进行判断，在农业产业技术产品和服务供给中，县域各级政府部门培育行动中的资源重复性下沉问题应当可以有效解决。在组织内外情境的作用下，县乡政府在促进农业产业技术革新的过程中为了完成自上而下的政绩考核任务且能够争取更多的晋升机会，政府部门往往会采取"堆政绩"的办法来做出政绩的亮点，以此获得好评。上级政府部门因为有对口帮扶或精神文明建设等绩效考核任务指标也会选择基础较好，发展能力较强的村庄加以重点扶持。周庄村位于XX县西南方，惠及周边125户群众的入村道路因为常年失修，致使路面坑槽较多，排水渠堵塞，雨天出行条件较差。虽然政府出台了对贫困村及村内主巷道路面进行硬化的政策，但因为该村并不属于重点贫困村序列，该村的道路修缮问题一直悬而未决。究其原因在于省、市下达的任务指标小，县政府虽统筹重点解决51个贫困村的道路出行问题，但该村并未在县政府的计划之内。大庄镇张山村位于LT县，村内共有6个社，425户，1839人。即使是经过精准扶贫以后，该村入村道路也迟迟未硬化，坑坑洼洼，尘土扑面。访谈中镇政府给出的意见是缺少资金，在积极向上争取道路硬化项目资金。但笔者看到的现实情境是周围被列为贫困村的村庄道路都修通了,即使是距离村部十几公里只住着一户人家的硬化路也通了。上述案例说明,那些涉及压力型政策的村庄很容易成为政府重点关注的对象,而其他一般村庄则有可能成为政府任务型治理行动中的主体,只需要"凑指标"完成政策任务即可。

(二) 培训内容与欠发达地区乡村产业发展需求匹配度低

形式主义和官僚主义是政府职能转型的最大障碍,二者造成政府职能转变名实分离的现象。近年来,基层政府依托国家、省、市现代农业发展扶持政策,加强对党政领导干部技术能力和经营能力的培训。LT县为促进农业产业技术的更新换代,每年花费上千万元财政扶持资金引导市场组织和农户按照标准化要求建设苹果种植园和培训人才队伍,取得了非常不错的成绩。LT县政府在全县推行"公司+基地+农户"模式,积极鼓励有实力、懂技术的社会力量、经营实体通过土地流转等形式从事苹果产业发展。

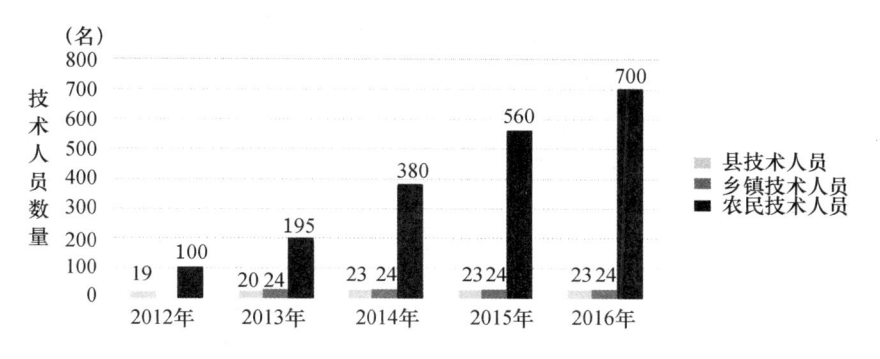

图 4-2 LT 县农技人员数量

资料来源:依据 LT 县果业局数据整理。

然而,少数技术人才培训却沦为了"研讨文件"和"座谈会研读技术"的工具人。比如 LT 县创新了干部教育培训机制,创建了远程教育培训基地,干部通过远程网络学习政策文件,缺乏现场教学的真实感。培训内容的形式化直接导致对产业发展核心问题的忽略。以 LT 县苹果产业发展为例。LT 县从 2011 年开始才逐渐自己培育苹果苗木,之前都依赖从外地市场购买,这导致 LT 县苗木栽培滞后,无毒苗木标准化生产体系尚未完全建立，苹果产业还依然以外部购买苗木为主，对外地市场依赖过强。LT 县苹果种植以乔化栽培模式为主，主要品种多为晚熟系列的果品，早中晚熟以及鲜果与深加工产品搭配不是很合理，不仅给后期苹果储藏增加压力，而且还导致苹果集中扎堆下树，给市场销售增加压力。此外，LT 县目前九成苹果树是由果农分散经营的，果园先进的管理技术很难全面推开，大部分果园依然延续着传统经验式的种植方法，影响果品的质量。另外果品无公害生产理念刚刚萌芽，果农对此并不是很熟悉，形式化的培训很容易忽略果农或产业发展最迫切需要解决的问题。

（三）政策执行中的"一刀切"现象

正如上文所述，政策执行中存在诸多的不确定性。政策执行中的"一刀切"原本是为了消除这些不确定性，纠正下级执行偏离而采取的一种策略。通过明确标准、确定结果、新增标准和停止执行等方式对下级行动进行严格规约。但"一刀切"的政策不仅有碍帮扶资源有效利用，而且还可能会损伤政策对象的利益。周某是 LS 县周庄人，常年靠种植香菇袋料为生。2017 年，该乡进行了新一轮精准识别，周某被识别为"十三五"易地扶贫搬迁户，安置在石头庄安置点。按照易地搬迁安置政策要求，周家虽获得 75 平方米安置房一套，但易地搬迁户搬迁入住后，需拆除老宅复垦。2018 年 7 月 25 日，乡政府易地搬迁安置工作小组派遣工作人员宁某、包村干部肖某、村干部贺某等人对周家老宅进行拆除复垦。那时，因为恰逢香菇出菇季节，但是安置点距离香菇大棚距离太远。周某提出保留一间房屋，为后续发展生产所用。据当时在场村干部回忆，乡、村干部现场观察商议后，认为周围房屋拆除后保留的这间房屋构成危房，遂拆除周家旧宅及地面附属物。事后从 LS 县政府办公室获得的消息是现场工作人员拆迁行动获得了周某的同意，并无强拆行为。而政府部门也承诺帮助周某申请生产用房，并获得周某同意。针对此事，当事人、政府驻村干部的口径并不一致。

六　小结

回溯欠发达地区农业产业发展历程可以发现，欠发达地区县域政府在促进农业产业技术革新的行动中普遍且长期存在差异化结果的现象。这种差异化结果是县域政府在不同类型压力型体制引导的组织内情境的约束下，依据组织外情境要素的差异而做出的理性抉择。

（1）在试点性压力型体制引导的组织内情境的约束下，欠发达地区县域政府会在乡村自组织能力和自主经营能力强等组织外情境要素较强的地方积极吸纳经济组织和农民共同参与产业技术革新活动，乡村农业产业技术水平得到整体提升，这与政策目标趋近，形成名实相符的现象。此外，县域政府会在组织外情境要素较弱的地方优先扶持农业企业或者个别农业大户，技术扩散对周边普通农户的影响微乎其微，乡村农业产业技术整体水平并没有得到多少提升，形成名实分离的现象。

欠发达地区县域政府促进农业产业技术革新的行动出现差异化结果可以从组织内外情境协同作用的角度解释：第一，在组织内情境所造成的纵向、横向压力的促动下，县域政府主政官员急于在农业产业技术革新中做出政绩，树立政绩典型。那些组织外情境要素较为优越的村庄顺应了县域政府的这种需求，从而形成了政府、市场和社会三方行动者协同参与产业技术革新活动，而那些组织外情境要素较为薄弱的村庄则与县域政府的行动取向不一致。在用有限资源办大事和办多事的权力运行思维的引导下，县域政府主政官员倾向于重点扶持这些村庄的大户或农业企业以完成任务指标。第二，在试点区域内，横向同级政府大力推进农业产业技术革新和提升农产品质量的行动给县域政府带来了较大的府际竞争压力，为了能够在仕途晋升中拔得头筹，县域政府主政官员并不情愿将有限的资源投资于基础条件非常薄弱的村庄。

（2）在普惠性压力型体制所引导的组织内情境作用下，县域政府会采取"任务型治理"的行动策略，即在组织外情境优越的中心村采取重点扶持甚至兜底的方式，助其革新农业产业技术。此种情形下，县域政府政策执行的结果与政策目标趋近，形成名实相符的现象。但在组织外情境较为薄弱的村庄则倾向于追求稳定，目标在于完成上级考核任务指标即可。如此情形导致中心村产业技术获得较大进步，而一般村则停滞不前，形成名实分离的现象。

欠发达地区县域政府促进农业产业技术革新行动出现差异化结果可以从组织内外情境角度解释：第一，普惠性压力型政策在一开始就已经设定了基本的政策考核指标，县域政府只需要对标完成任务即可。当面对组织外情境较弱的村庄时县域政府无须进行太多政策创新。这样县域政府就会将有限的资源投资于能够短时间出政绩的中心村。第二，欠发达地区县域政府财政不仅要应付政府公共支出，还需要履行本级政府公共责任。财政所能支配的资金捉襟见肘。为此，县域政府倾向将非常有限的资源集中于某个点培育农业产业，而不是全面实行。第三，组织外情境要素处于劣势的村庄在产业发展的初期需要投入大量的固定资产，这与县域政府追求短时间出政绩的心理取向不相符合。

（3）在组织内外情境的作用下，欠发达地区县域政府在促进农业产业技术革新中采取的策略行动很可能存在为了出政绩而将资源集中于个别中心村，造成重复性投资、农业技术培训脱离实际需要而陷入形式主义、急于追求政绩而产生"一刀切"问题。

第 五 章

县域政府建设农业市场
流通体系的行动逻辑

提升辖区内农产品的品牌形象，拓宽农业市场流通渠道，提升群众收入水平是农业市场流通体系建设相关政策的目标之一。然而回溯欠发达地区农业市场流通体系建设实践可以发现，欠发达地区县域政府在推进农业市场流通体系建设过程中普遍且长期存在差异化行动结果的现象，即同一政府在执行农业市场流通体系建设相关政策要求时可能同时存在执行结果与所宣称的政策目标趋近或者执行结果与政策目标背离的现象。那么，在组织内情境的作用下欠发达地区县域政府建设农业市场流通体系遵循何种行动策略？影响县域政府行动策略的要素是什么？县域政府如何依据组织外情境要素的差异调整已有的行动策略？本书将从情境、行动者、过程和结果几个要素切入剖析上述问题的内在机理。

一 农业市场流通体系建设的方式：
行政任务导向或市场需求导向

在小农户自主经营能力偏弱、市场交易成本居高不下、农业生产的外部性低以及社会服务供给缺位的现实条件下，欠发达地区以小农为主体的经营模式如何与大市场对接成为影响农业现代化发展的关键要素。正是依靠政府的建构和积极干预，欠发达地区现代化的农业营销流通体系才日臻成熟，多元经营主体才开始进入村庄，在小农户与大市场之间搭起沟通的桥梁。另外，致富能人等乡村治理精英凭借出众的经营能力、对市场信息的把控能力和雄厚的资本将小农户与市场进行有效衔接，促进了产业的融合和产业链的延伸。

（一）县域政府建设农业市场流通体系的两种方式

县域政府培育农业产业必须将农业市场流通体系建设作为重要的内容来抓。欠发达地区县域政府在推动农业市场流通体系建设过程中形成两条发展路径：行政任务导向的建设路径和市场需求导向的建设路径。2019年，中共中央、国务院印发的《关于促进小农户和现代农业发展有机衔接的意见》正式提出，小农户与现代农业衔接"要充分发挥市场配置资源的决定性作用，更好发挥政府作用"。在压力型体制所引导的组织内情境的作用下，县域政府在推进农业市场流通体系建设中往往会基于产业发展地村庄的组织外情境决定采取行政任务导向或是市场需求导向的发展取向。

两种取向的农业市场流通体系建设逻辑存在较大的差异。（1）行政任务导向的建设路径强调在压力型体制的作用下，县域政府出于完成任务指标的需要，以自上而下的任务考核指标作为推进农业市场流通体系建设的出发点。在建设方式层面，县域政府优先选择对标自上而下的任务指标来加强农业市场流通体系建设。在建设初衷和目标层面，县域政府推进农业市场流通体系建设的重点在于完成绩效考核指标及上级指派的任务。在建设主体层面，行政任务导向的农业市场流通体系建设强调县域政府发挥主导者角色，市场主体只是政府行动的配合者和协助者。（2）市场需求导向的建设路径强调在压力型体制的作用下，县域政府以有效提升辖区内农业的市场适应能力为出发点，以提升农产品的市场竞争力为最终目的。在建设主体层面，与行政任务导向的市场流通体系建设路径不同，这种市场流通体系建设强调在政府协调下的多元主体协同参与，政府只是协调者和宏观调控者。

（二）县域政府建设农业市场流通体系两种方式的运行逻辑

在试点性压力型体制所引导的组织内情境下，纵向与横向的压力以及伴随压力自上而下的财政支持是县域政府持续推进农业市场流通体系建设的重要动因。"营改增"改革虽然促进了社会整体税负的降低和产业结构的升级,但是也直接导致了地方政府财政收入减少,并加剧了欠发达地区县域政府财政能力不足的困境。试点性压力型体制的启动增大了政策压力的同时,也为县域政府获取上级政府的财政补助提供了机会。此外,横向政府之间的竞争,也促使县域政府的主政者必须要积极采取行动才能在晋升竞赛中占得先机。当县域政府的主政者在面对县域内各产业实施地农民自主经营能力、自组织能力等组织外情境要素时,县域政府的行动策略产生了分化。当乡村社会农民自主经营能力、自组织能力等组织外情境要素较强时,县域政府会积极动员农村经济合作社、农业企业及农户参与农业市场流通体系建设,辅助多元产业经营主体获取市场讯息、改善产品形象和拓展市场流通渠道,本书将县域政府的这种行动类型称为"积极的有为政府"。当乡村社会农民自主经营能力、自组织能力等组织外情境要素较为薄弱时,县域政府则会由协调者和辅助者变成为农业市场流通体系建设的主导者和经营者。县域政府等官僚组织对市场发展趋势预估不足和市场掌控能力不足,常常会使得行政主导下的农业市场流通体系建设对市场的适应能力不足,农产品陷入同质化和重复性投资的困境。县域政府的行动自然呈现出名实分离的现象。食用菌产业是中国广泛营造的农业产业项目。在1978年之前,香菇产业在中国大陆地区几乎不存在。后来,香菇产业才逐渐在福建省、浙江省等地出现。20世纪90年代后期,随着"南菇北移"趋势加强,香菇产业才开始在中国遍地开花。尽管如此,1985年中国香菇总产量也不过5000吨,大陆也只有1200吨,这比当时日本2.4万吨、韩国3000吨、我国台湾地区4903吨的产量有非常大的差距。但在1990年,中国的香菇产量突破了3万吨,并迅速超越了日本、韩国香菇产量的总和。2008年,中国的香菇产量达到300万吨,2011年突破500万吨,2013年突破700万吨,2014年香菇产量达到735万吨。中国香菇产量不断增长,并一举成为世界食用菌产业的第一产地,这与各级政府的大力扶持是分不开的。LS县一直以来就是国家级重点贫困县,县域范围内香菇产业发展一直处于停滞状态,其中既有政府财政能力的原因(如表5-1所示),也受乡村社会自主经营能力较差、缺乏经营人才等因素的影响。在上述组织内、外情境的综合作用下,香菇产业的发展一直未被纳入县域政府部门的工作重心。在2017年之前,关于香菇产业的发展也只有两次进入县政府的工作报告中。2017年之后,LS县域政府部门的角色发生了转变。从中央到地方的大力扶持和压力传导为该县发展产业提供了动力。2017年前10个月LS县建档立卡贫困户共获得贷款3.07亿元,农村合作社和扶贫企业也分别获得贷款3.33亿元和2.63亿元。截至2019年6月底,LS县累计发放扶贫贷款15.13亿元,其中,2019年新增扶贫贷款1.18亿元。另外,崇信集团和金海生物等新乡贤领导的农业龙头企业的进驻,带动了一大批以香菇生产为主业的农业专业生产合作社的建立。在上述组织内外情境的综合作用下,LS县政府部门的角色也逐渐转变为"积极的有为政府"。

表 5-1   LS县政府财政能力构成

编码	典型例证援引
财政能力 M_4	2015年公共财政支出2109万元,上解上级支出7300万元,债务还本支出5100万元,安排预算稳定调节基金135万元,年终无结余。编码:CM_4 截至2016年底,全县政府债务余额5.8亿元,其中政府负有偿还责任的债务余额为5.56亿元(一般债务4.49亿元,专项债务1.07亿元),或有债务余额0.24亿元。编码:CM_4 LT县2018年全年偿还逾期债务23177万元。编码:AM_4 2018年,省核定LS县政府债务限额490945万元。截至2018年底,LS县纳入预算债务系统管理的债务余额304683万元,债务率15.2%,低于政府负债率60%警戒线。编码:DM_4

在普惠性压力型体制所引导的组织内情境下,压力型政策对县域政府的考核任务在政策设定之处就已经确定,只需随着政策执行的过程做出一定的调适即可。在这种组织情境下,县域政府的行动带有行政任务导向的偏好。县域政府除了可以依托驻村工作队等任务型组织来完成任务指标,也可以动员包括企业、经济合作社等组织来助其完成任务。在这种条件下,县域政府的行动通常带有行政任务导向的特征。当然,县域政府的行动取向并不是一成不变的。当农业产业建设实施地的农民自组织能力和自主经营能力等组织内情境要素较为薄弱时,县域政府往往会坚持稳定优先

的治理思维，采取行政任务导向的行动逻辑。当农民自组织能力和自主经营能力等组织内情境要素较为优越时，县域政府会转变角色设定，动员农业企业、合作社、经济能人等共同参与农业市场流通体系的建设。此时，县域政府的行动策略表现出上文所述的积极的有为政府。与 LS 县一水之隔的 XX 县是中国香菇产业发展的另一个典型。XX 县食用菌产业的发展虽然在 1998 年和 2002 年出现了短暂的下跌趋势，但其余时段几乎皆呈现直线上升趋势。XX 县种植和销售香菇历史悠久，在计划经济时期，生产队就已经在种植食用菌，自始至终从未间断，乡村社会遍布着大量的菇农。20 世纪 90 年代，XX 县政府开始主导推进香菇产业的发展，并大力引进菌袋种植香菇的技术。但政府主导的香菇种植模式很快迎来危机。1998 年，该县食用菌出现下跌是因为正值我国实行"南菇北移"战略，香菇种植刚刚开始在 XX 县扎根，由于生产技术不完善且县政府着意调整产业结构，导致生产量下降。2002 年，南水北调工程在当地正式动工，为响应中央政府号召，XX 县无奈压缩香菇等食用菌产量。而县政府经过广泛调查研究，确定了依靠外调菌材发展香菇产业的策略。但新问题很快出现，即学者们多忧虑的"农业非粮化"问题，不过在 2016 年之后粮食产量逐渐平稳，实现了食用菌产业与粮食产业协调发展。

二 试点性压力型体制下县域政府农业市场流通体系建设策略

试点性压力型体制下，上级政府赋予试点县政府先行先试的自主权，也通过监督与激励并存的方式督促县域政府围绕政策目标开展行动。在纵向的政策压力与激励、横向府际竞争压力以及财政能力等组织内情境要素的作用下，县域政府倾向于在辖区内全面推进市场流通体系建设，以确保在与同类型试点县的晋升锦标赛中拔得头筹。下文将重点阐述在市场流通体系建设的各个部分，县域政府如何应对组织内的考核任务，采取何种方式推进政策目标实现，遵循着何种行动逻辑。

（一）市场营销流通体系建设

在试点性压力型体制下，自上而下的政策压力和激励为各级政府部门参与农业市场营销流通体系建设提供了充足动力。LT县在苹果产业营销体系建设中呈现从管理型角色到追随型角色再到引领型角色的转变。LT县苹果产业是在20世纪八九十年代之间兴起的。早在20世纪60年代,LT县就开始大面积种植苹果。在计划经济时期,LT县主要依靠生产队开始培育集体苹果园,等到20世纪70年代该县苹果产业呈现出大发展的样态。每个公社林场培育百亩以上基地,每个大队、生产队林场建立30—50亩苹果园。1977年,全县果园面积最高达到8615亩。但此时的市场体系依然坚持以计划经济为主、市场调节为辅的方针,对重要农副产品依然实行统购派购政策。国家虽然提倡扩大生产队吸收、农民入股,改革农村供销合作社的管理体制,赋予供销合作社更多组织上的群众性、管理上的民主性和经营上的灵活性,但是农村多种经营刚初步发展就出现了流通不畅、买难卖难等问题,造成生产性浪费。这一时期LT县政府部门充当了管理者的角色。到了1992年春天,LT县进行了第三次大规模苹果树种植,到2000年全县苹果树种植规模达到近10万亩。2004年中央一号文件提出鼓励、大力发展农村个体私营等非公有制经济,培育农产品营销主体。2007年中央一号文件继续提出"建设农产品流通设施和发展新型流通业态"。同年,农业部将该县划定为全国最适合苹果种植区域,该县也顺理成章地引起省政府的注意,成为省级苹果重点生产县的试点。在自上而下政策激励机制的作用下,LT县政府开始新一轮的苹果产业尝试,县域政府的角色也由原来的管理者角色逐渐向市场追随者角色转变,逐渐探索结合市场的需求进行生产的模式。由于对市场需求把握不足以及对苹果行业生产标准的忽视,LT县苹果产业很快遇到苹果滞销的困境。甘坡乡马沟村原是LT县苹果生产的重点村庄,家家户户都种植了苹果,原本想借着国家的政策发家致富的果农,在收获的季节却发现自家院里苹果堆积如山,却鲜有商贩问津。而让这里的果农啧啧称奇的是隔壁县的苹果销售态势却很旺。隔壁县果农的苹果在树上就已经有人预订了,75(苹果的直径单位,毫米)的苹果1斤3元,70的苹果1斤2.5元,65的苹果1斤2元,即使再不好的次果1斤8角钱也被果汁厂抢购了。有交通工具的农户只得自己运到隔壁县上门找商贩购买,在这种情况下,商贩故意压价,导致果农损失很大。那些家里没有壮劳力且没有交通工具的果农只能将苹果堆在自家院里眼睁睁地看着被渐冷的天气冻坏。"以前种的苹果是以红富士为主的晚熟品种，集中上市时恰好遭遇市场滞销，好果子被收购商压价收购，下捡果、残次果根本无人问津，最后堆在地头白白烂掉。"在此之后，为了弥补苹果产业发展中营销体系和流通体系建设这些短板，LT县政府决定主动出击，在强调标准化生产的同时加快营销流通体系营造，而不是被动地等待市场的裁判。在苹果生产环节，LT县按照苹果万亩重点生产乡镇、千亩村、果园标准化管理乡镇相结合的模式，对辖区内所有苹果生产进行统一规范，对老旧苹果树进行采挖，代之以市场上最新的苹果树种苗。

除了成立果品深加工企业消化本地苹果产能，LT县政府还通过政策优惠、补贴等形式引进农业龙头企业和鼓励乡村经济能人对外扩大本地苹果产业的影响力。青梅果业有限公司正是在县政府的积极支持下成长起来的本土苹果销售企业。公司总经理李梅原来在陕西西安务工，2011年决定回家照顾家人顺便陪伴上中学的女儿。起初他们仅靠跑长途的微薄收入维持家里的生计。2017年，一次偶然的机会，与定居在尼泊尔的亲人聊天中无意之间知道，尼泊尔有一大部分苹果是来自中国的花牛苹果和秦冠苹果，但是却没有出现LT县的苹果品种，遂萌发了要将家乡的苹果卖到尼泊尔的想法。李梅向县果业局申请政策支持，在果业局工作人员协调下，青梅果业有限公司很快便注册挂牌。李梅则委托妹妹在尼泊尔联系订单。2017年该公司18吨的苹果借着国家"一带一路"的优惠政策成功打入尼泊尔市场。公司先后6次组织180吨苹果远销尼泊尔市场，实现出口创汇156万元。随着公司业务日臻成熟，很快便与尼泊尔首都加德满都建立了良好的贸易关系。2018年后，该公司与尼泊尔苹果市场之间的合作关系越来越成熟，业务量也迅速增加，为响应国家精准扶贫战略的号召，公司分别与5个乡镇30多个村社的农民专业合作社建立了农产品收购合作关系，进乡入村收购苹果200多吨。但是公司很快面临资金短缺的困境。LT县果业局协助该公司申请了扶贫低息贷款，并协助联系出关事宜。在青梅果业有限公司的带动下，全县12家农业龙头企业先后办理了外贸登记手续，并成功引进一家外资企业进驻LT县，专门从事苹果及苹果深加工产品外贸业务。

LT县还积极鼓励和扶持乡村经济能人带头开拓市场。正如前文所述，LT县种植苹果的历史久远，县、乡政府及相关部门在发展苹果产业的过程中只注重苹果生产的规模，对苹果的销售和流通环节却关注不足。即使苹果采摘出来后，农户还是不得不单打独斗，分散面对市场。1965年出生的张龙在20世纪90年代开始在乡村从事农技推广工作，眼看家乡优质的苹果采摘后却无人问津，只能烂在农家院里，倍感可惜，遂寻思如何通过有效的市场营销实现当地优势资源的良性转化。2007年在县供销社、工商局部门的大力支持下，张龙组织成立了该县首家农村苹果专业生产合作社。合作社的成立为周围急于销售苹果的农户带来了新的希望，农户纷纷加入合作社，合作社会员很快发展到58个村。为了保证果品质量，县果业局适时派出12名技术人员组成技术队伍，长期驻村提供技术服务，督促落实配套技术措施。LT县先后组织苹果示范村的果农108人去上海、杭州、成都考察果品市场，合作社大部分成员就在其中。"在合作社出售苹果，每公斤比市场价高0.6元，我家卖了1万多公斤，多收入6000元！"2016年，合作社帮助果农销售了1500多吨苹果，合作社会员从中获得600多万资金。

为了能够促进苹果的销售，县、乡政府有时也会直接介入产业营销环节。扁渡口镇分管苹果产业发展的副镇长每年工作的一项重担就是协助果农销售苹果并协调苹果专业生产合作社与企业和果农的关系。王瑞是该镇2017年的新任副镇长，恰好赶上苹果的丰收年，他一方面要联络老家的苹果销售客商来镇里收购苹果；另一方面还要协助苹果专业合作社与来镇里的广东、福建等地的客商洽谈苹果销售业务。2017年镇政府提早动手，全镇5200亩的果园，订购面积已达到80%以上。此外，在镇政府干部的联络下，2017年全镇剩余苹果销售也比较顺利，基本没有出现苹果滞销的情况，苹果的价格更是卖到了每斤6.5元，比以往销售的价格都高出很多。刘清贵是扁渡口镇姚寨村人，2016年，她在家种植了11亩苹果，尝到致富甜头的她2017年又承包了村里102亩地建立了新的果园，年苹果产量达到20万斤，收入可达上百万元。

为了能够进一步扩大苹果的销售量，拓展销售网络，一方面，LT县财政拨专款成立了有机苹果网，对外宣传销售LT县苹果。西班牙、美国、泰国的客商通过网站与合作社联系订果，北京、上海、成都、杭州、长沙、武汉、海口等城市的客商提前在夏季来基地考察订果，使合作社60%的产品实现了网上销售。另一方面，LT县瞄准中国互联网发展的大趋势，为快递和电商发展提供大力扶持政策，鼓励果农利用电商来扩大苹果销售。在中心村建立的淘宝电商孵化室，果农可以自由选择成立自己的网店，果农无论是下地干活，还是农闲休息，只要会操作手机就可以销售苹果。目前全县共成立县级电子商务中心1家，乡镇电子商务服务站13个，村级电商服务点110个，电子商务主体企业17家，个体网店、微店307家。

县域政府搭建电商与农户互动沟通的平台，助推农业市场流通体系建设。电商平台的建立化解了时空的限制，实现了市场共享。远在国外或者东部沿海省份的顾客可以自由在网店选购，苹果可以论斤卖，甚至可以论个头卖，尤其到了中秋节、圣诞节、元旦等节日，通过网络接收订单一直是近年来果农收入的主要来源。王龙是洛水镇王家屯的苹果种植大户。2017年，在乡镇淘宝电商孵化园的帮助下，他在淘宝上注册了"山民"网店，并在网店上展示了LT县苹果产业的相关照片，很快他的网店便接到了来自上海的订单。电商的发展使得远在江浙沪等地的消费者不仅知道了LT县苹果，扩大了该县苹果的知名度，而且也对外推介了LT县的风土人情，间接促进了当地旅游产业的发展。LT县引导果农通过电商销售苹果逐渐形成三种典型的模式。如图5-1所示，在苹果产业市场空间营造中，LT县为农业龙头企业提供政策优惠和扶持贷款，鼓励企业将实体产业与网络营销结合起来，建立"大城市—中小城市—中心乡镇—村"的纵向营销系统，缩减苹果产业漫长的销售链条，拉近生产地果农与大城市消费者之间的距离。王某是西柳屯镇村民，做了多年化妆品微商。2016年，王某联系镇上电子商务站工作人员，并在乡镇淘宝网店孵化基地成立了自己的店铺和微店，通过网店销售自己家乡的苹果。由于LT县气候条件非常适合种植苹果，生产出来的苹果品质好、价格优，很受市场欢迎。王某以每公斤10元的价格将苹果销往北上广及南方部分城市，其后还与广西某大学超市达成总量5000公斤的销售订单。

如图5-2所示，随着改革开放的逐渐深入以及国家放、管、服的政策战略实施，多种营销主体在农村社会逐渐出现并发挥越来越重要的作用。而自计划经济时期就存在的供销合作社营销网络却慢慢褪去了昔日的光环。LT县紧抓全国供销合作社制度机制改革的契机，一方面鼓励县供

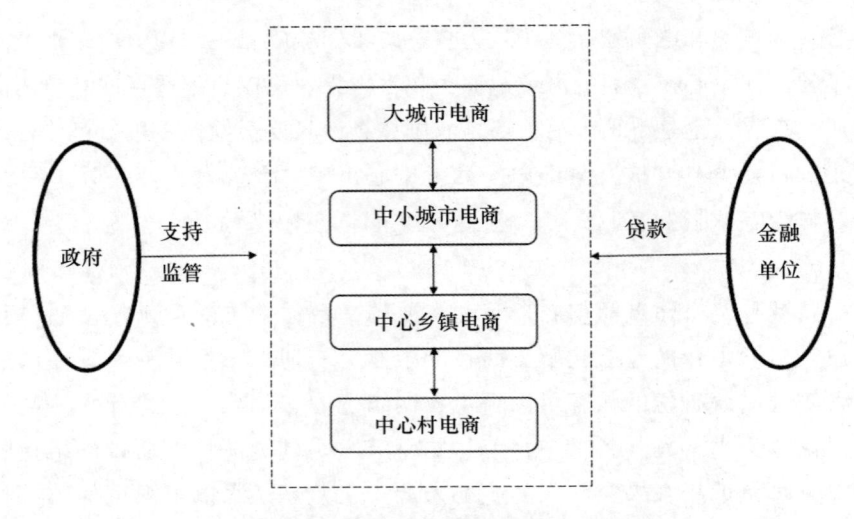

图 5-1　LT 县电商营销模式之一

销合作社向下对接果农，向上对接省供销合作社，并通过省供销合作社网络与县供销合作社建立合作关系；另一方面，在县政府引导下，县供销合作社积极与市场资本和电商合作，在 LT 县实行"产—供—销"一条龙服务。

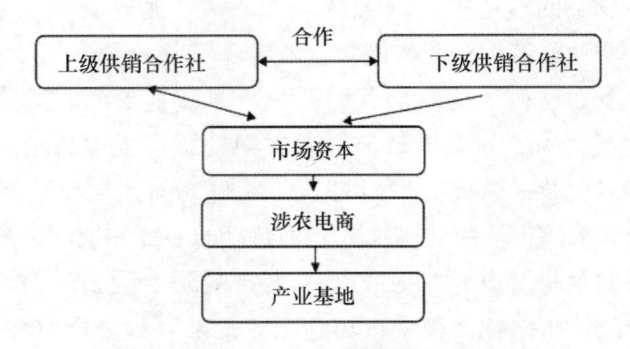

图 5-2　LT 县电商营销模式之二

如上文所述，在苹果产业营销流通体系建设过程中，LT 县各级政府实现了从管理者、市场追随者到市场引领者的转变。那么产生这些变化的根本原因是什么呢？横向府际之间的竞争压力是造成上述变化的原因之一。2007 年，LT 县同时与居延县、河西县等被国家农业部划定为全国最适合苹果种植区域。之后在这一区域内的18个县又被省政府确定为全省18个苹果生产重点县。参访中LT县果业局局长回忆，在近几年内居延、河西等地苹果已经成了当地最大的农业支柱产业，在带动当地农民增收和促进当地经济社会发展中发挥了非常重要的作用。2012年，他去居延县参观学习，在双矮密植苹果生产基地里，一个箱子装15个苹果，卖75元，平均一个苹果5元钱，这还是给熟人的内部价。他算到一棵树至少结200个果子，总共就是1000元。一亩地的果园总共就是9万元。但当时LT县苹果产业还处于逐步恢复期，农户种果树的积极性尚未充分被调动起来，粮食等传统作物依然是该县主要农产品。即使当地有最肥沃的黑垆土，按照亩产七八百斤产量，能获得的收益最多700余元。居延、河西等县抢先抓住机遇大力扶持苹果产业发展，并已形成了优势产业带。周围县域苹果产业的快速发展无疑给LT县政府领导班子带来了巨大的压力。2012年，县政府遂确定在独店子镇投资2500万元建设占地面积41.54亩的气调保鲜库。

　　LS县早在20世纪就被确定为了国家级贫困县，2006年8月，被列入H省伏牛山生态旅游开发重点县。虽然与XX县毗邻，农户也有十几年的香菇种植经验，但是食用菌产业一直处于分散经营状态，并渐渐沦为了XX县香菇市场的原料供给地，在整个产业链处于低端位置，竞争力弱小。即使经过了几十年的国家专项扶贫，2015年精准识别后LS县依然有贫困村110个，建档立卡贫困户19645户，贫困人口63134人，贫困发生率15.3%。LS县食用菌产业发展出现转机是在2017年，H省将该县确定为金融扶贫试验区和省长扶贫工作联系点。与中央的专项扶贫资金一起下沉的，除了省市两级政府的专项扶贫资金和贴息贷款，还有各项政策利好和农业龙头企业。自上而下的政策激励和压力促使LS县域政府部门迅速由管理者角色转变为市场追随者。与LT县略有差异之处在于，LT县从一开始就是县政府发起标准化生产，拓展市场营销渠道、完善流通渠道，政府在产业发展中的主导性作用较强。LS县在产业发展初期就大力引进农业龙头企业，市场营销、流通体系建设等都是由大型龙头企业主导的，政府只是扮演着政策辅助、关系协调的角色。2017年以来，LS县引进崇信集团在该县11个乡镇发展袋料香菇种植，投资3亿多元建设了建筑面积10万平方米和3万平方米菌棒生产企业各一个，投资3.8亿元建设了食用菌工业园和食用菌研发中心，年产菌棒3000万棒。2017年全县香菇出口超过7亿元人民币。依据2019年政府工作报告数据，全县农业龙头企业达到52家，合作社1569家，家庭农场13家；建成培训就业基地44个、产业基地375个、增收大棚3290个，带动农户3.2万户。全县食用菌出口企业达到7家，总量突破1.8亿棒，产值26亿元。

除了引进大型农业龙头企业进驻提升当地食用菌营销和流通建设能力，LS县政府还积极引导乡村治理精英提升本地的营销能力和流通体系建设。与崇信集团等大型企业实行标准化种植香菇不同，个体农户经营无论是财力还是技术能力与之相比都有一定的差距。此外，个体农户在香菇销售的过程中还会因为品质较差、量少而被商贩故意压价。在县政府的扶持下，伍家桥村村民通过合作社联盟起来应对市场风险。为了统一该村香菇销售，村委会与村原有农业合作社联盟（如图5-3所示），共同经营，合作社联盟由合作社负责人和村支部书记共同负责。合作社联盟要求会员农户统一技术标准，统一生产和采摘，农户不单独面对市场，香菇成品由两名负责人与商贩或香菇企业谈判并订立合同。等香菇出售后，联盟在返还合作社会员农户种植成本的基础上，再按照事先约定的比例分配利润。李寨村是LS县远近闻名的"香菇村"。自精准扶贫政策实施后，该村的香菇种植户已经达到了100多户，全村香菇的种植规模已经达到500万袋，出口创汇300万美元，借助农业龙头企业的力量，该村香菇远销韩国、日本等国。由于处于大山深处，交通封闭且耕地资源稀缺，李寨村村民靠着家中的几亩薄田勉强维持生计。20世纪90年代初，村支部书记赵某在无意之间发现，种植香菇的市场前景非常好，不仅投资少，而且见效快，是一个很好的减贫致富路子。1996年，在家里人的支持下，赵某东拼西凑了几千元资金，利用自己从外地学习的种植技术，就近从山上砍伐栎木开始了种植香菇的道路。天公作美，赵某种植的香菇当年就获得了丰收，不仅偿还了向亲戚朋友借的钱，而且一年净赚1.2万元。赵某种植香菇赚钱的消息很快便传遍村庄。村民纷纷跑向赵某处打听香菇种植的经验和技术。在赵某的帮助下，该村村民从零开始学习香菇种植技术，并逐渐形成规模。很快村民们便将目光瞄向国外市场，但此时LS县政府还没有真正将香菇市场作为全县重点支柱产业来扶持，相关的政策和基础设施也不健全。在赵某的带领下，2016年李寨村另辟蹊径集资在韩国建立了年产5万袋菌棒的香菇基地，目前李寨村在韩国的鲜菇基地已经开始生产香菇，并及时供应附近餐厅。

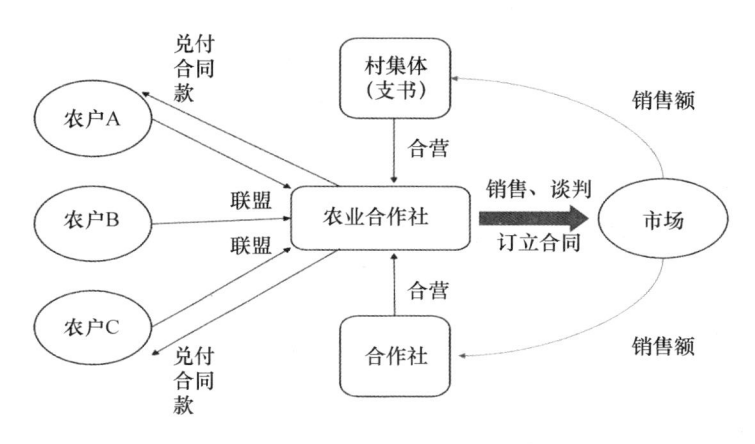

图 5-3　合作社联盟运行架构

与LS县当下快速的市场扩张能力和营销流通体系建设的敏锐意识相比，更引人思考的是为何坐守丰富的自然资源和技术资源直到2017年成为国家级试点县香菇产业才开始起步，并迅速蹿红？造成这种巨大的反差的根本原因是什么？正如学界相关研究成果显示，腐败与经济发展存在强相关性。持续性反腐可以降低总体腐败程度，从而提高国内外投资者的信心，保证国家长期发展的驱动力，从而有利于经济社会可持续稳定发展[1]。LS县多年来的腐败积弊或许可以给出一个比较中肯的解释。"新中国成立以来最大的卖官案"[2] 就发生在这个昔日的国家级贫困县。1996年，时任县委书记的杜某乾上任之初为了树立个人威信，曾经下令把全县包括乡镇主要道路两旁的房屋外墙，全部涂成红色。在其任职的5年半内，杜某乾提拔调动干部多达650人次，官员晋升甚至明码标价。除此之外，杜某乾任职期间还大兴土木，建造各种形象工程和面子工程。杜某乾

---

[1] 汪锋、姚树洁、曲光俊：《反腐促进经济可持续稳定增长的理论机制》，《经济研究》2018年第1期。

[2] 资料来自中国新闻网，https://www.chinanews.com/2002-09-25/26/226647.html。

不仅要求在沿线公路树立各种宣传广告牌，而且公路两旁均整齐地排列着青翠的塔柏。县区街道上彩砖铺地、彩灯高挂，棕树、四季桂、云杉等分立街道两边。这与每年都需要中央财政转移支付才能维持的国家级贫困县的身份相去甚远。据一名原政府科级干部回忆，县政府每年都挪用上千万元扶贫资金在这些面子工程上。采访中有群众反映，县城绿化的苗木均购自杜某乾老家，不仅价格高，而且成活率极低，死了刨、刨了再植、植了再死，年年如此，当然事隔多年，群众反映的这些信息已经无从查起。因此，县纪委最终提供的数字只有42人，其中18名违法和违纪严重者受到司法处理或党纪处分。

"土坯房书记"① 曾经是 LS 县另一名明星官员。LS 县彼时一直是国家级贫困县，不盖新楼，56 年坚守土坯房的县委大院曾经备受媒体关注。2007 年和 2013 年，人民日报记者曾两次访问县委大院并刊文报道。从新京报记者的调查中得知，2013 年正在履职县委书记的明星官员王某并非像媒体所宣传的那样居住在土坯房内，而是长期居住在县宾馆和附近小区等多个住所。与此明星官员个人生活的阴阳面孔相比，更加受到公众诟病的是其主政期间的烂尾工程。王某力推的建于行洪河道内的水街房地产不仅五证不全，而且"土坯房精神"成为套在 LS 县发展道路上的套子。县委某原科级干部坦言，县委针对是否要拆掉土坯房新建办公大楼曾经有过很大争议。从提高行政效率来讲，需要将分散的各机关单位整合起来，但是从发扬艰苦奋斗的作风来讲，需要保留"土坯房精神"。

当腐败的制度环境下的政治风气在县域政府内部形成，腐败网络范围会随着弱关系逐渐扩大，腐败网络的资源也会随着强关系逐渐增大，并最终影响到基层干部队伍的政治风气。2012 年 6 月，尚勤镇上秦村村委会委员李某财借助县政府修建快速公路的机会，在协助镇政府工作人员丈量土地的过程中利用职权之便虚报自家被征收土地 3.09 亩，套取国家征地补偿款 83430 元，直到 2017 年 9 月 25 日李某财东窗事发，被免去村委会委员职务。采访中，范窑镇村民鲁某介绍道，2014 年该村村支部书记和村委会主任利用职务之便侵吞村集体经济收入、骗取国家惠农资金，并私

---

① 资料来自中国新闻网和人民政协网。

设小金库，将扶贫的低保指标分配给自己的亲戚朋友。后来鲁某将村支部书记和村委会主任侵吞 15330 元公益林惠农资金的事实举报到县政府，县纪委给予二人严重警告处分。在此之后，村党支部书记和村委会主任虽然短暂安稳了一段时间，但是很快便原形毕露。从 2014 年到 2018 年的 4 年时间，涉嫌把村里的 17100 元现金侵占贪污，据为己有。2018 年抢占集体土地 16 亩，据为己有栽树。在腐败政治风气的影响下，部分基层干部在执行政策中出现"粗暴执法"等行为。2005 年 5 月，刘强在 LS 县马家营乡石子村承包了 30 多亩乱石滩，承包期为 30 年。在签订承包合同后，刘强便陆续贷款投资 30 多万元在这里发展速生杨树等经济林木。眼看林木就快成材，致富的梦想却很快破灭。2015 年 10 月 12 日，刘强承包地种植的苗木却被村委会砍伐一空，砍伐掉的木材也不翼而飞。吊诡的事情随后再次发生，原来的 30 亩承包地变成了采沙场和蒙华铁路 MHJ—15 标段的废渣倾倒场。随后，刘强到县、乡政府和村组讨要说法。访谈中村委会工作人员回应其办理了采伐证，并获得了林业局的认可，但令人不解的是承包地所种植的苗木属刘强个人财产，而非集体财产，县林业局为何会将采伐证颁给村委会？从法理来讲，在有效承包期内石子村无权处理承包地种植的苗木。此事件的第二个疑问是，采伐证写的是第十一组、第十二组，但调查中我们发现此时该村并没有这两个村民小组，承包地是 30 亩，而采伐证上批的是 84.3 公顷，林地实际速生物 1239 棵，采伐证上竟然变成了 858 棵，如此巨大的疏漏究竟是如何产生的尚不可知，但县委督查室却将这些问题草草归结为工作人员的疏忽大意。

  随着中央反腐败战略向纵深推进，LS 县乡政治生态不断好转。那么，地方政府的财政能力是影响 LS 县政府前后反差行动的解释因素吗？分税制改革基本上适应了 1992 年中央确立的建立社会主义市场经济体制，重新确立了中央与地方之间财政收支的比例，但是对于各级政府的财政支出责任并没有做出新的调整，有时中央还会将一些支出责任转嫁给地方，进一步加重了地方的财政负担。以 1978 年为例，地方政府预算内财政收入占全国预算内财政收入的 84.5%，而中央政府只占 15.5%。分税制改革后，以 1993 年和 1994 年为例，中央政府所占的比重由 1993 年的 22.0%上升到 55.7%，而地方政府所占比重则由 1993 年的 78.0%下降到44.3%。以 1994 年分税制改革为起点，地方政府的财政收支不平衡状态逐年扩大。税制改革只赋予地方政府征收地方税的权力，但地方税的税率和税种的设置则由中央决定。例如，改革之前地方政府税收来源主要是营业税、增值税、企业所得税和个人所得税。然而，地方政府拥有完整征税权的只有营业税，随着"营改增"的推行，地方政府这唯一的征税权也被收归中央了。分税制改革只是调整了中央与省级政府的财政收入体制，但是对于省级以下政府的财政收入并没有详尽的解释。这就直接导致省级政府将基层政府的财政收入统一收回，市级政府向县域政府收回财政收入。在这种财政收入分配体制下，县乡政府一方面要承担过多的财政支出责任，另一方面却又财力有限，捉襟见肘。2015年，LS县公共财政收入56312万元，上级补助收入157125万元。除去用于人员工资、基础设施、教育、卫生、民生等方面的资金210499万元。上解上级支出7300万元，债务还本支出5100万元，安排预算稳定调节基金13509万元，年终无结余。2016年，省政府核定LS县政府债务限额6.44亿元，实际上全县政府债务余额5.8亿元，其中政府负有偿还责任的债务余额为5.56亿元。

财政能力直接影响了县域政府的行动策略。在分税制体制下，"收入分权有利于地方政府提升财政汲取能力，但支出分权对地方政府财政汲取能力具有抑制作用"。中国式财政分权显著地抑制了科技创新驱动发展，财政能力和创新驱动发展呈现出倒U形关系。除了腐败对当地农业产业发展的影响，LS县政府较低的财政汲取能力也是制约以往农业产业营销流通体系建设的关键要素之一。自被确定为金融扶贫试验区后，自上而下统筹的涉农专项资金为该县农业产业发展注入了"强心剂"（如表5-2所示）。虽然自上而下的政策压力可能会给县乡政府带来更多事务性工作，但同时意味着县乡政府能够获得自上而下更多的资源输入和资金扶持，县乡政府能够上解更多资源用于发展产业，提升政绩。

表5-2　　　　　　　　LS县财政能力提升典型证据援引

编码	年份	LS县财政能力提升典型证据援引
财政能力 M_4	2019：CM_4	计划整合财政涉农资金83056万元，其中：中央资金54254万元、省级资金25963万元、盘活其他资金2839万元

续表

编码	年份	LS 县财政能力提升典型证据援引
财政能力 M₄	2017：CM₄	扶贫贷款达到 10.1 亿元，其中建档立卡贫困户 7124 户贷款 3.6 亿元，合作社 110 家贷款 3.4 亿元，龙头企业 15 家贷款 3.1 亿元 国投创益等各类基金 3.65 亿元 申请到 8245 万元用于水源区京豫对口协作建设和农村环境综合治理 总投资 91143 万元新建对口协作项目库 50 个项目
	2016：CM₄	扶贫贷款达到 8818 万元，生态补偿金 8850 万元，中央、省、市 56 个单位定点帮扶，累计落实帮扶资金 3265 万元，总投资 5000 万元的凤凰山猕猴桃农业生态观光园项目
	2015：CM₄	2015 年全国电子商务进农村综合示范县，2 年内可获得国家专项扶持资金 2000 万元，争取政策性资金 4082 万元扶持 10 个乡镇 22 个村 2162 户群众发展中药材、林果、食用菌等增收项目
	2014：CM₄	中央彩票公益金在 LS 县首次实施，投资 314 万元
	2012：CM₄	财政扶贫贴息资金 100 万元
	2011：CM₄	省扶贫办、省财政厅分配财政扶贫贴息资金 60 万元，贴息贷款额度 1200 万元

平稳的经济效益驱动是精准扶贫战略实施以来香菇产业备受基层政府青睐的关键原因。受到国家上千亿政策资金吸引，许多市场资本和地方政府投入巨资介入香菇产业发展中。虽然香菇产业易受到菌材、人工以及管理成本上升等因素的影响，但香菇产业依然存在巨大的利润空间。另一方面，中国有 8 亿人依然生活在农村，虽然青壮年打工增加了收入，但促进农村发展依然是解决农村问题最根本的途径。香菇产业历经几十年发展，是最契合农民群众寻求短期获益心理预期的致富通道。此外，香菇的消费市场在逐渐扩大，从东亚、东南亚，并向全球发展，这也是导致香菇价格相对平稳的原因。上述因素可能是促使 LS 县乡政府及相关部门着意在精准扶贫政策实施后发展该产业的原因。

(二）农产品品牌形象建设

农产品品牌形象的建设离不开县乡政府对乡村治理精英的引导和扶持。王某伟是土生土长的 LT 县人，农村生活的情结使他对农民生活的不易有着更为深刻的理解和体会。2005 年回乡后，王某伟发现家乡苹果虽然口感很好，但奇怪的是前来收购苹果的商贩寥寥无几，很多农户的苹果只能堆在院子或者墙角旮旯，究其原因在于缺乏宣传，在市场上知名度低。2007 年正好赶上 LT 县苹果产业大转型和县政府大力扶持农业企业的契机，王某伟率先在老家县城创办了"LT 县苹果网"，收集和公布当地涉果企业的供货信息和外地商贩、超市的需求信息，在供销之间搭建沟通桥梁。经过一段时间的推介和引流，网站的每日访问量达到 5000 多次，当年就促成了本地企业与外地 200 多家客商的合作。2011 年随着网站运营步入正轨，LT 县苹果也逐渐小有名气，在县政府优惠贷款政策的扶持下，王某伟成立了红六福果业有限公司，并适时扩建县苹果生产基地，走标准化和规模化发展的路子。2014 年红六福果业有限公司在余湾乡的万亩有机苹果生产基地正式建成，其中包含 3000 亩富硒有机苹果。这里海拔在 1600 米以上，昼夜温差大、光照时间长，加上环境无污染，可以生产出优质的苹果。随着 LT 县红六福苹果的知名度日渐上升，市场上冒充 LT 县苹果的商家也越来越多。为了能够更好地维护好 LT 县苹果的口碑，在县果业局和工商部门的帮助下，公司为每一箱苹果都设置了产地证明、数码防伪、质量追溯体系，顾客只需要用手机微信扫码就可以辨别苹果的生产地、品种等信息，甚至可以通过公司官网进行验证。此外，为了制定严格的出厂程序和制度，加强对出售苹果质量把关，该公司所有出售的苹果都要一个个经过他们的检测，经过他们确认签字后才会被装车发给客商。

农产品品牌形象的营造也离不开县域政府高位推动。第一，LT 县每年都会组织赛园、赛果、赛技术的苹果竞赛。大赛中会对竞选优胜的市级标准化示范园、优质果品、优秀技术人员以及果品销售企业进行奖励。第二，为提升 LT 县苹果的品牌影响力和知名度，做大做强苹果文化，县政府每年都会组织以苹果为主题的绿色生态观光体验游，将苹果产业与生态旅游产业结合起来，县财政先后出资建成 4 个集观光、采摘、生态、休闲为一体的旅游专业村，为宣传当地苹果创造了一个很好的平台。八卦营子村是扁渡口镇出产牛心杏和柿子树的主要种植地。作为牛心杏原产地，全村 11 个社，社社都有杏树，加起来有 3 万多棵。由于地理位置偏僻，即使每年鲜果飘香也很难卖到好价钱。此外，牛心杏状若牛心，酸甜适口、汁多味浓，但是很难保存，刚从树上摘下的杏，到第二天就发软。村两委想尽办法从外地找收购商贩运，找寻企业开发保鲜冷链系统，但是由于项目成本要 200 万到 300 多万元，前来的水果收购商往往望而却步。镇政府在深入调研的基础上，采取"镇政府+村集体+果农入股"的融资方式，对村庄村容环境进行了改造，并确定依托采摘活动发展乡村旅游业的发展模式。依照以往的销售路子，果农将果子送到市区去卖，不仅要雇人采摘，每公斤要花 3—5 元的工钱，一天下来就是 100 多元的支出。但是发展采摘旅游项目，除了能让农户节省工钱外，还有一定收入。因为绝大多数游客在采摘后，还会购买一些新鲜的果子回城给自己的亲朋好友。

  自上而下的政策压力和激励或许是导致 LT 县政府在 2007 年之后采取强势主导策略的重要制度原因。LT 县在 2001 年被原国家农业部划定为中国最适宜种植苹果的生产区，随后被确定为省苹果优势产区重点县。该县将苹果产业作为富民增收的主导产业来抓，到 2013 年全县栽植果园达 22.67 万亩。为了提升当地苹果的质量和口碑，经多方协调，该县顺利引进了全球最大的浓缩果汁生产企业，投资 5.8 亿元建成现代果业高新技术产业园。除此之外，LT 县还制定了 11 项产品质量标准和生产技术规范，全面推广"一年定杆、二年重剪、四年挂果、五年丰产"的技术，建成国家级和省级苹果示范园 20 个、市级苹果示范园 30 个。全县经过认证的出口创汇苹果基地达到 7.5 万亩，绿色食品原材料生产基地 60 万亩，赢得了前来采购苹果的客商的好评。2016 年，LT 县出台了《关于加快推进苹果产业转型升级创新发展的意见》，经过几年的发展逐渐形成了"村村有大点、乡乡有大片、点片相连"的产业带动新局面。为了从整体上提升全县的苹果质量，县政府统筹规划，从新品种和新技术入手，按照统一规划和统一部署的方式，派遣技术员全程跟踪提供技术服务，并现场监督苹果树的种植。同年，县政府相关工作人员赴上海参加第九届亚洲果蔬产业博览会，举办"平凉金果"推介会和现场签约活动。2017 年，LT 县成立了果树果品研究所苹果良种苗木繁育基地、苹果国家种质资源异地保存库项目和中国农业科学院果树研究所综合试验示范基地。同年，县政府与安徽大阳光实业有限公司合作在该县投资2000多万元建立苹果苗木和苹果生产基地。2018年7月26日，农业农村部与省政府在省会城市举办西北地区农产品产销对接活动暨特色农产品贸易洽谈会。在省政府的政策支持下，全省贫困县的225家农业龙头企业和农产品经销商加入了协会，并与京津沪、粤港澳大市场对接。天津、福州、厦门、青岛等与G省建立东西部扶贫协作关系的大城市纷纷向G省开放农产品销售绿色通道，LT县的苹果也借此良机进入这些大城市的商超。

三　普惠性压力型体制下县域政府农业市场流通体系建设策略

由于欠发达地区经济发展缓慢，县域政府的财政能力非常有限，很大一部分财政开支需要靠转移支付来填补。加之，普惠性产业政策自上而下转移的专项资金有限，欠发达地区县域政府在大多数情况下会采取追求稳定的行动策略，只需要完成普惠性产业政策的基本任务指标即可。下文将重点阐述在市场流通体系建设的各个部分县域政府如何应对组织内的考核任务，采取何种方式推进政策目标实现，遵循何种行动逻辑。

（一）市场营销流通体系建设

出于提升政绩的需求，欠发达地区县域政府也会由稳定优先取向转向发展主义取向。XX县从20世纪80年代开始就发展香菇产业，但香菇产业发展的初期菇农曾经因为市场销路不通畅等原因饱受损失。销路不畅是多种因素共同作用的结果。首先，受传统农耕思想观念的影响，身处内陆地区的XX县农户存在根深蒂固的小农思想和传统的经营意识，对外向型经济发展表现出一定的不适应性。其次，缺乏香菇出口商贸公司带动也是销路不畅的重要原因。在传统的经营形态下，当地的销售方式都是先由小商贩在农村收购，之后转手卖给市场的菇商，菇商再转卖给地区大菇商，之后才被外地的出口商接手销往国外。此外，当地的香菇需要委托外地的深加工企业加工成成品之后再转手出口，中间经过的重重环节将香菇交易的很大一部分利润留在了外地。最后，当地没有建立起与外地或国家出口地之间的联系和沟通机制，对目的国的产品标准没有太多的了解，也不了解海外市场的发展动向，无法形成与当地直接对口的海外客户资源。针对上述问题，当地县政府及相关单位开始了大量尝试。在经历了一波较大的发展后，XX县迎来了新的危机。1999年在推进香菇袋料种植后，全县香菇产量成倍增加，由于供大于求，在当地的外地客商趁机压低收购价格，引起周边菇农恐慌。县政府特意派人去华东地区省市香菇市场调查香菇价格，然后要求各乡镇政府出面收购香菇以稳定香菇价格。例如西关镇政府当年就动用财政资金20万元收购香菇，及时拉高了香菇的收购价格。XX县香菇发展的另一个危机是菌材问题。随着袋装香菇的快速发展，菇农就地取材，砍伐自留山地的林木。当地的天然林植被在很短时间内遭受重大损害，局部地区甚至引发了洪涝灾害。2006年前后，随着南水北调工程的建设以及生态旅游产业的发展，香菇产业与保护生态资源之间的矛盾日趋紧张。XX县政府决定禁止村民上山砍伐树木来种植香菇。2007年，XX县实行天然林保护制度，开始停止办理袋料香菇天然林用材采伐证，并禁止一切乱砍滥伐林木等破坏森林资源的各种行为。这无疑给刚刚起步的香菇产业的发展泼了一盆冷水。没有了菌材的供应渠道，无疑卡住了香菇产业发展的命脉。在产业生死攸关之际，县政府确立了依靠外调菌材发展产业的战略。为了应对菌材不足的危机，XX县政府组织县政府相关部门工作人员去外省购入菌材再销售给菇农。但是，县政府的救急之策并没有获得菇农多久的好感，菇农认为政府行动垄断了菌材市场，导致价格偏高。之后XX县对菌材外调做了相应的制度规定。第一，所有外调菌材的企业[①]必须要在林业局提出书面申请，提供与乡镇签订的供应合同，由林业主管部门审查。经过公示后，按照企业经营的数量交纳调节基金和质量保证金后，颁发经营许可证和木屑经营登记本。第二，外调菌材的企业必须按照县食用菌办公室制定的外调菌材质量标准购进菌材，对菌材材质、加工、包装、运输进行全程监控，运抵乡镇销售时，由乡镇和农户进行质量验收。对质量不合格的菌材，可以拒绝购买。双方对外调菌材质量有异

---

① 按照制度要求菌材外调企业必须具备如下条件：第一，资金数额在50万元以上，从业人员在10人以上，在县内有固定经营场所；第二，取得工商经营执照；第三，有一定信誉和经营能力。

议的，由县食用菌办公室组织人员进行仲裁。第三，所有从事运输外调菌材者必须凭菌材所在地林业部门办理的木材运输证运输。第四，外调菌材必须接受林业部门木材检查站的检查，由检查人员在木屑经营情况登记本上签字盖章，登记造册，存入原始档案，并按批准经营次数扣减。由检查站或管理登记处登记报林业局统一汇总；到乡镇销售时，必须到乡镇主管菌材供应的单位登记备案，按照与乡镇签订合同的销售地点、销售数量进行销售。各乡镇要派专人负责外调菌材的销售管理，销售时要求逐户登记造册，并向购买户发放林业局统一印制的外调菌材凭证，确保外购数量与销售数量一致[①]。在县域政府大力拓展菌材进货渠道的利好政策下，XX县食用菌发展经历了2000年到2002年衰退期后逆势上扬，呈指数型上升。2008年之后，县政府逐渐放松了对菌材市场的直接控制，县林业局、工商局以及公安部门只负责对菌材市场的监管，而菌材供应则完全进入市场化配给状态，之后才有大型农业企业远赴俄罗斯等森林资源丰富的国家购进菌材。2009年，该县菌材外调数量比之前两年的数量增长了两倍多，达到17万吨。2010年，该县香菇生产规模达到了创纪录的1.5亿袋。2011年，政府工作报告中首次提出"调菌"，将生产规模定位在8000万袋。

除了在菌材等原材料进口方面发挥关键性主导作用外，XX县政府还在香菇成品销售方面发挥引领性作用。1993年，县政府投资3亿元的双湾香菇市场正式建成，年底就有南方十余家香菇销售公司进驻香菇市场。为了刺激和扩大香菇流通，县政府出台相关政策规定，外地进入市场的香菇一律免征一切税费，种植香菇的种植户只需要缴纳少量的特产税，不再负担其他任何费用。仅仅过去五年时间，双湾香菇市场周围就形成了10个香菇种植的重点村。1998年，全国食用菌专业会议在XX县召开，向对外传播当地的香菇品牌提供了一个绝佳的机会。截至当年年底，200多家海内外香菇收购公司进驻香菇市场，当年香菇交易额达到4.5亿元。为给香菇市场对外出口创造了便利条件，经过XX县政府申请，第一家县级检验检疫办事机构出入境检验检疫局XX县办事处挂牌成立。2006年，XX

---

① 资料来自《XX县人民政府关于进一步加强外调菌材管理工作的通知》（政文〔2007〕102号）。

县政府与中国食品土畜进出口商会联合成立香菇标准化出口基地"联合体",联合体组建四个组织机构,即 3000 吨标准化香菇栽培基地、3000 吨标准化香菇收购加工基地、标准化香菇研究推广中心和食用菌集团总公司。通过产销经纪人的联合,实现香菇产销一体化。2016 年,双湾香菇市场投资 600 万元扩建了以鲜菇为主的丁河香菇市场。在县政府、工商等相关部门的协助下,XX 县多家食品深加工企业将产品打进了北京、上海等特大型城市的超市。目前,该县多个农产品深加工企业的香菇酱、香菇脆、猕猴桃汁等产品入驻北京物美、永辉、易初莲花等 300 多家卖场、超市,并进入京东 POP 店、惠民网、酒仙网等 15 家电商自营系统,年销售额突破 5 亿元。

XX 县政府部门还积极引导辖区内企业和经济能人带领农户拓展销路,改善产品流通体系。桥梁村是 XX 县 2014 年出列贫困村,在驻村工作队进驻之前村庄整体经营能力比较差,有部分村民依托养殖的优势和传统在养甲鱼,但是这些年养殖产业的价格一直在下滑,利润一年比一年低,到 2017 年以后才慢慢有点起色。2015 年,县农商银行派驻驻村工作队进驻桥梁村。在此之前,村里也有人尝试搞特色养殖和种植来发展经济,但由于不善经营且没有良好的营销流通渠道,农户分散经营常常是产品无人问津,有时甚至只得赔本卖给小商小贩,渐渐地村里也就没有人再愿意搞特色种植或者养殖。驻村以后,驻村工作队队员先凭借单位本身的商业网络,帮助贫困户来卖农产品。"我们就把我们农行的客户介绍给他们,这样一来农户的销售渠道就畅通了。我们银行的客户比较多,去年我们介绍农户把这些养殖的东西卖到了安徽合肥、河南郑州等地方。"驻村工作队进驻的第二年赶上了养甲鱼行业开始回暖,甲鱼的价格上升了一些,村民又开始有了养甲鱼的想法。但是启动资金匮乏一直是制约农户开展特色经营的障碍,为此县农商银行协助那些有发展能力、技术比较过硬的合作社和农户申请精准扶贫小额贷款,这些农业大户和合作社给进入养殖场工作的贫困户每人一小时 60 元工资。每天工作几个小时就是几百块。在驻村工作队的帮扶下,以前养甲鱼的人大概有 20 来户,现在已经有 60 多户了。驻村工作队还联系到了郑州的一些媒体,让媒体给村里养甲鱼的农户做宣传和推广,并协助村民申请到无公害食品认证。贾某是 XX 县永堌镇民兵,从 1994 年开始他就从事食用菌收购经营。随着双湾香菇市场逐渐成熟和扩大，贾某尝试将 XX 县香菇打入欧美国家的市场，但是一直未获得欧盟国际生态认证中心认证。经过多次努力争取，2001 年到 2002 年期间欧盟国际生态认证中心派遣工作人员前往 XX 县实地考察，严格鉴定了 XX 县香菇生产、采集和加工等所有流程，最终接受了该县的香菇出口申请，并将 XX 县确定为欧盟天然有机食品的采集、生产基地之一。2017 年，欧盟国际生态认证中心还确认黑木耳、牛肝菌等 21 种食用菌为天然有机中药材，并与 XX 县签订了长期的贸易合同。XX 香菇产品获得欧盟国际生态认证中心有机食品认证后也带动了整个香菇市场对其他国家的出口。XX 县双湾香菇市场亚鑫香菇出口公司从 2013 年开始就与哈萨克斯坦建立了稳定的供销关系，2018 年初，每个月都有 3—5 个货柜发出。2019 年，公司的出口业务逐渐扩展到周边的吉尔吉斯斯坦和俄罗斯市场，并逐步开发中亚其他市场。

良好的营商环境是创建优质品牌的第一步。香菇销售不同于其他农产品，往往不需要占据太大的固定资产，哪里有货就会跟着走，服务质量和效益是左右市场发展的关键。为了吸引更多的菇商进入当地发展产业，加强基础设施建设是最基础的一步。1994 年以前，双湾香菇市场还仅有一条百米长的泥沙路，晴天一身灰，雨天一身泥，低矮破旧土坯房的杂乱无章竖立在道路两旁。1994 年，香港来的几家食用菌批发商来当地考察，认为环境脏乱差，根本不符合香菇市场发展需要的卫生环境条件。同年，镇政府下定决心与企业、村集体、个体户共同融资 2000 万元平整土地，新建 6 条街道。2000 年，镇政府投资 1500 万元建立起山珍城，并在周围投资 400 万元新建森林公园和客商娱乐服务中心。为客商提供便捷服务是争取他们进驻的重要抓手。县政府协调公安、工商和金融等相关部门，抽调骨干力量组建市场管理服务中心和购销商会，为客商进驻提供一站式服务。市场管理服务中心凭借网络服务中心将全国食用菌市场信息定向发送给每一个客商。

财政能力是影响欠发达地区县域政府建设农业市场流通体系行动策略的关键要素。在财政收支不均衡的条件下，县乡政府除了要维持政府系统运转外，还需承担大量的行政支出责任。在普惠性压力型体制下，自上而下的政策资金勉强完成任务已很费力，根本没有多余上解资金来推动农业产业发展。在这种情境下，那些具备较强的自主经营能力和自组织能力的乡村就有可能被县政府扶持起来作为政绩的典型。1995 年，XX 县 18 个乡镇吃财政补贴的有 10 个。双湾镇的香菇产业发展具备一定的规模之后，很快便引起县政府的高度关注，也被 XX 县政府列为重点发展的产业。在确立重点发展香菇产业后的第二年，XX 县全部乡镇基本实现了收支平衡。2000 年与 1995 年相比，全县农民人均纯收入、人均纳税额和城乡居民储蓄余额均增长两倍以上。

从当下香菇市场的发展情况来看，香菇市场虽然因为菌材价格上涨和 2017 年国家对香菇出口退税政策的影响，市场行情有下行现象，但从历年食用菌价格的走势来看，整体上趋于平稳状态（如图 5-4 和图 5-5 所示）。此外，从 XX 县食用菌产业创汇情况来看，近年来一直处于上升趋势。这些情况与普惠性压力型体制下县域政府寻求政绩的行动预期是吻合的。

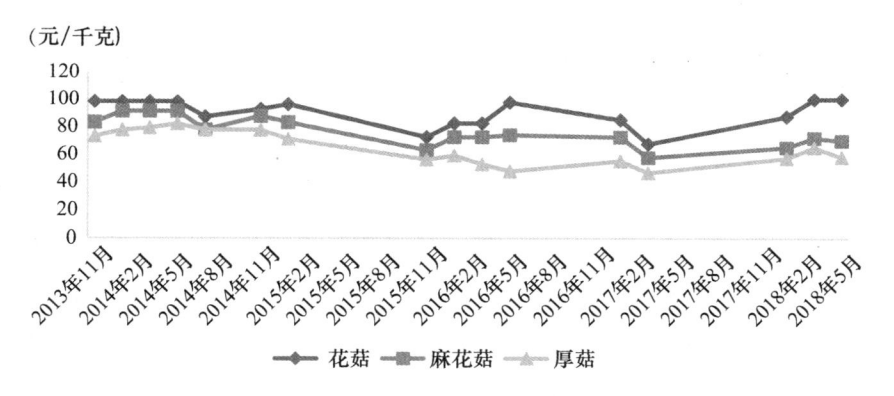

图 5-4　XX 县食用菌价格变化趋势

资料来源：XX 县林业局资料。

与上述政府行动逻辑存在较大差异，XS 县政府在蚕桑产业发展中一直处于主导地位，并带有局部垄断特点。XS 县在蚕桑产业发展中采取"六个统一"的管理模式，即统一流转土地、统一购苗栽桑、统一反租倒包、统一技术指导、统一大棚养殖、统一蚕茧收购。为了促进蚕桑的购销，县政府专门成立了蚕桑局，由蚕桑局统一指挥蚕桑生产、管理和购销环节。蚕桑局下设蚕桑技术推广中心负责蚕桑技术推广、生产管理培训等。县政府在各蚕桑重点乡镇设立蚕桑工作站，工作站负责将蚕药、小蚕工厂的小蚕按量发放给合作社，再由合作社转发到每一个蚕桑重点村，各

图表显示：XX县历年香菇产业创汇趋势（单位：万美元）

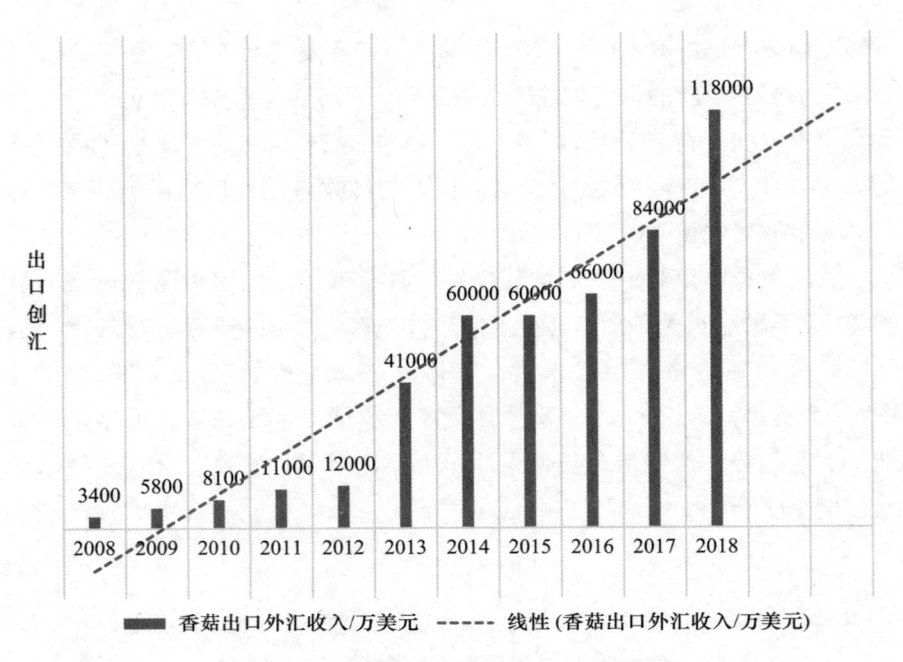

年份	2008	2009	2010	2011	2012	2013	2014	2015	2016	2017	2018
出口创汇	3400	5800	8100	11000	12000	41000	60000	60000	66000	84000	118000

图 5-5　XX 县历年香菇产业创汇趋势

资料来源：XX 县林业局资料。

蚕桑重点村的蚕种只能由乡镇蚕桑工作站提供。按照 XS 县的政策设计，以乡镇为单位组建蚕桑专业生产合作社，支持蚕桑村村支部书记、村委会主任或蚕桑站站长担任生产合作社的领办人，并鼓励与蚕桑产业有关的企业、事业单位和个人依法加入乡镇蚕桑生产专业合作社。合作社理事长、副理事长入社股金比例要分别达到社员总股金的 10% 和 5%。2013 年，XS 县财政局、扶贫办整合资金 67 万元重点培育了山口、杭口等三家蚕桑生产专业合作社并改造了 3 家蚕茧收烘站。在蚕茧统一收购后，从蚕茧到生丝以及其他深加工环节，县域政府由近似垄断的特征逐渐向协作转变。一方面，XS 县政府部门出资成立了蚕桑国有企业来对接蚕茧深加工业务。2012 年，县政府投资 180 万元成立了一家国有控股公司——赣丝之路茧丝绸有限公司，其主要工作是蚕种孵化、养殖小蚕和蚕茧深加工。另一方面，县政府在蚕桑产业发展中积极与私营企业合作，壮大全县蚕丝产业规模。2018 年，一家公司与香港雅芳婷合作扩建了 6000 平方米厂房，购置了 8 台套丝棉加工设备，进行蚕蛹精油、蚕蛹蛋白粉等项目的深加工试验。2014年，XS县引进和培育了3家骨干茧丝绸龙头企业，发展30组自动缫丝生产线，新建6台套捻线丝生产线，新购进50台套剑杆织机，并新建了一条丝绸服装生产线。2013年，县财政局、扶贫办整合资金99万元，重点支持5家丝绸龙头企业的品牌建设，成功创建了两项省级著名品牌和省级著名商标。

　　XS县政府近似垄断的行动逻辑为什么会出现？中国蚕茧产量虽然在1996年前后有过短暂下行，但是很快在2000年之后就处于平缓上升趋势。在历年蚕桑产量中，蚕桑茧的比例一直保持在90%以上，而XS县一直是蚕桑的生产重镇，有几十年蚕桑的养殖历史，有部分村庄自始至终就没有中断过蚕桑的养殖。据统计，2008年实现全年养种10.2万张，产茧8万担，蚕农售茧收入6500万元。2010年全县养种4.3万张，蚕茧平均价格达30.5元/公斤，晚秋茧最高价格达44元/公斤，创下历史最高价位，全县蚕农售茧收入达5185万元。2011年，全县共养种1.37万张，比去年同期增加1700张，产茧超过100万斤。2014年，全县实现标准桑园面积10万亩，养种30万张，产茧20万担，蚕农售茧收入3亿元。2016年，全县实现养种2.3万张，其中春蚕1.3万张、续春蚕0.5万张、夏蚕0.5万张，共产茧1.8万担，产值2800万元，农户平均张种收入达1300余元。这为县域政府强势介入蚕桑产业的发展提供了首要动力。

（二）农产品品牌形象建设

　　农产品品牌形象建设是培育农业产业中非常关键的一环，需要政府、经济组织等协作来完成。XS县历来有养蚕的传统，但是受制于多种因素影响，蚕桑产业发展一直比较滞后。2007年，随着国家"东蚕西移"战略的实施，时任XS县委领导班子敏锐地嗅到了商机，出于提升政绩的需求，该县很快与这股产业转移的势头对接上了。首先，县政府积极争取国家品牌和国家标准认证。2008年，在县政府的积极争取下，国家标准化管理委员会委托省质量技术监督局组织专家组对XS县国家级蚕桑生产农业标准化示范项目进行验收。经过专家组认真考核和甄别，该县蚕桑产业达到了《国家农业标准化示范区考核细则》的所有要求。在获得中央认证通过后，XS县的蚕桑产业在随后的3年里取得了巨大发展，每亩桑树产叶量由原来的1500公斤提高到2500公斤，张种产茧30公斤提高到40

公斤，蚕茧上车率由70%提高到85%，每亩增收150元。其次，县政府制定品牌创建奖补政策。2017年，XS县相关奖补制度规定，获得中国驰名商标、江西省著名商标（江西名牌产品）的农业经营主体可以向县财政申请一次性奖励20万元和3万元。获得"三品一标"农产品认证的农业经营主体可以按照无公害农产品、绿色食品、有机食品和地理标志产品的等级划分分别申请3000元、1万元、2万元和50万元的奖励。2018年，XS县对原来的品牌创建奖补政策做出进一步修正。获得中国驰名商标、江西省著名商标（江西名牌产品）的农业经营主体，可以一次性从县财政获得20万元、3万元的奖励；获得无公害农产品奖、绿色食品奖、有机食品奖和地理标志奖的经营主体可以一次性获得3000元、1万元、2万元和50万元奖励。对在当地工商部门登记注册并取得营业执照且具有独立法人资格的电商企业，能够开展农村邮件、包裹等物流输送，促进当地农产品对外销售，县财政给予3万—5万元支持。此外，县政府对达到一定生产规模的企业或其他经营主体也进行奖补。凡蚕桑基地集中连片面积达50亩以上的，县财政按每亩400元实行奖励。针对农业基础设施建设层面，相关奖补制度规定，农业经营主体新发展蚕桑集中连片面积200亩以上，企业或者合作社组织管理体系健全，对农业新科学技术的吸收能力较强，配备了基本的农业生产设备，并且获得企业同行和社会各界认同的可以从县财政申请基础设施建设奖补。此外，2017年，XS县还另外统筹涉农资金4000万元用于支持新型农业经营主体开展基础设施建设、市场营销和品牌创建等活动。

  要破解农业产品品牌创建的难题更重要的是解决产业发展资金不足等问题。正如上文所述，实行"营改增"以后，县域政府财政拮据问题不仅没有解决，反而有加剧趋势。即使国家通过普惠性压力型体制实现了一定程度资金下沉，但也只够勉强维持特定政策目标实现，对于当地产业发展的助益并不是很大，因此就需要政府协同企业、其他社会力量等共同为产业发展出力。2016年，在县财政局、蚕桑局和扶贫办的牵头下，XS县采取财政补贴+企业和合作社出资+蚕农自筹+信贷扶持的融资模式，全力推进全县蚕桑产业品牌建设。2016年，全县共整合财政资金12项共2740余万元，引导社会投入4285余万元，蚕桑产业总投入达7025万元。2018年，县农业开发、扶贫、财政等部门牵头共整合资金514万元扶持全县新扩低改桑园 3000 亩。

XX 县香菇产业起步于 20 世纪 80 年代，先后经历了漫长的萌芽期，1995 年后进入快速膨胀期，1998 年后进入稳定发展期，每年香菇生产都保持在 5000 万袋，产量在 10000 吨以上。在整个产业品牌漫长的发展历程中，县政府的作用不可或缺。2003 年，XX 县被国家原农业部、外经贸部认定为"全国园艺产品（香菇）出口示范区"。早在 1994 年，XX 县就将食用菌发展作为"一号工程"和"一村一品"的重要领衔工程，纳入县域经济结构调整总体规划、新农村建设规划。县委书记亲自挂帅成立食用菌标准化生产领导小组，设立了正科级规格的食用菌生产办公室。县财政出资 600 万元建立食用菌研发中心，配备国内最尖端的科研设备和 20 多名专业技术人员。县委、县政府还成立了食用菌产业化集群建设领导小组，统揽全县食用菌产业发展规划、生产、技术、管理及项目建设等工作。为了能够打开发达国家食用菌市场的大门，县域各级政府部门很早就瞄准国际生产标准，按照国际上统一的标准进行规范化种植和生产。县政府邀请国内外知名的食用菌研究的专家，在结合国际标准的基础上制定了《香菇标准化生产技术规程》。

四 组织外情境下县域政府对农业市场流通体系建设策略的调整

来自组织内情境的压力和政策支持激活了欠发达地区县域政府建设农业市场流通体系的行动，并形塑了县域政府的行动策略。但是，县域政府会结合组织外情境要素的强弱灵活调整已有的行动策略，最终导致县域政府农业市场流通体系建设的行动呈现出差异化的行动结果，即县域政府行动的名实相符与名实分离现象同时存在。那么，在不同类型的压力型体制引导的组织内情境下，县域政府如何依据组织外情境调整已有的行动策略？哪些组织外情境要素影响了县域政府行动策略的调整？

（一）县域政府对试点性压力型体制下农业市场流通体系建设策略的调整

在试点性压力型体制所引导的组织内情境下，欠发达地区县域政府在农业市场流通体系建设中形成发展主义的行动策略，并采取行政任务导向的方式来推进产业政策的实施。然而，当产业实施地自组织能力和自主经营能力等组织外情境较强时，县域政府会弱化行政任务导向的行动方式，转而寻求市场需求导向的方式，为农业经营主体产品形象打造和市场流通渠道拓展提供辅助。县域政府政策实施结果与政策目标之间的一致性比较高，呈名实相符现象。但是当产业实施地自组织能力和自主经营能力等组织外情境较薄弱时，县域政府则会继续采取行政任务导向的行动策略，依靠行政权力推进农业市场流通体系建设。

欠发达地区农村市场流通体系建设中，受基础设施条件落后、市场和农户经营能力、农村组织化条件等因素的影响，需要县域政府发挥"有为政府"的角色，促进市场流通体系的萌芽与升级转型。LT 县自 20 世纪八九十年代，兴起种植苹果的热潮。由于刚刚实行家庭联产承包责任制，无论是集体经营还是承包给个体私营，尚没有摆脱计划经济时期的经营思路模式和管理习惯。虽然县、乡政府都给予一定程度重视，但由于历史负担太重，苹果市场并没有因此形成。1992 年春天，LT 县进行了第三次大规模苹果树种植，到 2000 年全县苹果树种植规模几乎达到 10 万亩。2001 年，LT 县被国家农业部和省政府确定为苹果生产的重点区域。在试点性压力型体制的推动下，LT 县政府开始新一轮的苹果产业尝试。在此之后，为了弥补苹果产业发展中营销体系和流通体系建设短板，LT 县政府决意主动出击，在强调标准化生产的同时加快营销流通体系营造。在苹果生产环节，LT 县按照苹果万亩重点生产乡镇、千亩村、果园标准化管理乡镇相结合的模式，对辖区内所有苹果生产进行统一规范，对老旧苹果树进行采挖，代之以市场上最新的苹果树种苗。此外，县政府还着意提升该县苹果产业冷藏、运输、深加工以及果品分级等水平。另外，LT 县政府亦通过政策优惠、补贴等形式创新电商销售模式、引进农业龙头企业和鼓励乡村经济能人对外扩大本地苹果产业的影响力。

与 LT 县苹果产业发展模式不同，LS 县虽然种植香菇历史比较悠久，但在 2017 年之前该县香菇产业一直处于分散经营状态。县政府在产业发展中一直扮演着消极的角色，采取稳定优先的行动策略，甚至在该县历年政府工作报告中也鲜有提及。直到 2017 年被省政府确定为金融扶贫试验区后，几乎是在一夜之间 LS 县政府立马由稳定取向转变成了有为政府。

被确定为试点县后，LS县政府在产业发展初期就大力引进农业龙头企业，一改往日的消极态度。2017年以来，LS县引进崇信建团在该县11个乡镇发展袋料香菇种植，投资3亿多元建设了建筑面积10万平方米和3万平方米菌棒生产企业各一个，投资3.8亿元建设了食用菌工业园和食用菌研发中心，年产菌棒3000万棒。2019年，全县农业龙头企业迅速达到52家，合作社1569家，家庭农场13家；建成培训就业基地44个、产业基地375个、增收大棚3290个，带动农户3.2万户。全县食用菌出口企业甚至达到7家，总量突破1.8亿棒，产值26亿元。

由于乡村自组织能力和自主经营能力等组织外因素的影响，如前文第四章所述，县域有为政府在试点性压力型体制下形成了两种变体：在乡村自组织能力和自主经营能力较强的村庄发展农业产业，政府只需要加强产业基础设施建设，协助本村农业合作社、村集体或者农业企业流转土地和动员群众参加产业发展，协调多种经营主体之间的利益关系，保障交易规则良序运行。例如，LT县财政投资建立气调库、冷藏库，成立果树专家组和市级果品质量监测中心协助经营主体提升果品质量。又比如LS县政府协助崇信集团和金海生物贷款兴建食用菌工业园和食用菌研发中心。在乡村自组织能力和自主经营能力较弱的村庄发展农业产业市场营销流通体系，要在市场竞争中获得可持续的发展能力就需要首先由政府以"兜底"方式整合乡村社会的各种要素，靠政府财政托底增加这些产业项目实施地的要素禀赋比较优势，以此为在这些村庄尝试发展产业的企业化解风险，降低产业发展的成本。为了在LS县贫困村庄发展香菇产业，H省政府设立的风险补偿金与银行、省农信担保、省担保集团，分别按照20%、10%、50%、20%，以及20%、20%、40%、20%的比例设立风险担保机制化解企业发展风险。

（二）县域政府对普惠性压力型体制下农业市场流通体系建设策略的调整

如上文所述，受到财政能力等因素的限制，欠发达地区县域政府在推进农业市场流通体系建设的过程中往往采取稳定优先行动策略，只需要完成普惠性政策的基本指标即可。然而，欠发达地区县域政府的行动策略在面对不同的组织外情境要素时也会因时做出适度调整。当面对的组织外情境较弱时，县域政府会采取行政任务导向的行动策略，采取临时性补贴、政企合作的方式来完成考核指标，但对影响农业市场流通体系建设微乎其微，与普惠性产业政策的目标相去甚远，从而形成名实分离现象。当面对的组织外情境较强时，欠发达地区县域政府会采取市场需求导向的行动策略，积极吸纳多元产业主体共同参与农业市场流通体系建设，甚至有时会为组织外情境较强的产业政策实施兜底。在这些实施地中农业市场流通体系建设相关政策实施的结果与政策目标趋近，形成名实相符现象。

在农业产业项目培育中，县域政府要提升产业营销流通体系的运行能力首先需要帮助强化产业实施地的要素禀赋结构。但财政能力限制了欠发达地区县域政府的行动能力。正如上文所述，分税制改革虽然重新确立了中央与地方之间财政收支的比例，但也导致中央将税收收入上收而将责任留在地方的局面。分税制改革也间接导致省级政府将基层政府的财政收入统一收回，市级政府向县域政府收回财政收入，县域政府出现财权与责任不对等的现状。虽然在加快推进精准扶贫类似的普惠性压力型体制下，政府系统自上而下下沉了一定的资金，县域政府的财政能力也出现从未有过的局面，这对于广大的农村地区产业发展来说无疑是杯水车薪。在资源有限的条件下县域政府只能选择将资源集中于一点来继续扩大已具备产业发展潜力的村庄的比较优势，以此加快这些地区产业的转型升级，而对不具备潜力优势的村庄产业，县域政府则倾向于追求稳定，以消极的有为政府的姿态出现。因此，在普惠性压力型体制下，欠发达地区很多县域政府建设农业市场流通体系只选择个别重点村开展，但这恰恰与普惠性政策的目标相冲突，形成名实分离现象。

XX县从20世纪80年代就开始发展香菇产业。从1993年开始XX县率先在双湾镇、西关镇等地率先发展香菇产业。1993年，县政府投资3亿元在双湾镇建立香菇市场。2000年，双湾镇政府投资1500万元建立山珍城，并在周围投资400万元新建森林公园和客商娱乐服务中心。1999年试点的几个乡镇出现香菇市场恐慌的时候，县政府集中财政资金在双湾镇、西关等个别乡镇由政府出面收购香菇以稳定这几个乡镇的香菇市场价格。2001年，随着菇农乱砍滥伐以及中央政府下达南水北调工程水源地生态保护的严令，菌材购销成为遏制产业继续发展的关键环节。XX县政府遂组织相关部门工作人员去外省购入菌材再销售给香菇生产重镇的菇农。双湾镇和西关镇是最早尝试香菇种植的，也是最早实现"南菇北移"的香菇产地，在要素禀赋结构方面与其他乡镇相比具有的比较优势，自然成为XX县域政府重点扶持的对象。其他乡镇发展香菇产业只是随着双湾等少数几个镇产业崛起之后才逐渐扩散到那里。同样的规律也适用于XS县产业发展实践。XS县在发展蚕桑产业的过程中并不是"撒了胡椒面"，而是将资源集中在很少几个重点蚕桑镇和蚕桑基地村。2013年XS县财政局、扶贫办整合资金67万元重点培育了山口、杭口等三家蚕桑生产专业合作社并改造了3家蚕茧收烘站。HX村地处幕阜山腹地，偏僻、贫穷、民风彪悍是以往外界对这个村庄的初步印象。十几年来，仅有2700人的村庄就有67人因打架、斗殴、偷盗而被劳教与判刑。由于没有能人带动，农业产业一直沿袭传统做法，低产且无效益。村民生计基本靠外出务工来解决。虽然XS县早在计划经济时期就已经开始发展蚕桑产业，直至2007年该县蚕桑产业转型之前，HX村也未能抓住全县蚕桑产业发展的"尾巴"，一度沦为县乡政府重点维稳的对象。2008年，恰逢村委会选举，外出创业的乡村治理精英徐某回到家乡参与产业发展。凭借丰富的社会资源和较强的经营能力，在回乡参加村集体创业的过程中，从申请省政府专项资金用于中心村建设，到向县政府跑资金修公路，到发展蚕桑、花卉苗木等产业，再到争取省蚕种厂落户HX村，所有的启动资金除了由村集体筹措的小部分，其余大部分都是徐某亲自跑各级政府申请的和以自己公司资产做担保向银行借贷的。2011年，村两委班子经过认真研讨敏锐地把握住了XS县蚕桑产业转型的市场讯息，果断放弃传统的农作物种植结构，改田种桑，并将滩涂、洼地一并改造，新扩桑园800亩。为了打消村民的顾虑，由村委会给农户免费提供桑苗，村委会还四处请专家来村进行技术培训。以新任村两委班子上任为转折点，在2009年之后村庄产业项目日渐丰富，村民的自组织能力都有了明显提升。HX村要素禀赋结构的优化和提升逐渐彰显了自己的发展潜力，遂被XS县政府列为重点扶持对象。近年来，县财政提供近2000万元资金完善村里基础建设，投资180万元实现组组通水泥路，启动投资500万元建设HX大桥，补贴60万元建成了全县首个村级自来水厂，补贴600万元建设了移民中心村。

五 组织内外情境下县域政府农业市场流通体系建设策略的结果

组织内情境提供的压力和政治激励形塑了县域政府开展农业市场流通体系建设的行动策略，但县域政府也会结合乡村社会自组织能力、自主经营能力等组织外情境要素调整上述行动策略。无论是在试点性压力型体制还是在普惠性压力型体制所引导的组织内情境的作用下，组织外情境较强的村庄往往赢得县域政府的青睐，获取县域政府的大力支持，从而使得行动结果与政策目标之间保持较高的一致性。与此相反，组织外情境较为薄弱的村庄则会促使县域政府强化稳定优先的权力运行逻辑，从而在具体开展农业市场流通体系建设中采取行政任务导向的行动策略。正因如此，政府政策执行的结果与政策目标之间存在较大的差距，从而形成上文所述的名实分离现象。但县域政府建设农业市场流通体系的行动依然存在一定的风险。

（一）市场低效化风险

有效市场与有为政府的协调合作是促进经济可持续发展的关键，即要促进市场主导与政府因势利导的良性结合。无论是积极的有为政府还是消极的有为政府都需要以有效市场为根基。在压力型体制的促动下，县域政府产业培育行动极易越过"有为政府"的边界，造成政府对市场过多干预，影响市场有效运行。在普惠性压力型体制的作用下，县域政府要在自主经营能力和自组织能力较差的村庄促进农业产业升级，提升营销流通体系的水平，就需要加强干预，进一步扩大这些村庄已有的比较优势，但这也容易滋生政府干预过度或退出市场的惰性。在广大的欠发达地区，受制于蚕桑养殖技术水平较低且农业产业技术人才匮乏、对蚕桑及丝绸工艺技术人员极不重视、蚕种养殖的脆性等因素，单纯依靠分散的农户去发展蚕桑产业既无法克服蚕种养殖中的技术风险，也无法克服市场波动的风险，需要政府统合各种经营主体共同面对市场。XS县政府在蚕桑产业发展中一直处于主导地位，并带有局部垄断的特点。县政府专门成立了蚕桑局，由蚕桑局统一指挥蚕桑生产、管理和购销等环节。蚕桑局下设蚕桑技术推广中心负责蚕桑技术推广、生产管理培训等。县政府在各蚕桑重点乡镇设立蚕桑工作站，各蚕桑重点村的蚕种只能由乡镇蚕桑工作站提供。在蚕茧的回收环节，虽然实行按品质议价，但是禁止私人或企业收购蚕茧，只能由合作社协助蚕桑工作站收购。从上述市场运行情形可以看出，从种植到收购都是由政府相关部门来完成的，随着丝绸工厂及蚕茧公司逐步转化为民营企业，就会出现丝绸工厂只求质量而政府部门追求生产规模和数量的情况。更关键的问题是政府不直接面对丝绸市场，但掌握着蚕茧生产的所有环节，企业面对市场却对蚕茧生产没太大话语权。长此以往，可能会使得蚕茧质量下降，而丝绸企业也无心发展生产。XX县域政府在推进香菇产业发展中实现了从行政直接干预到有为政府的转变。在香菇产业发展的初期，XX县就将食用菌发展作为"一号工程"和"一村一品"的重要领衔工程。县委书记亲自挂帅成立食用菌标准化生产领导小组，设立了正科级级别的食用菌生产办公室。县委、县政府还成立了食用菌产业化集群建设领导小组，统揽全县食用菌产业发展规划、生产、技术、管理及项目建设等工作。此外，县政府不仅投资建设了食用菌研发中心、香菇交易市场等基础设施，还制定了香菇标准化生产的规范。直到2001年在面临菌材市场危机的情况下，县政府还组织相关部门工作人员去外省购入菌材再销售给香菇生产重镇的菇农。但这也导致市场对政府干预的反弹，从此之后，政府逐渐从香菇市场经营中退出，主持市场秩序维护、基础设施建设，市场运行则由企业、合作社等经营主体自主完成。在试点性压力型体制下，县域政府要培育农业产业，最基础的工作就是要为产业发展托底，优化乡村社会的要素禀赋结构，提升农村产业发展的比较优势，这急剧增加了县域政府的财政支出负担，使得政府无法对产业发展的方方面面都照顾到。以LT县苹果产业发展为例，县域政府只注重引进农业企业，但对农业企业发展产业的实效却关注不足。龙头企业只是在示范区建设发挥了很好的作用，但对于其他地域苹果产业来说，发挥的作用微乎其微。县内涉果企业多是生产果袋、发泡沫等，企业规模不大且在贮藏和销售方面作用并不是很突出。县政府虽然积极支持果农通过电商营销，每年营业总额确实很多，但是昂贵的物流费用抵消了果农大部分利润，果农从中获取的利润非常有限。虽然县政府积极扶持合作社的发展，但是只有极少部分合作社真正参与到产业实践中，绝大多数合作社属于空壳合作社，对于产业发展毫无益处。在品牌创建方面，全县各个乡镇都将注意力投入到发展和培育自己注册的品牌，没有形成公认的统一的苹果品牌。

（二）龙头企业差异化的带农效果

基于不同农业支柱产业的属性差异，农业龙头企业在带领农户发展产业的过程中会形成半工厂化和工厂化的产业发展模式。例如 LS 县和 XX 县香菇产业的发展就采用工厂化的生产模式，从菌材发酵装袋、菌种培育、菌棚管理、出菌直到深加工，工厂化生产技术已经很成熟，而且企业实行工厂化生产比分散经营的成本更低。与之相反，LT 县苹果产业和 XS 县蚕桑产业在发展的时候需要占用大量的固定资产投资，与其工厂化生产倒不如促进企业与农户合作，在企业的技术指导下鼓励农户生产，并由企业完成供销。农业支柱产业不同的发展模式也直接影响企业带农效果。

在工厂化的生产模式中，产供销都在企业的直接控制之下，减少了协调各种事务和关系的成本，提高了企业的运行效率。例如，LS 县崇信集团在县政府贴息贷款的扶持下建立了食用菌研发技术中心，避免了企业与外地食用菌种企业协调以及采购的麻烦。食用菌菌材是由企业直接从俄罗斯、陕西省等购进，之后进入企业建立的产业基地发酵、灭菌、装袋以及培菌，再由菇农领回培育好的菌袋种植在自己承包自公司的香菇大棚。在管理环节，公司为每个大棚配备一名技术员，负责指导菇农开展事务操作，待香菇采摘后由公司统一销售。严密的流程设计和工厂化流水线操作降低了产业发展的不确定性，降低了公司的运营成本。然而，问题的症结就在于此，工厂化的生产作业无疑增加了企业的封闭性。产业发展也不过是现代工业化生产模式从城市向乡村社会的蔓延，与企业驻地乡村发展没有太大联系，对当地农业产业整体实力的提升也很有限。崇信集团在全县 11 个乡镇发展袋料香菇种植，按照一个村 5 座香菇大棚算，每户菇农承包一座大棚，该村庄也仅能带动 5 户发展现代农业，而封闭性的企业外围依然延续传统的经营方式和营销体系。政府扶持这类企业发展农业产业，于县域经济整体有益，而于驻地村庄益处不大。当然，这并不是要求县域政府停止培育这些产业，而是建议政府在大力扶持龙头企业的同时，采取政企合作的模式逐步发展驻地外围产业的要素禀赋比较优势，实现企业经营的产业与驻地产业之间的融合。

在半工厂化的生产模式中，为了降低固定资产投资带来的巨大成本和代价，企业选择与农户合作发展生产。例如 XS 县在发展蚕桑产业的过程中，由县财政支持成立的小蚕工厂培育蚕种，等到四龄蚕后再交给农户养殖。桑农在其承包地种桑苗，在县农技工作人员的指导下开展养殖，等到蚕茧收获的季节由乡镇蚕桑工作站和合作社负责蚕茧收购工作。从上述流程来看，产供销一体都由政府部门负责，农户无须为销售发愁犯难。然而，问题就恰恰隐藏在看似平静的现象背后，即蚕桑产业的发展需要协调多种关系，这无疑增加了产业发展的交易成本。在桑苗种植环节，由于桑农都是在自己的承包地种植桑苗，县、乡政府很难进行干预，只能是提供指导和服务。在桑苗采购、种植、管理过程中，政府部门要动员群众，本身就需要消耗很多成本。在蚕茧收购过程中，很多桑农不满政府的收购价格，于是便出现了私下交易问题，直接影响到了蚕桑交易的市场秩序。

六　小结

纵向的政策压力与政治激励、横向的府际竞争压力等组织内情境是促使欠发达地区县域政府采取产业发展行动和推进农业市场流通体系建设的重要动力源。在组织内外情境的作用下，欠发达地区县域政府在推进农业市场流通体系建设的行动中普遍且长期存在差异化行动结果的现象。

（1）在试点性压力型体制所引导的组织内情境下，自上而下的政策压力和横向府际竞争压力塑形了县域政府的行动策略。然而，当产业实施地自组织能力和自主经营能力等组织外情境较强时，县域政府会采取市场需求导向的行动策略，为农业经营主体产品形象打造和市场流通渠道拓展提供辅助。县域政府政策实施的结果与政策目标之间的一致性比较高，呈名实相符状态。但是当产业实施地自组织能力和自主经营能力等组织外情境较薄弱时，县域政府则会采取行政任务导向的行动策略，对标上级政府的任务指标采取行动。

（2）在普惠性压力型体制引导的组织内情境下，欠发达地区县域政府在推进农业市场体系建设的过程中往往采取稳定优先的行动策略，只需要完成普惠性政策的基本指标即可。然而，欠发达地区县域政府的行动策略在面对不同的组织外情境要素时也会因时做出适度调整。当面对的组织外情境较弱时，县域政府会采取行政任务导向的行动策略，采取临时性补贴、政企合作的方式来完成考核指标，但对影响农业市场流通体系建设微乎其微，与普惠性产业政策的目标相去甚远，从而形成名实分离现象。当面对的组织外情境较强时，欠发达地区县域政府会采取市场需求导向的行动策略，积极吸纳多元产业主体共同参与农业市场流通体系建设，甚至有时会为组织外情境较强的产业政策实施地兜底。在这些实施地农业市场流通体系建设相关的政策实施的结果与政策目标趋近，形成名实相符现象。

第 六 章

精明政府：乡村产业振兴中县域政府角色调适

一 县域政府如何提升乡村产业政策的持续性

(一) 公共政策的持续性因何重要？

公共政策是政府联系社会的纽带，政府正是通过一系列公共政策实现对社会公共事务的管理，并塑造稳定的经济社会秩序。其中公共政策的持续性是政府有效调节社会行为，塑造良好政策秩序的基础。在农业产业培育中，公共政策的持续性意指政府将特定产业政策作为一项长期性任务来抓，非特殊原因不对其做出重大调整或废弃。确因社会形势变化而需要促进制度革新，也要保持政策的继承性。以 1999 年到 2013 年地级市官员变更为样本检验分析发现，官员变更所引发的政策不稳定性对经济增长有显著的抑制作用。其中，不确定性预期对经济增长的负面影响更为突出。其中官员变更导致的短视性政策行为对经济增长的财政影响呈现负面效应，官员变更引发的政策不确定性预期对信贷呈负面影响[1]。此外，在党政一体的领导体制下，依托政党掌舵、政府划船、官员实施的格局和执政党组织的资源动员能力，可以保证中国经济保持持续快速发展的奇迹。

本书通过对四个案例中农业产业发展史的考察发现，由于农业产业的

---

[1] 杨海生、陈少凌、罗党论、佘国满：《政策不稳定性与经济增长——来自中国地方官员变更的经验证据》，《管理世界》2014 年第 9 期。

特殊属性要求，一般农业产业需要很多年才能够真正培育起来，政府持续性的政策支持显得尤为重要。农户由于收益预期的短期化根本不能成为农业产业化发展的核心主体。农业产业化初期需要巨资来填补固定资产投资的漏洞，加之农业产业发展的巨大风险，一般市场资本发展产业的能力和意愿有限。此外，一项农业产业的成功培育不能单靠县级政府来推动，需要省、市、县各级政府瞄准特定产业自上而下持续支持，并将相关产业培育效果作为政府绩效考核的重要指标，非如此，农业产业不可能获得可持续发展能力。

关于什么因素影响了政府公共政策的连续性，学界众说纷纭。(1) 行动主体分析视角。在中国公共政策运行中，政策企业家通过与政策系统中的各政策行为者进行互动推进政策的首次创新和持续性创新[1]。公众人物以其特有的职业身份或专业技能，通过公共舆论影响政府议程，也会最终加速或直接导致公共政策的变迁[2]。此外，利益集团通过公权力领域、市场领域和公共舆论领域向政策制定、执行主体施加压力也会影响政策的效率[3]。(2) 利益关系视角。曲纵翔等人提出政策变革是利益冲突的正反联盟为实现各自目标而协调利益冲突的过程[4]。(3) 政策属性视角。王振波提出闭合性的政策制定机制与效率追求的结合，短期性的政策发布与利益追求的捆绑，晋升及任期制的制度与政绩追求的黏合是造成部分政策"短命"的重要原因[5]。(4) 政府行为视角。叶良海、吴湘玲认为作为一种稀缺性资源，政策注意力不足是地方政府政策执行失效的重要原因[6]。(5) 政策的社会基础视角。中国是一个关系型社会，关系强嵌入会影响

---

[1] 陈天祥、李仁杰、王国颖：《政策企业家如何影响政策创新：政策过程的视角》，《江苏行政学院学报》2018 年第 4 期。

[2] 王向民：《公众人物如何影响中国政策变迁》，《探索与争鸣》2015 年第 12 期。

[3] 龚宏龄：《利益集团影响政策执行的行为研究：基于互动的视角》，《思想战线》2016 年第 1 期。

[4] 曲纵翔、祁继婷：《政策终结：基于正反联盟的利益冲突及其协调策略》，《中国行政管理》2016 年第 12 期。

[5] 王振波：《"短命"政策产生——终结的内在逻辑研究》，《东北大学学报》（社会科学版）2017 年第 2 期。

[6] 叶良海、吴湘玲：《政策注意力争夺：一种减少地方政府政策执行失效的分析思路》，《青海社会科学》2017 年第 2 期。

政策实施。目前政策执行中的关系嵌入具有初级化、人情化、资本化和常态化等特征①。政策适用性低与执行压力变化促使政策实施出现消极执行与运动式执行交替出现的现象②。上述角度分别从各自立场阐述了政府公共政策持续性的影响因素,具有重要的理论价值。然而,农业产业培育与一般工业产业存在很大的差异,透视农业产业从传统农业过渡到现代农业中政府政策持续性的作用机理可能需要好几年,甚至几十年的发展历史的回溯,上述研究即时性的研究层次不能很好解释本书的疑惑。由于组织内情境与组织外情境带来的约束不同,县域政府在农业产业培育的不同事务方面出现了不同的治理方式,比如在农业生产技术管理中出现了发展性政府与任务型治理的治理方式,在市场流通体系中出现了消极的有为政府和积极的有为政府治理方式,在农业经营主体培养方面出现了"选择性兜底"和"兜底铁三角"的治理方式。然而,深度透视四个案例的农业产业发展史,笔者发现,农业产业培育的三个方面是有机整体,缺任何一方面,产业都很难真正具有可持续的发展能力,而将产业培育的三个方面事务持续整合起来的核心力量就是政府政策的持续性。此外,受到组织内外情境因素的影响,县域政府在产业培育中的治理方式是随着环境的变迁逐渐调适的,是动态过程,传统的静态分析无法透视政府政策在产业发展中作用的变迁。此外,农业产业的成功培育不仅仅是县级政府推动就可以完成的,需要省、市、县各级政府将特定产业作为中心工作来抓,并将产业培育效果作为自上而下绩效考核的指标。传统的分析方式将研究视野限定在特定的层次,无法透析产业培育中从省到县各级政府行为对政策持续性的影响机理。

(二) 压力型体制下政策持续性的运行机理

在试点性压力型体制下,由于纵向政策压力和政治激励、横向府际竞争以及组织外情境等要素的影响,县级政府在农业产业培育中的政策持续性与产业的波动状态存在很大的关联。在农业支柱产业发展初期,无论是

---

① 汪霞:《破解公共政策执行中"关系强嵌入"迷局》,《湖北大学学报》(哲学社会科学版) 2016 年第 5 期。
② 陈家建、张琼文:《政策执行波动与基层治理问题》,《社会学研究》2015 年第 3 期。

发展规划管理、组织引导，还是市场开发和配套企业服务等方面，政府部门都无疑发挥了主导性作用。借助政府的"有形之手"来推动农业支柱产业发展对于产业原始资本积累确实起了很大作用，但是这也往往为产业继续发展埋下危机：产业发展严重依赖政府投资扶持，一旦某届政府抓产业的"企业家精神"出现松懈，产业扶持的力度时强时弱，与此同时市场组织没有嵌入当地市场且本地自主管理产业的能力没有跟上，农业支柱产业就会很快出现波动。要保持政策的连续性，不仅需要上述省、市、县政府部门保持产业发展的一贯意志，还需要协调好县、乡政府的关系，进一步优化乡政府的工作效率。例如，有的乡镇主政官员经济发展意识不够强烈，力图求稳，而对产业发展重视不够；有的乡镇官员因产业发展时间漫长，无法在有限时间内提升自己这一届的政绩而无心做长远打算；有的乡镇因为担心强力推行产业会与本地农户传统的生产模式相冲突，怕出事而不愿意发展产业；有的乡镇官员甚至会将产业发展作为形象工程，花费巨资"堆"试点，大搞形式主义。由于产业技术、管理、市场拓展、经营主体培育受多种因素影响，LT县政府在发展苹果产业的过程中因为乡村社会条件的差异而对产业发展策略做出调适，但总体保证了产业发展政策的持续性。在计划经济时期，LT县各生产大队开始尝试种植苹果，每个公社林场培育百亩以上基地，每个大队、生产队林场建立30—50亩苹果园。1977年在县政府的主导下，全县果园面积最高达到8615亩。1980年包产到户后，虽然由于生产管理技术水平较低且品种老化等问题，苹果产业一度濒临灭绝，但是县政府并没有放弃，并在1986年掀起第二次苹果产业发展。县政府鼓励、组织群众以义务工形式集体投工投劳栽植果园。由于规模小，分户经营，保存率低，技术力量缺乏，苹果产业发展再次遭遇瓶颈。栽了挖、挖了栽，宛如过山车，苹果产业培育成了当地社会各界都伤心与苦恼的事情。尽管如此，LT县历届政府主政官员不屈不挠，顶着各种压力原地站起，1992年开始再次大规模栽植果树。2006年在充分调研以往苹果产业发展的教训的基础上，该县确立了标准化、科学化种植苹果的方略。苹果产业发展前期固定资产耗资不菲，县政府遂多方整合资金，为群众无偿提供苗木、地膜以及生产技术。2007年县政府在经过多方调查研究的基础上，大胆推进苹果产业转型，出台大量优惠政策引进农业龙头企业搞标准化苹果生产基地建设。2017年，全县仅此项共投入

3730万元。历经30年的艰难探索，频繁的产业失败教训挫伤了果农的积极性，当地群众闻苹果种植而望而却步，县政府组织全县政府工作人员分片包干，县委书记和县长亲自抓点示范，LT县苹果产业发展逐渐恢复生机。为了解决技术难题，多年来，LT县政府坚持与陕西等多个省农业科学院所建立了合作关系，并"柔性引进"专家团队进入当地指导苹果产业发展。

与LT县政府产业培育逻辑不同，LS县在香菇产业发展中明显出现摇摆现象，导致该县香菇一直处于分散经营、无品牌、无高科技含量、无龙头企业带动、工艺流程落后、产业链条较短等状态，并一度沦为周边香菇市场和工厂的原材料供应地。香菇产业在LS县具有悠久的历史，几乎与XX县香菇产业同时起步，但XX县早在20世纪90年代就已经开始工厂化生产，而LS县的香菇产业政策却一直处于摇摆状态。分析LS县政府工作报告的内容，只有在20世纪90年代提及香菇产业，之后便很少出现，直到2017年该县被省政府确定为金融扶贫试验区之后，香菇产业才真正进入该县政府的中心工作范畴。为了解决农业经营资金短缺问题，县级政府一方面成立了"县级金融扶贫服务中心—乡镇级金融扶贫服务站—村级金融扶贫服务部"纵向一体的金融机构，为涉农企业发展提供必要的金融信贷服务；另一方面，采取重构社会信用评价体系，有效整合"政、银、担、保、投"等各类资源为企业贷款护航。2018年，LS县发挥后发优势，借鉴周边香菇产业工厂化生产经验，开启香菇产业的大转型。在经营主体培育方面，县政府着意引进农业龙头企业和提升合作社、家庭农场、专业大户等新型经营主体的经营能力，并对达到一定要求的农业经营主体实施奖励。同年，该县开始将冷链物流、快递物流、电商物流、大宗商品物流作为香菇产业发展的重要工作。

在普惠性压力型体制下，自上而下的压力和考核机制基本已经公布了任务考核的指标，县级政府只需要对标完成自上而下的任务指标即可。县级政府无论选择"选择性兜底"或"兜底铁三角"的经营主体培育方式、发展型政府或任务型治理的生产技术管理机制，还是积极或消极的市场流通体系治理模式，都不在上级乃至中央的考核范畴之内。正因为如此，县域政府在农业产业培育过程中出现了两种截然相反的现象：第一种产业培育现象中县域政府的产业政策属于暂时性和临时性的决策，一旦任务完成即可撤销。以精准扶贫战略中产业政策实施为例。精准扶贫中有一项重要内容就是要求贫困村要有一项重点支柱产业，但县域政府部门在推进这项政策的过程中就会出现多种变体。

变体一：就是近期热议的"消费型扶贫"，驻村工作队在驻村开展扶贫工作过程中，从一开始确立产业目标就很少考虑到市场的适应性问题，帮扶村庄的农产品生产出来后立刻遭遇市场冷遇，无奈只能由驻村干部或者驻村帮扶单位出资购买帮扶村庄生产的农产品。这种从生产、管理到销售全部由帮扶包办的产业培育模式虽然可以完成相应的政策任务，但也留存很多隐患。产业的发展本身并没有融入市场，遑论具备较强的产业竞争力。农户从始至终并没有提升生产和经营管理能力，一旦政策上收，这一类的产业项目很可能会重新回到产业发展的起点，延续传统的经营模式。

变体二：囿于村庄产业条件的限制或者驻村干部自身原因，一些驻村工作队在产业项目培育中采用租借场地，由合作社、企业等负责人出资充当村集体收入来应对考核和检查。但这种产业培育最终要么形成空架子，要么从始至终都是由个别乡村治理精英来掌控，普通群众根本无法有效提升产业发展能力。

只有在第二种产业培育现象中，县域政府在部分村庄的产业培育行为会超越普惠性压力型体制的任务边界，无论在资源的投入、政策和服务等方面都出现倾斜性支持。政府在这些被筛选出来的产业项目发展中给予的政策支持也是最持久的。这些产业项目也往往能够获得较强的产业比较优势。XX县早在20世纪70年代就已经开始发展黑木耳和双孢菇等食用菌生产。在1980年前后，该县个别山村地区开始种植椴木香菇。1984年，县政府建立食用菌科研中心，并与国内外知名专家和知名科研机构合作，为全县提供食用菌生产技术服务。1988年在县政府的资助下，农业相关部门工作人员、合作社负责人和涉菌农业企业组成的考察团参观了河北和湖北的椴木香菇种植基地后，遂开始尝试逐步扩大香菇种植的规模。20世纪90年代，县政府开始在双湾镇等几个重点乡镇引进袋料栽培法，并将袋料香菇种植作为农业产业发展的"一号工程"。20世纪90年代初，XX县成为全国最大的椴木香菇生产基地。但椴木香菇种植消耗木材的问题越来越突出。1995年县委书记亲自带队，组织各局委办和乡镇领导到浙江磐安、庆元等地参观考察。在了解到上述地方袋料香菇种植经验的基础上，成立了食用菌生产办公室，指导全县的香菇生产。1997年春季，县委、县政府联合成立食用菌生产领导小组，由县委书记和县长亲自挂帅，并把袋料香菇产业发展列为县域经济发展的"一号工程"。2000年，XX县香菇产业发展迎来一次新的转型，XX县香菇先后被国家农业部、中国蔬菜专家委员会、中国食用菌协会等单位授予"中国食用菌无公害科技示范县"等荣誉称号。然而，2006年，XX县香菇产业发展却遇到了新的瓶颈，县委、县政府提出了建设"生态大县"的工作目标，并确定了有计划地从湖北、东北、陕西等地外调木屑等菌材发展香菇产业的战略。2010年，县委、县政府通过招商引资的方式引导农业龙头企业在XX县推广免割袋技术。当年，全县的香菇生产达到创纪录的1.5亿袋。香菇生产出来后，销售问题又成为县政府产业实践的最大难题。为了吸引浙江、福建、江苏、湖北、陕西等省的香菇销售企业，XX县采取"政府+集体+个体+企业合作"的方式，筹资300多万元，先后扩建6条街道，并按照南方客人的生活习惯，统一设计建起500家具有欧式风格的专业门店。近年来，在县政府的大力扶持和政策优惠下，不仅国内香菇销售商纷纭而至，日本、韩国、新加坡等国购销代理商也纷纷落户XX县。双湾镇就是XX县初期重点扶持的香菇产业重镇。双湾镇位于距离县城27公里的山区，全镇44万亩土地中八成是山坡地，在发展香菇产业之前，该镇大部分农户基本都外出打工贴补生计。1995年前，全镇财政收入仅有65万元，农民人均收入不足700元。为了调动群众的生产积极性，1995年镇政府党员干部带头集资办起了2个香菇种植示范场。在农场初具规模后，镇政府深入辖区各个村庄说服当地农户发展香菇产业，但最终也只是调动了3个示范村、20个示范组，共计100个示范户参与香菇产业的发展，其余农户一直处于观望状态。为了消除种植户心中的忧虑，县政府出台政策支持建立了镇、村、组三级服务体系，镇政府实行技术、资金、物资三送门，为农户无偿提供市场、技术信息，并协调整合200万元支持示范户产业发展。XS县是另一个在农业支柱产业发展中保持政策连续性的重要案例。由于茧丝绸行业的特殊属性，从桑苗培育、种桑管桑、蚕种培育、养蚕、蚕茧收购、丝厂缫丝、生丝织绸、绸缎印染、绸缎生产、丝绸服装，最终到出口创汇，在这条漫长的产业链中只要有一环生产不够精细，便会直接影响到产业最终的质量和效益。为了规避风险，XS县政府一开始只是在个别乡镇和蚕桑基地村搞试验性培育。从 2011 年开始,县财政每年投入经费 150 万元并整合其他涉农资金 500 万元在重点区域推进蚕桑产业发展。2011 年,全县春蚕实现养种 1.37 万张,产茧 1.2 万担,收入 2340 万元。2016 年,为了进一步提升蚕桑产业的发展水平,县委、县政府成立了蚕桑产业领导小组,除了协调企业、蚕桑乡镇、蚕桑基地村、小蚕工厂的生产管理工作,还负责考核各乡镇、各部门、各合作社的工作绩效。县直属部门包村发展蚕桑产业,各部门负责人带头挂好 1 个基地村并安排 1 名后备干部常驻基地村。此外,按照县政府的统一要求,乡镇党委书记、村支部书记分别作为蚕桑乡镇蚕桑基地村的主要负责人,乡镇要配齐 1 名懂蚕桑的副职专抓蚕桑生产,承担直接责任。

(三) 公共政策持续的要素

在压力型体制下,上级政府部门的考核内容往往对县域政府保持政策的连续性产生重要的影响。在一项农业产业项目培育中,上级政府的注意力分配或者支持强度出现变化,县域政府自然会灵活改变产业的支持力度。G 省苹果栽培历史悠久,种植区域遍布全省 14 个市、州的 79 个县、市、区,是全国苹果等果品的主要生产地。从 1985 年开始,苹果面积和产量虽然有所波动,但总体呈增长态势。1985 年之后,全省掀起苹果种植高潮,1996 年至 1997 年间苹果种植面积高达 317 万亩。在产区的分布上,从全省各地普遍发展苹果到逐步向适宜区、最佳适宜区、优势区转移,初步形成了栽培区域相对集中的规模化格局。

从 G 省苹果产业的发展史来看,LT 县作为全省苹果生产重点县,其苹果产业政策的持续性与省级政府的持续关注是分不开的。历年来 G 省从生产管理、生产技术、经营主体培育、市场和品牌建设以及流通体系建设等方面对全省重点苹果生产县的任务做了详细规划并给予相应的政策支持。省政府对苹果产业的持续关注也自上而下传导至县级政府的政策议程。依据《苹果产业重点扶持办法》,2014 年,G 省制订了苹果生产优势区域重点扶持的任务分解计划。任何农业产业的培育除了生产管理、经营主体培养外,更重要的环节就在于产品的销售。产品的销售固然需要发挥市场的基础性调节作用,但是设计产业营销流通体系等相关固定资产投资仅仅靠农户或者企业是难以完成的,因此需要政府加以扶持。

J 省发展参蚕桑产业的历史悠久，省政府也将蚕桑产业作为全省重要的农业产业项目来抓。1989 年，J 省蚕桑工程第一期任务完成，建成桑园面积 45 万亩，年产鲜茧 40 万担。1992 年，针对春夏茧丝市场疲软、农民卖茧困难等问题，省政府及时调整政策，取消计划外茧丝出省手续费，免去出省颁通行证的做法，并且严令在省内不准任何单位设卡阻塞蚕桑流通渠道。同年，在蚕丝产业技术逐步成熟后，省政府逐渐将蚕丝生产重点县扩展至 10 个，并要求县域设重点乡镇，乡镇设重点蚕桑村。在省政府的大力支持下，1992 年底，该省共有 10 个县蚕茧产量达到万担。1993 年，省政府将蚕桑重点县扩展至 20 个，所生产的蚕茧数量达到 28 万担。1994 年，省政府成立蚕桑工程领导小组专门负责第二期蚕桑工程的建设任务，并对省直相关部门分配了任务，其中农、牧、渔业负责桑园建设和蚕桑生产规划布局、落实规划的各项技术保障措施，省经贸厅负责拓宽茧丝绸流通渠道，省财政厅及省人民银行、省农业银行、省建设银行、省中国银行等负责为产业发展提供融资服务。随着东部地区经济社会的快速发展，劳动力成本不断增加，环境污染严重，蚕桑产业在东部地区的比较效益逐年下降，2006 年，中央政府推出"东桑西移"战略。江西因为悠久的蚕桑种植历史和优越的自然环境条件被国务院确定为国家蚕桑重点生产区域。XS 县就是在此时被确定为全国万亩蚕桑重点生产县。

二　县域政府是产业的保障者而非利己的行动者

欠发达地区由于经济基础条件较差，在培育农业产业的过程中需要政府部门投资或者辅助企业投资农村地区产业的固定资产，也需要政府帮助提高农村的组织化程度。然而在压力型体制下，政策任务的逐级行政发包和自上而下的绩效考核压力会通过政府系统自上而下传导到基层[1]。囿于财政能力较低等因素，县域政府往往会选择对提升政绩最有利的方式推进

---

[1] 陈佳、高洁玉、赫郑飞：《公共政策执行中的"激励"研究——以 W 县退耕还林为例》，《中国行政管理》2015 年第 6 期。

农业产业发展。

(一) 企业与农户的利益联结机制

农业产业培育中农业龙头企业具备较强的参与国内外市场竞争的能力，能够将分散的涉农资源整合起来提升产业的可持续发展能力，也能够将分散的家庭小农户经营与大市场连接起来。因此，构建和完善企业与农户之间的利益联结机制是县域政府的重要工作内容之一。然而，受到企业与农户交易主体地位不对等、交易的不确定性[①]、企业与农户松散利益联结机制[②]等因素的影响，企业与农户之间往往存在很多矛盾和冲突，需要政府相关部门加以协调和规制。

在农业企业与农户合作开展农业产业项目中，由于信息不对称以及竞争能力的差异，农户往往在与企业发生冲突时处于劣势位置。2010年，XX县兴业菌业有限公司开始在东馆镇和上林镇23户农户合作发展秀珍菇。23户菇农共向兴业菌业有限公司购买菌包275万包，每包单价1.15元，共付菌包款项达316万多元。另外，每个菌包按照生产成本0.3元算，前期投入资金亦达82.5万左右。菇农按照企业技术要求操作，企业原本承诺的香菇并未如期出菇。菇农后期虽然经过数次种植，但是出菇情况依然不容乐观：大部分菌包出菇率很差，部分菌包出菇后因为养分不足而死亡，还有的菌包出现长绿霉或灰霉等问题。在经历了多次失败之后，菇农决意集体找兴业菌业有限公司讨要说法。公司后期虽然派遣工作人员去现场考察情况，但是一直没有等到公司的回应。菇农也甚至一度被公司保卫人员拒之门外。无奈之下，菇农集体向县农业局寻求解决办法。后期，县农业局相关人员进入所有菌棚了解相关情况，并进行了视频和照片记录。在县农业局介入下，兴业菌业有限公司开始有所反应，但是很快便不再理会菇农的诉求，而将菌包不出菇的责任归咎于菇农们管理不善。在县政府的协调下，菇农集体去该公司内部的食用菌生产基地查看，结果发

---

① 万俊毅、彭斯曼、陈灿：《农业龙头企业与农户的关系治理：交易成本视角》，《农村经济》2009年第4期。
② 陈学法、王传彬：《论企业与农户间利益联结机制的变迁》，《理论探讨》2010年第1期。

现公司的食用菌大棚生产情况与菇农的情况差不多。在此种情况下，县政府决定出资30万元给菇农将菌包送去北京做鉴定。在压力之下，公司同意协调赔偿。而在菇农与公司协商的过程中又出现了问题，菇农要求公司按照成本价赔偿，但公司只愿意承担0.15元/包的赔偿价。菇农发展食用菌产业的资金大多来源于借贷，在近400万元的成本中，借贷的金额超过250万元。若按2%的利息率计算，每个月菇农们加起来的利息超过5万元。2010年8月9日，所有菇农在县政府门口集会，最后在县政府的支持下，菇农决定起诉。

　　二坝镇位于LS县的大山深处，种植香菇是当地农户的主要经济来源。2006年，该镇下岗职工王某在镇政府所在地开办了食用菌购销门市，为菇农们代理收售香菇等食用菌。2007年，XX县百合源兴食品有限公司委托王某门市收购香菇。按照事先的约定，由王某提供仓库和货源，公司支付货款。然而，转眼之间到2007年秋季收购季节，百合源兴食品有限公司却以各种借口拖欠63户菇农香菇款89万余元。王某联合菇农多次向该公司讨要香菇款，但终无所获。2009年1月5日，王某和其他菇农将该公司起诉到XX县法院，法院判令公司给付89万余元欠款。王某等申请法院强制冻结了公司仓库里的存货，并把拍卖后的57万元拍卖所得放在法院。2009年1月13日，法院对菇农们提供的证据当庭都予以认可。然而，与同年4月14日作出的判决（2009）西民商初字第67号判决书却大相径庭，菇农们被判败诉。不服判决的菇农筹集诉讼费将该公司上诉到南阳市中级人民法院。2009年7月22日，南阳市中级人民法院在被告拒不到庭的情况下做出缺席判决，依法裁定撤销XX县法院的判决，发回重审。2011年3月17日，XX县法院庭审数月后下发了判决。但并不认可菇农的诉求。2013年，63户菇农终于拿到了中级人民法院做出的"民商终字263号民事判决书"。中级人民法院裁定该公司10日内偿还原告713185元货款，除去原告扣押的货款，被告实际应给付63户菇农货款198441元，并支付利息。2013年1月16日，XX县法院通知王某前去领款。但在法院王某等菇农获得的结果是2009年法院保留的款项另外有XX县当地的三家参与分配。王某等63户菇农只能够领取13万元。但是从63户菇农处获知那几年的诉讼费、保全费、看仓库费、公告费、律师代理费（四次）总共达20万元。

(二) 县域政府为农业固定资产投资托底

增加固定资产投资是提高农业产业综合生产能力的重要基础。有研究表明农村物流固定资产投资对农业产出影响明显,在我国中西部地区更甚。在我国欠发达地区推进农业产业项目,政府需要进一步强化支持要素禀赋结构有潜力的村庄,促进这些村庄的产业升级和转型;针对一些底子薄、产业要素禀赋水平较低的村庄,政府需要为其托底,逐渐培养其发展潜力。要完成这些培育任务,除了要依靠县乡政府及相关部门,还需要积极发挥驻村干部、驻村帮扶单位等主体的作用。

在欠发达地区农业产业培育中,县级政府作为享有完整财权的最低一级政府,在产业培育中发挥着关键作用。XS 县在蚕桑产业发展中将蚕桑产业发展风险基金的筹集与管理作为政府托底的重要内容,以此降低农户和企业发展产业的风险。县财政将丝、绸、家纺企业年度上缴税收的 50% 作为蚕桑产业发展风险基金,由县财政局提取并划入县蚕桑局列为专户管理。乡镇蚕桑生产专业合作社从当年蚕茧收烘环节实现的利润中提取 30% 公积金部分为蚕桑产业发展风险基金,由乡镇财政所提取纳入蚕桑生产专业合作社账户实行专户管理。此外,县政府还对如何使用蚕桑产业发展风险基金做出了详细规定。在蚕茧价格每市斤低于 8 元时蚕农可以按照"社有县管,股东会决定,合作社申报,乡镇政府审核,蚕桑领导小组批准"的组织程序申请县财政对蚕茧进行收购。为了保障苹果产业健康发展,降低自然灾害对农业生产的影响,LT 县逐步在苹果种植重点乡镇全面实施防雹网技术,上梁镇 2016 年共搭建防雹网近 2000 亩。2017 年,县财政出资帮助农户全镇搭建防雹网 1500 亩以上。

驻村帮扶是我国推进欠发达地区产业发展的重要举措之一。一方面,在压力型体制下通过自上而下地施加压力并确定相应的任务考核指标促使驻村工作队能够在政策期限内服务于乡村产业发展;另一方面,通过政治激励和晋升竞赛调动基层官员参与欠发达地区农业产业发展的积极性。十里庙位于 XX 县洪水镇西北部,全村共有 19 个村民小组、1600 余人。2013 年,该村被省扶贫办确定为省级贫困村。在精准扶贫政策实施以前,村容破败、一片萧条是外界对这个偏僻山村的直观印象。加之该村位于国家恐龙蛋遗址保护区,工业产业受到很大限制,产业结构单一,当地农民仅靠传统的粮食作物种植勉强维持生计。2014年，驻村工作队开始进驻这个小山村。历时一个多月的家访和摸排考察，驻村工作队在与村两委紧密磋商后确定了"生态优先、产业主导、提升基建"的乡村发展思路。"驻村三年里，老乔带领村干部，抓党建促脱贫，强化基础设施建设，调整农业产业结构，发展农村集体经济，带领群众增收致富。"该镇党委书记如是说。（编码：BH1）驻村工作队首先对1140亩荒坡进行治理，新增土地750余亩，种植生态林1200多亩，栽植各类苗木68000多棵。在此基础上，驻村工作队帮助村庄硬化村组道路22公里，对11个村民小组的1.8公里供排水管网进行了修缮，并整修沟渠3.7公里，还为村庄新建游园3处、广场1处、公厕5个。此外，为了发挥村庄深处大山，森林资源丰富的优势，村民在村子周围山地种植黄姜1500余亩、香菇5万余袋，并分期分批建成了猕猴桃"农游一体"生态农业旅游基地800余亩。

三 成本分担与产业资本形成

所谓产业资本是指"投在物质生产部门（工业、农业、运输业和建筑业等）的资本"。农业产业是一项既耗时又耗资的产业形态，无论是前期的固定资产，还是产业发展中的管理、技术维护、人工费用、市场信息获取等方面成本都非常大，单纯依赖任何一方行为主体都不可能解决所有问题。因此，需要政府与市场主体、社会力量合作分担产业发展的成本，加速产业的形成速度。在上述四个案例的产业培育实践中，县域政府通过提供低息贷款、财政奖补以及贴息等政策吸引多主体共同参与农业产业开发取得了很好的效果。

中小企业是经济的最底层，也是社会的发展基石。小微企业在发展初期，资金缺口大并缺少相应的担保物，融资难、融资贵始终是阻碍其发展的最大瓶颈。XS县在近年来设立了额度1亿元的工业发展基金、1亿元政府引导基金和4亿元科技创业投资引导基金，用以鼓励农业企业的培育。为了帮助企业积累原始资本，县本级财政安排资金3000万元，设立企业倒贷资金池，为有发展潜力但短时期内资金短缺的企业提供过渡资金。县财政还进一步增加了"财园信贷通"融资额度。对于"财园信贷通"的会员中能够按时归还本息且上年纳税额在50万元以上的企业，县财政为其担保将贷款限额从每家企业 500 万元上升至 1000 万元。在县财政政策的激励下，2016 年，全县"财园信贷通"融资额度达到 7 亿元。此外，县蚕桑局还专门设立了针对桑农的奖补政策，对新建设的每个小蚕共育点给予 1 万元扶持，对搭建养殖大棚的农户每平方米给予 30 元至 50 元补助。

LS 县横跨长江、黄河分水岭南北两麓，山深林密，气候温暖湿润，是中国五大优质香菇生产基地之一。但该县也是国家级贫困县，县政府的运作基本靠中央财政对地方转移支付的资金，再加上该县个别干部将原本用于扶贫的款项挪作他用，发展产业的资金非常少。虽然拥有丰富的自然资源，但是由于缺乏充足的资金扶持，当地一直未形成自己本土的企业，农民专业生产合作社也是少之又少。

首先，县财政为降低企业融资成本进行了一系列金融政策创新。2016年，省财政厅、省扶贫办、省金融办、中国人民银行郑州中心支行等 6 部门联合推出金融扶贫方案。精准扶贫政策实施后，国家相关部门创新了扶贫小额贷款的标准和程序，目的在于对符合条件的建档立卡贫困户实现小额信贷全覆盖。按照金融扶贫方案设计，扶贫贷款对象主要分为两类：有贷款意愿、有就业创业潜质、有一定技能素质和有较强信用意识的建档立卡贫困户，带贫农业龙头企业。在为企业提供小微扶贫贷款的同时，LS 县还建立了担保、再担保增信，分担防控风险机制，其中省农信担保公司对建档立卡贫困户免收担保费，对带贫龙头企业按每年 1% 收取担保费。省担保集团为省农信担保公司提供一定比例的连带责任再担保，并按照每年 0.2% 收取再担保费。县级政府统筹相关资金对扶贫小额信贷借款给予贴息支持，对符合条件的建档立卡贫困户开展小额信用贷款，给予全额贴息；对符合条件的带贫农业龙头企业的担保贷款，按照年贴息率 3% 进行贴息。随着金融政策的推进，LS 县个体农户和农业企业贷款数额在快速增长。

尽管政府通过政策创新降低农户贷款风险以及为农户和带贫企业提供免息政策，但实际效果并不如官方数据显示的那么美好。在政府助贫贷款政策实际执行过程中出现了几种资金流向模式：第一种，农业龙头企业成为政府低息甚至免息贷款的最大受益者。比如，崇信集团在县政府的协调下以 2000 万元资金作为保证金撬动银行贷款 3 亿元。第二种，限于贫困户的能力以及选择产业项目的难度,国家金融扶贫的小微贷款的贷款率并不高。实地调查中研究者发现,很多贫困户并没有发展产业的能力或者没有贷款的意愿,很多地方是以贫困户的名义贷款之后再将贷款交给企业或者合作社来使用,贫困户与企业之间按照事先的约定到年底分红,直到扶贫工作验收完成。

四 农资冲突的缓冲阀

在欠发达地区农业产业培育中,农民群众已不再是传统意义上自给自足的小农,而是变身兼业小农[①]和专业化的商品生产者。在企业与农户合作发展农业产业的过程中普遍存在收益短期化的特征,即农户对于产业发展周期认识不足,当年投入发展产业就希望能够有收益。然而,农业产业的发展从前期规划和项目选择,中期管理到成熟期的运营需要很长的时间,很多农业项目需要在很多年后才能够真正取得收益。因此,产业发展的规律与农户的收益预期存在冲突。围绕这一冲突关系演变出两条运行机制:一方面,即使有政府的政策扶持,农业企业在推进产业发展中仍需要不断投入大量的资金,企业的现金流非常紧张,如果按期兑付农户的利润分红,无疑增加了企业运营的风险。另一方面,大部分农户并不具备良好的企业家精神,在产业发展中希望能够在短期内获得收益。为了协调农资关系,处理好上述矛盾就需要政府在农资之间扮演缓冲阀的角色。

五 农业产业发展的带头人

在农业产业培育的道路上,分散的农户因为技术、经营能力、市场信息获取、资源整合能力等条件限制,参与农业产业发展的能力有限。LS县下汤镇松垛沟村村民鲁某忠种植香菇已9年多。由于种植经验都是靠自己慢慢摸索积累而来,缺乏科学的系统培训,鲁某忠2017年播种的香菇在椴木上一点也没有发酵,甚至不少香菇杆整个坏死,一个香菇都没有长

[①] 赵佳、姜长云:《兼业小农抑或家庭农场——中国农业家庭经营组织变迁的路径选择》,《农业经济问题》2015年第3期。

出来。松垛沟村很多村民也都零散种植香菇，但不约而同发生了香菇杆坏死或霉菌的问题。村民集资邀请省食用菌专家来村里查看情况，认为很可能是天气原因或菇农管理不当所致。

　　乡村治理精英生长于农村，对农村群众的需求有很深的理解，对农村产业条件把握比较准确。乡村治理精英若能把握最新的经济发展模式，在获得自我发展机会的同时，在带动贫困户发展方面也会有较好的表现。在农业产业培育中，乡村治理精英相比普通群众具备更为先进的发展思路。HX 村是 XS 县一个偏僻的小山村，如前文所述由于交通闭塞，产业匮乏，人心散漫，民风彪悍，全村因赌博、斗殴、偷窃等行为被判服刑的村民有 60 多人。2008 年村两委换届选举，村民选出代表去游说寻找致富带头人，经过很多次尝试，该村流出的乡村精英徐某年开始回村带领村民发展产业。徐某年早年外出创业，成功创办了综合养殖公司，公司年收入超过百万，是当地有名的"养猪状元"。徐某年在走访每一户农户之后，结合村里的实际条件确立了"农业产业化、土地园林化、耕作机械化、住房城镇化、农民工人化"的产业发展策略。34 岁的柴某成是 XX 县城关镇民兵。从 1994 年开始，柴某成就开始从事食用菌购销经营。经过很多年的发展，XX 县香菇已经畅销国内，但欧美国家市场的空白一直是该县香菇发展的痛点所在。1999 年，柴某成在当地政府的协助下，开始利用书画报告、录像资料等，积极与欧盟生态认证中心联系，推荐 XX 的天然有机食品。经多方努力，该中心分别于 2000 年、2001 年两次派员前往 XX 县实地考察，对 XX 县天然有机食品的生产、采集、加工方式十分满意，并且接受了他的申请，将 XX 县作为欧盟天然有机食品的采集、生产基地之一。最近，该中心又签发认证书，确认 XX 县的黑木耳、牛肝菌等 21 种食用菌为天然有机食品，确认苍术、山茱萸等 54 种植物为优质中药材，委托北京一家进出口公司与柴某成签订了长期贸易合同。XX 县的民兵生产的香菇打入国际市场，带动了全乡乃至全县民兵和群众的种植积极性。

　　乡村经济精英具有更科学的决断力。蚕桑、水稻等是 HX 村传统的产业，2009 年新任领导班子上任后经过反复论证，确立了在 HX 村发展蚕桑产业的规划。因为往年村里村民都是零散养殖蚕桑，即使村委会确定大规模发展蚕桑产业后村民的积极性也并不是很高。为了调动村民的积极性，村两委动员村组干部和党员带头发展蚕桑，全村桑园面积由 2008 年几近荒芜的 50 亩扩大到现在连片优质高产桑园 800 多亩。在村支部书记徐某年的带领下,村集体争取到省蚕种厂落户 HX 村。之后,村两委牵头成立了蚕桑生产专业合作社,与省蚕种厂合作推广科技养蚕,开展技术培训,提升茧质和产量,使单张蚕种收入由原来 1000 多元提高至 6000 多元。为了吸引更多的农户参与到产业项目中,HX 村建成"网格化"灌溉渠 5000 米,平整格田面积 1600 亩,新建田间机耕道 16 公里,为产业发展提供了必要的基础设施。

第七章

结论与政策建议

一 结论：组织内外情境约束下县级政府行动逻辑

（1）问题指向

受农业产业发展耗时长、见效慢、市场供求关系难预见和农户收益短期化等主客观因素影响，县域政府成为欠发达地区推进农业产业发展的核心行动者。欠发达地区县域政府在培育农业产业行动中普遍且长期存在差异化的行动结果，即同一政府在执行产业政策时可能同时存在执政结果与政策目标趋近或者执行结果与政策目标背离的现象。本书将前者称之为名实相符，将后者称之为名实分离。

（2）核心论点

不同类型的压力型体制所引导的组织内情境决定了欠发达地区县域政府培育农业产业过程中究竟采取追求稳定优先还是发展主义的行动策略，而具体执行培育农业产业政策的过程中县域政府会依据组织外情境的强弱调整上述行动策略，最终导致培育农业产业中出现差异化行动结果的现象。

分论点一：在试点性压力型体制所引导的组织内情境的约束下，欠发达地区县域政府在自组织能力和自主经营能力等组织外情境较强的村庄采取协调和辅助策略，助推辖区内多种经营主体开展合作，政策执行结果与政策目标之间趋近，形成名实相符。此外，欠发达地区县域政府在自组织能力和自主经营能力等组织外情境较弱的村庄采用行政主导的行动方式推进产业培育政策，易发生"一刀切""精英俘获"等问题，造成政策执行结果与政策目标之间分离的现象。

分论点二：在普惠性压力型体制所引导的组织内情境的约束下，县域政府会在组织外情境较弱的村庄采取稳定优先的行动策略，而在组织外情境较强的村庄采取发展主义的行动策略。结果大量产业资源集中于个别中心村，进一步拉大了村庄之间的差距，与政策目标相悖，形成名实分离现象。

(3) 欠发达地区县域政府培育农业经营主体的行动逻辑及其结果

第一，在试点性压力型体制所塑造的组织内情境的约束下，欠发达地区县域政府在自组织能力和自主经营能力等组织外情境较强的村庄采取协调和辅助策略，县域政府只需要进一步帮助这些村庄提升经营主体培育的质量即可。政策执行结果与政策目标之间趋近，形成名实相符的现象。此外，欠发达地区县域政府在自组织能力和自主经营能力等组织外情境较弱的村庄采用行政主导的行动方式推进产业培育政策，但政府不可能考虑到所有村庄的差异，只能采取统一的模式培训经营主体，往往导致培训内容脱离乡村社会需求，出现"一刀切"困境，形成名实分离现象。

第二，在普惠性压力型体制所塑造的组织内情境的约束下，县域政府会在组织外情境较弱的村庄采取稳定优先的行动策略，而在组织外情境较强的村庄采取发展主义的行动策略。结果集中力量培育中心村农业经营主体，而忽略了非中心村的需求，进一步拉大了村庄之间的差距，与政策目标相悖，形成名实分离现象。

(4) 欠发达地区县域政府促进农业产业技术革新的行动逻辑及其结果

第一，在试点性压力型体制所塑造的组织内情境的作用下，县域政府倾向于采用"发展型政府"的行动策略来推进本辖区农业产业技术的革新。县域政府在推进产业技术革新中遇到乡村自组织能力和自主经营能力强等组织外情境要素时，政府、经济组织和农民协同参与产业技术革新活动，乡村整体的农业产业技术革新获得较大成功，形成名实相符现象。但是当遭遇低乡村自组织能力和自主经营能力的组织外情境时，县域政府就会将工作重心转向优先扶持农业企业或者个别农业大户。如此可能会导致农业企业或个别农业大户的生产技术得到优先升级，而所在地农村地区的农业产业技术不会整体得到提升，形成名实分离现象。

第二，在普惠性压力型体制下，县域政府只需要对标完成自上而下的农业产业发展考核指标即可，并不需要县域政府进行过多探索性尝试。在乡村自主经营能力和自组织能力等组织外情境较弱的情况下，县域政府往往会采取"稳定优先"的政策取向，社会政策取代经济规划作为政府的工作重心。县域政府致力于调控通货膨胀幅度、保障民众基本就业和维护社会秩序稳定。农业经营主体培育水平并未得到实质提升，致使政策执行结果与政策目标之间背离，出现名实分离现象。与之相反，对乡村自主经营能力和自组织能力等组织外条件较强的村庄，县域政府在产业发展中会着重支持这类村庄的产业项目发展，很多时候甚至愿意为农业产业的启动进行兜底，从而保证了政策执行结果与政策目标之间的一致性，出现名实相符现象。

(5) 欠发达地区县域政府建设农业市场流通体系的行动逻辑及其结果

第一，在试点性压力型体制所引导的组织内情境下，自上而下的政策压力和横向府际竞争压力促使县域政府采取行动，而自上而下的政治激励和政策扶持为县域政府行动能力的提升创造了可能。当产业实施地自组织能力和自主经营能力等组织外情境较强时，县域政府会采取市场需求导向的行动策略，为农业经营主体产品形象打造和市场流通渠道拓展提供辅助。此时，县域政府政策实施的结果与政策目标之间的一致性比较高，呈现名实相符现象。但是当产业实施地乡村自组织能力和自主经营能力等组织外情境较薄弱时，县域政府则会采取行政任务导向的行动策略，对标上级政府的任务指标采取行动。

第二，在普惠性压力型体制引导的组织内情境的作用下，欠发达地区县域政府在推进农业市场体系建设的过程中往往采取稳定行动策略，只需要完成普惠性政策的基本指标即可。然而，欠发达地区县域政府的行动策略在面对不同的组织外情境要素时也会因时做出适度调整。当面对的组织外情境较弱时，县域政府会采取行政任务导向的行动策略，采取临时性补贴、政企合作的方式来完成考核指标，但对建设农业市场流通体系影响微乎其微，与普惠性产业政策的目标相去甚远，从而形成名实分离现象。当面对的组织外情境较强时，欠发达地区县域政府会采取市场需求导向的行动策略，积极吸纳多元产业主体共同参与农业市场流通体系建设，甚至有时会为组织外情境较强的产业政策实施地兜底。这些实施地农业市场流通体系建设相关的政策实施的结果与政策目标趋近，形成名实相符的现象。

二 优化县域政府培育农业产业行动策略的建议

受纵向政策压力与激励、横向府际竞争压力等组织内情境和乡村自组织能力和自主经营能力等组织外情境的综合影响，欠发达地区县域政府培育农业产业的行动中普遍且长期存在差异化结果的现象。要调适欠发达地区县域政府培育农业产业的行动策略，提高农业产业政策的执行效果，就需要从组织内外情境入手寻找对策。

（一）县域政府培育农业产业行动的组织内情境优化路径

首先，优化和提升财政能力是促进县域政府按照产业政策预设目标行动的重要途径。分税制改革虽然重新确立了中央与地方之间财政收支的比例，但是也导致中央将税收收入上收而将责任下放的局面。同时也间接导致省级政府将基层政府的财政收入统一收回，市级政府向县域政府收回财政收入。2014年开展的"营改增"改革，对于从整体上降低社会的税负，促进经济增长起到了一定的作用，但是也导致中央将省级政府财政上收，省级政府将县域政府财政上收，县域政府原本的公共责任并没有因此缩减。在双重挤压下，县域政府所能抽出用于培育农业产业的资金非常有限，故而不得不将资源选择性投放在个别中心点，以彰显政绩，从而出现名实分离现象。因此，要破解县域政府行动中的名实分离现象必须要从提升县域政府的财政能力着手。第一，需要重新调整一般性转移支付与专项转移支付的比例。从培育农业产业的实践来看，一般性转移支付对于缓解县域政府财政压力，提升发展产业的积极性起到了很好的作用。但是眼下的专项转移支付制度内容庞杂，项目设置存在较多重叠的问题。部分设置项目与产业实施地的需求相脱节，这使得专项转移支付制度运行起来略显僵化。不能将有限的资源灵活运用到产业发展的各个环节。因此，需要提升一般性转移支付在转移支付中的构成，逐渐减少专项转移支付的比重。第二，需要进一步规范横向的政府财政转移制度。近年来在中央政府的协调下，东部很多发达省份和市区结对帮扶中西部欠发达地区的产业发展，需要将这些横向的转移支付制度规范化。

其次，促进横向府际之间的合作。农业产业的发展往往带有很强的地域性，促进同一地域政府横向之间的合作是实现资源优化配置和提升应对市场风险能力的重要途径。虽然横向政府之间存在竞争关系，但是要创造良好的农产品品牌，构建纵向和横向的市场流通体系，提升区域特定农业产业整体实力迫切需要政府之间的合作。XX县与LS县隔山相望，在发展香菇产业的道路上一直是各自为战。XX县早在20世纪90年代就已经步入工厂化生产的时代，而LS县则一直踟蹰不前，直到2017年精准扶贫政策实施将该县确定为金融扶贫重点试验区，该县才在个别几个乡镇开展香菇标准化生产。

（二）县域政府培育农业产业行动的组织外情境优化路径

首先，需要着力提升乡村经营主体的经营能力。第一，政府需要多措并举优化农业经营主体的补贴机制。对于因带农、带贫等增加经营成本的农业经营主体，政府应对其加大政策、税收、资金、技术等方面的支持力度。对于带领企业驻地农业生产整体水平提升的农业经营主体，财政应当给予一定的奖励和补助，以助其快速发展。此外，政府应当协调新型经营主体与农户之间的关系，建立广泛的利益连接机制，鼓励新型经营主体依托现有产业资源优势，带领农户共同发展农业产业，提高农户的经济收入水平、增强产业经营能力。当然，为了杜绝上文中分析的新型经营主体为了套取财政的补贴资金虚假带农和带贫现象的产生，政府部门需要进一步细化相关政策中对新型经营主体带农和带贫享受政策补贴的考核指标，避免单纯将农户数量作为考核的关键依据，而是要将农户真实的农业产业经营能力作为核心的考核指标。要求申请政策支持的新型农业经营主体必须准确、详细地提供所带动的每家农户的户主姓名、人口、产量、收入及带动方式等信息。第二，要推进职业农民培训。农业产业的发展最为关键的就是提升农场主及农业工人的专业技能和管理水平，着力培育一批懂技术、会经营的职业农民作为农场发展的掌舵者。政府要统筹安排各类农业学校、科研机构等分散的公益性培训资源下沉到乡村，为农民职业化发展提供保障。此外，政府在加大对农户职业能力培训的同时要避免程式化的

"大水漫灌",要有针对性,不仅要加大对农业经营能人的培训,而且要对农业产业前期、中期和后期的服务人员加强培训。

其次,要提升乡村农户的自组织能力。由于欠发达地区农业产业发展的分散性特征,完全标准化和工厂化的农业产业发展模式只能嵌套在乡村场域,而普通的农户恰恰会被排斥在外围,无助于提升当地的农业产业整体发展水平。因此,需要将分散的农户经营与工厂化和标准化生产的经营模式相互嫁接。农户按照新型经营主体的标准在自家耕地生产,企业等经营主体辅助后续的回收和深加工等流程。但要做到这一点就需要整体提升乡村的自组织能力和集体行动能力。

参考文献

中文类文献：

［俄］A. 洽亚诺夫：《农民经济组织》，萧正洪译，中央编译出版社 1995 年版。

曹幸穗：《旧中国苏南农家经济研究》，中央编译出版社 1996 年版。

邓初民：《新政治学大纲》，中国社会科学出版社 1984 年版。

黄宗智：《长江三角洲的小农家庭与乡村发展》，中华书局 1992 年版。

［德］马克斯·韦伯：《中国的宗教：宗教与世界》，康乐、简惠美译，广西师范大学出版社 2004 年版。

［德］马克斯·韦伯：《资本主义与农业社会——欧洲与美国的比较》，永坚译，载甘阳《民族国家与经济政策》，生活·读书·新知三联书店 1997 年版。

［美］J. 米格代尔：《农民、政治与革命》，李玉琪、袁宁译，中央编译出版社 1996 年版。

［日］青木昌彦、奥野正宽：《经济体制的比较制度分析》，魏加宁等译，中国发展出版社 2001 年版。

任维德：《地方政府能力与地区发展差距研究》，内蒙古大学出版社 2007 年版。

荣敬本、崔之元、王栓正等：《从压力型体制向民主合作体制的转变：县乡两级政治体制改革》，中央编译出版社 1998 年版。

［澳］詹姆斯·C. 斯科特：《农民的道义经济学：东南亚的反叛与生存》，刘建、程立显译，译林出版社 2001 年版。

［美］塔尔科特·帕森斯：《社会行动的结构》，张明德等译，译林出版社

2012 年版。

汪和建:《自我行动的逻辑——当代中国人的市场实践》,北京大学出版社 2013 年版。

王汉生、杨善华:《农村基层政权运行与村民自治》,中国社会科学出版社 2001 年版。

［美］西奥多·W. 舒尔茨:《改造传统农业》,梁小民译,商务印书馆 2006 年版。

［美］扬·杜威、［荷］范德普勒格:《新小农阶级》,叶敬忠、潘璐译,社会科学文献出版社 2013 年版。

杨其静:《市场、政府与企业:对中国发展模式的思考》,中国人民大学出版社 2009 年版。

［英］约翰·洛克:《政府论》（下）,叶启芳、瞿菊农译,商务印书馆 1986 年版。

［美］詹姆斯·S. 科尔曼:《社会理论的基础》（上）,社会科学文献出版社 1999 年版。

赵阳:《共有与私用:中国农地产权制度的经济学分析》,生活·读书·新知三联书店 2007 年版。

安永军:《规则软化与农村低保政策目标偏移》,《北京社会科学》2018 年第 9 期。

［英］鲍勃·杰索普:《治理的兴起及其失败的风险:以经济发展为例的论述》,漆燕译,《国际社会科学杂志》（中文版）1999 年第 1 期。

［英］鲍勃·杰索普:《治理与元治理:必要的多样性和必要的反讽性》,程浩译,《国外理论动态》2014 年第 5 期。

鲍曙光、符维、姜永华:《上级转移支付与地方财政努力——基于中国县级数据的实证分析》,《财经论丛》2018 年第 11 期。

蔡起华、朱玉春:《关系网络对农户参与村庄集体行动的影响——以农户参与小型农田水利建设投资为例》,《南京农业大学学报》（社会科学版）2017 年第 1 期。

唱晓阳、姜会明:《农业产业链融资难问题的应对策略》,《云南社会科学》2016 年第 4 期。

陈飞、范庆泉、高铁梅:《农业政策、粮食产量与粮食生产调整能力》,

《经济研究》2011 年第 11 期。

陈国权、陈洁琼：《名实分离：双重约束下的地方政府行为策略》，《政治学研究》2017 年第 4 期。

陈航英：《新型农业主体的兴起与"小农经济"处境的再思考——以皖南河镇为例》，《开放时代》2015 年第 5 期。

陈佳、高洁玉、赫郑飞：《公共政策执行中的"激励"研究——以 W 县退耕还林为例》，《中国行政管理》2015 年第 6 期。

陈家建：《项目制与基层政府动员——对社会管理项目化运作的社会学考察》，《中国社会科学》2013 年第 2 期。

陈科霖：《开发区治理中的"政企统合"模式研究》，《甘肃行政学院学报》2015 年第 4 期。

陈亮、谢琦：《乡村振兴过程中公共事务的"精英俘获"困境及自主型治理——基于 H 省 L 县"组组通工程"的个案研究》，《社会主义研究》2018 年第 5 期。

陈玲、王晓丹、赵静：《发展型政府：地方政府转型的过渡态——基于沪、苏、锡的海归创业政策案例调研》，《公共管理学报》2010 年第 3 期。

陈荣卓、翁俊芳：《深度欠发达地区农村社区治理的逻辑策略与经验启示——以云南省怒江州为例》，《中国矿业大学学报》（社会科学版）2019 年第 2 期。

陈盛伟、岳书铭：《乡镇政府"谋利性政权代理人"行为的分析》，《中国行政管理》2006 年第 3 期。

陈天祥、李仁杰、王国颖：《政策企业家如何影响政策创新：政策过程的视角》，《江苏行政学院学报》2018 年第 4 期。

陈玮、耿曙：《政府介入能否有效推动技术创新：基于两个案例的分析》，《上海交通大学学报》（哲学社会科学版）2015 年第 3 期。

陈文超：《概念辨析：自雇、自主经营与创业——基于进城个体经济活动现象分析》，《中共福建省委党校学报》2017 年第 8 期。

陈锡文：《构建新型农业经营体系刻不容缓》，《求是》2013 年第 22 期。

陈学法、王传彬：《论企业与农户间利益联结机制的变迁》，《理论探讨》2010 年第 1 期。

陈义媛：《资本下乡：农业中的隐蔽雇佣关系与资本积累》，《开放时代》2016年第5期。

程秋萍、熊万胜：《治理交易成本与农业经营组织形式演变——基于1949—2015年J市养猪业兴衰史的分析》，《社会学研究》2016年第6期。

程竹、陈前恒：《种植专业化会提高小农生产技术效率吗》，《财经科学》2018年第9期。

戴长征：《国家权威碎裂化：成因、影响及对策分析》，《中国行政管理》2004年第6期。

邓大才：《"小承包大经营"的"中农化"政策研究——台湾"小地主大佃农"制度的借鉴与启示》，《学术研究》2011年第10期。

狄金华：《政策性负担、信息督查与逆向软预算约束——对项目运作中地方政府组织行为的一个解释》，《社会学研究》2015年第3期。

丁煌、汪霞：《"关系运作"对地方政府政策执行力的影响及思考》，《新视野》2012年第6期。

丁志刚、陆喜元：《论县域政府治理能力现代化》，《甘肃社会科学》2016年第4期。

杜婵：《公司农场：作用、准入与监管——来自"傲佳模式"的例证和启示》，《农村经济》2016年第5期。

方勇：《地方政府自主性与政商关系重塑——基于民营企业家政府挂职现象的比较分析》，《上海交通大学学报》（哲学社会科学版）2018年第7期。

冯超、孟宪生：《涉农人才培育短板在哪》，《人民论坛》2019年第21期。

冯丹丹：《民族地区农村实用人才激励机制的构建及路径选择》，《中南民族大学学报》（人文社会科学版）2018年第6期。

冯仕政：《国家、市场与制度变迁——1981—2000年南街村的集体化与政治化》，《社会学研究》2007年第2期。

符平：《市场体制与产业优势——农业产业化地区差异形成的社会学研究》，《社会学研究》2018年第1期。

付会洋、叶敬忠：《论小农存在的价值》，《中国农业大学学报》（社会科学版）2017 年第 1 期。

付伟：《城乡融合发展进程中的乡村产业及其社会基础——以浙江省 L 市偏远乡村来料加工为例》，《中国社会科学》2018 年第 6 期。

付伟、焦长权：《"协调型"政权：项目制运作下的乡镇政府》，《社会学研究》2015 年第 2 期。

高鸣、习银生、吴比：《新型农业经营主体的经营绩效与差异分析——基于农村固定观察点的数据调查》，《华中农业大学学报》（社会科学版）2018 年第 5 期。

耿献辉、刘志民：《农民学习能力对生产经营绩效的影响——基于山东省大蒜主产区 272 个农户调查数据的实证研究》，《南京农业大学学报》（社会科学版）2013 年第 6 期。

龚宏龄：《利益集团影响政策执行的行为研究：基于互动的视角》，《思想战线》2016 年第 1 期。

郭晓鸣、曾旭晖、王蔷、骆希：《中国小农的结构性分化：一个分析框架——基于四川省的问卷调查数据》，《中国农村经济》2018 年第 10 期。

郭学军、杨蕊、刘浏、郭立宏：《欠发达地区农户金融素质与信贷约束——基于甘肃省辖集中连片特殊困难地区实地调查》，《兰州大学学报》（社会科学版）2019 年第 2 期。

郭珍、刘法威：《内部资源整合、外部注意力竞争与乡村振兴》，《吉首大学学报》（社会科学版）2018 年第 5 期。

韩国明、郭鹏鹏：《我国农业经营主体变迁的政策意图及其演化路径——基于中央一号文件（1982—2016 年）的文本分析》，《中国农业大学学报》（社会科学版）2017 年第 2 期。

韩华为：《农村低保户瞄准中的偏误和精英俘获——基于社区瞄准机制的分析》，《经济学动态》2018 年第 2 期。

韩瑞波、叶娟丽：《政企合谋、草根动员与环境抗争——以冀南 L 镇 D 村为例》，《中南大学学报》（社会科学版）2018 年第 3 期。

贺雪峰：《当下中国亟待培育新中农》，《人民论坛》2012 年第 13 期。

贺雪峰：《为什么要维持小农生产结构》《贵州社会科学》2009 年第 9 期。

胡晨光、程惠芳、俞斌：《"有为政府"与集聚经济圈的演进——一个基于长三角集聚经济圈的分析框架》，《管理世界》2011年第2期。

胡联、汪三贵：《我国建档立卡面临精英俘获的挑战吗?》，《管理世界》2017年第1期。

胡平波、卢福财、李建军：《文化生态视角下农民专业合作社的形成与发展——以江西省为例》，《农业经济问题》2012年第11期。

胡祎、张正河：《农机服务对小麦生产技术效率有影响吗?》，《中国农村经济》2018年第5期。

奂平清：《论小农经济和"三农"困境的突破口》，《学术研究》2018年第5期。

黄冬娅：《企业家如何影响地方政策过程——基于国家中心的案例分析和类型建构》，《社会学研究》2013年第5期。

黄宗智：《小农户与大商业资本的不平等交易：中国现代农业的特色》，《开放时代》2012年第3期。

黄宗智：《中国农业发展三大模式：行政、放任与合作的利与弊》，《开放时代》2017年第1期。

黄宗智：《中国农业面临的历史性契机》，《读书》2006年第10期。

黄宗智、龚为纲、高原：《"项目制"的运作机制和效果是"合理化"吗?》，《开放时代》2014年第5期。

纪莺莺、范晓光：《财大气粗?——私营企业规模与行政纠纷解决的策略选择》，《社会学研究》2017年第3期。

贾俊雪、秦聪、刘勇政：《"自上而下"与"自下而上"融合的政策设计——基于农村发展扶贫项目的经验分析》，《中国社会科学》2017年第9期。

姜方炳：《"乡贤回归"：城乡循环修复与精英结构再造——以改革开放40年的城乡关系变迁为分析背景》，《浙江社会科学》2018年第1期。

金江峰：《产业扶贫何以容易出现"精准偏差"——基于地方政府能力视角》，《兰州学刊》2019年第2期。

金太军、袁建军：《政府与企业的交换模式及其演变规律——观察腐败深层机制的微观视角》，《中国社会科学》2011年第1期。

孔繁金：《乡村振兴战略与中央一号文件关系研究》，《农村经济》2018

年第 4 期。

黎文飞、唐清泉：《政府行为的不确定抑制了企业创新吗？——基于地方财政行为波动的视角》，《经济管理》2015 年第 8 期。

李波、于水：《达标压力型体制：地方水环境河长制治理的运作逻辑研究》，《宁夏社会科学》2018 年第 2 期。

李博、方永恒、张小刚：《突破推广瓶颈与技术约束：农业科技扶贫中贫困户的科技认知与减贫路径研究——基于全国 12 个省区的调查》，《农村经济》2019 年第 8 期。

李昌平：《解决农民问题之中国方案》，《当代世界社会主义问题》2017 年第 3 期。

李超、张超：《农村精准扶贫的实践困境及其深层原因探析——基于山区贫困村的扶贫调研》，《社会科学家》2018 年第 8 期。

李谷成、李崇光：《十字路口的农户家庭经营：何去何从》，《经济学家》2012 年第 1 期。

李国璋、肖锋：《文化对经济增长的作用机理分析——基于软投入理论》，《甘肃社会科学》2013 年第 5 期。

李华、孙祖东：《基于政府行为策略的共享税模式选择分析》，《当代财经》2014 年第 8 期。

李文星：《关于地方政府财政能力的几个基本理论问题》，《南亚研究季刊》2000 年第 4 期。

李晓龙、冉光和、郑威：《金融要素扭曲如何影响企业创新投资——基于融资约束的视角》，《国际金融研究》2017 年第 12 期。

李玉勤：《农民专业合作组织发展与制度建设研讨会综述》，《农业经济问题》2008 年第 2 期。

李云新、阮皓雅：《资本下乡与乡村精英再造》，《华南农业大学学报》（社会科学版）2018 年第 5 期。

李振、刘阳：《有限注意力、考核激励体系转型与地方政府行动逻辑：以 H 区夜间马拉松赛事为例》，《甘肃行政学院学报》2019 年第 5 期。

李祖佩：《项目制基层实践困境及其解释——国家自主性的视角》，《政治学研究》2015 年第 5 期。

栗战书：《遵循"四个坚持"的改革经验》，《人民日报》2013 年 11 月 26

日第 6 版。

林柄全、谷人旭、严士清等：《企业家行为与专业村形成及演变的关系研究——以江苏省宿迁市红庙板材加工专业村为例》，《经济地理》2017年第 12 期。

林毅夫：《产业政策与我国经济的发展：新结构经济学的视角》，《复旦学报》（社会科学版）2017 年第 7 期。

林毅夫：《新结构经济学的理论基础和发展方向》，《经济评论》2017 年第 3 期。

林毅夫：《新结构经济学、自生能力与新的理论见解》，《武汉大学学报》（哲学社会科学版）2017 年第 6 期。

林毅夫、龚强：《发展战略与经济制度选择》，《管理世界》2010 年第 3 期。

林毅夫、玛雅：《中国发展模式及其理论体系构建》，《开放时代》2013 年第 5 期。

刘佳、吴建南、马亮：《地方政府官员晋升与土地财政——基于中国地市级面板数据的实证分析》，《公共管理学报》2012 年第 2 期。

刘宁、黄辉祥：《选择性治理：后税费时代乡村治理的一种尝试性解读》，《深圳大学学报》（人文社会科学版）2015 年第 1 期。

刘尚希：《一个地方财政能力的分析评估框架》，《国家治理》2015 年第 12 期。

刘勇政、贾俊雪、丁思莹：《地方财政治理：授人以鱼还是授人以渔——基于省直管县财政体制改革的研究》，《中国社会科学》2019 年第 7 期。

刘豫：《中央与地方政府间财政转移支付制度改革——基于信息不对称的博弈模型分析》，《中国流通经济》2012 年第 3 期。

刘智勇、吉佐阿牛、吴件：《民族地区扶贫的"兴业难"与政府扶贫模式研究——基于凉山彝族自治州 M 村的实地调查》，《西南民族大学学报》（人文社科版）2020 年第 2 期。

卢福营：《论经济能人主导的村庄经营性管理》，《天津社会科学》2013 年第 3 期。

吕芳：《中国地方政府的"影子雇员"与"同心圆"结构——基于街道办事处的实证分析》，《管理世界》2015 年第 10 期。

吕蕾莉、刘书明：《西北民族地区村庄权力结构下的乡村精英与乡村治理能力研究——对甘青宁三省民族村的考察》，《政治学研究》2017年第3期。

骆希、庄天慧：《贫困治理视域下小农集体行动的现实需求、困境与培育》，《农村经济》2016年第5期。

马克星、李珺：《创新投入对农业企业绩效的影响——基于A股农业上市公司的实证检验》，《科技管理研究》2019年第12期。

欧阳静：《压力型体制与乡镇的策略主义逻辑》，《经济社会体制比较》2011年第3期。

潘越、肖金利、戴亦一：《文化多样性与企业创新：基于方言视角的研究》，《金融研究》2017年第11期。

彭大鹏：《村民自治的行政化与国家政权建设》，《北京行政学院学报》2009年第2期。

秦晖：《传统与当代农民对市场信号的心理反应——也谈所谓"农民理性"问题》，《战略与管理》1996年第2期。

渠敬东：《项目制：一种新的国家治理体制》，《中国社会科学》2012年第5期。

渠敬东、周飞舟、应星：《从总体支配到技术治理——基于中国30年改革经验的社会学分析》，《中国社会科学》2004年第2期。

冉光和、鲁钊阳、徐鲲：《基于因子分析的县域政府财政能力比较研究：来自重庆的例证》，《经济管理》2011年第1期。

荣敬本、高新军、何增科、杨雪冬：《县乡两级的政治体制改革：如何建立民主的合作新体制》，《经济社会体制比较》1997年第4期。

尚旭东、朱守银：《家庭农场和专业农户大规模农地的"非家庭经营"：行动逻辑、经营成效与政策偏离》，《中国农村经济》2015年第12期。

盛智明、蔡永顺：《私人利益与公共行动：集体行动中积极分子的参与转变——基于A市业主领袖的考察》，《东南大学学报》（哲学社会科学版）2017年第1期。

史云贵、刘晓燕：《县域政府绿色治理体系的构建及其运行论析》，《社会科学研究》2018年第1期。

唐京华：《村干部选举"共谋"行为及其对村庄治理的影响——基于山东

省 S 村换届选举的调查》,《中国农村观察》2019 年第 3 期。

唐明、陈梦迪:《"大共享税"时代来临,共享分税制做好准备了吗?》,《中央财经大学学报》2017 年第 2 期。

陶然、苏福兵、陆曦、朱星铭:《经济增长能够带来晋升吗?——对晋升锦标竞赛理论的逻辑挑战与省级实证重估》,《管理世界》2010 年第 12 期。

陶勇:《政府间财力分配与中国地方财政能力的差异》,《税务研究》2010 年第 4 期。

仝志辉、温铁军:《资本和部门下乡与小农户经济的组织化道路——兼对专业合作社道路提出质疑》,《开放时代》2009 年第 4 期。

万俊毅、彭斯曼、陈灿:《农业龙头企业与农户的关系治理:交易成本视角》,《农村经济》2009 年第 4 期。

汪昌云、钟腾、郑华懋:《金融市场化提高了农户信贷获得吗?——基于农户调查的实证研究》,《经济研究》2014 年第 10 期。

汪锋、姚树洁、曲光俊:《反腐促进经济可持续稳定增长的理论机制》,《经济研究》2018 年第 1 期。

王博、朱玉春:《劳动力外流与农户参与村庄集体行动选择——以农户参与小型农田水利设施供给为例》,《干旱区资源与环境》2018 年第 12 期。

王春光、单丽卿:《农业产业发展中的"小农境地"与国家困局——基于西部某贫困村产业扶贫实践的社会学分析》,《中国农业大学学报》(社会科学版)2018 年第 3 期。

王德福、陈锋:《论乡村治理中的资源耗散结构》,《江汉论坛》2015 年第 4 期。

王汉杰、温涛、韩佳丽:《欠发达地区政府主导的农贷资源注入能够有效减贫吗?——基于连片特困地区微观农户调查》,《经济科学》2019 年第 1 期。

王杰:《影响少数民族经济发展的四种典型非正式制度》,《学术界》2016 年第 10 期。

王立胜:《中国工业化成本的解决之道》,《文化纵横》2019 年第 1 期。

王鹏程、王玉斌:《乡村管理服务型人才振兴:困境与选择》,《农林经济管理学报》2019 年第 3 期。

王睿、应恒：《乡村振兴战略视阈下新型农业经营主体金融扶持研究》，《经济问题》2019 年第 3 期。

王向民：《公众人物如何影响中国政策变迁》，《探索与争鸣》2015 年第 12 期。

王鑫：《基于委托代理理论的政府对农业龙头企业激励策略》，《江西社会科学》2014 年第 3 期。

王勇、华秀萍：《详论新结构经济学中"有为政府"的内涵——兼对田国强教授批评的回复》，《经济评论》2017 年第 3 期。

王哲：《作为政治达标赛的评比表彰：理论意义与演进逻辑——基于 A 省"省级园林县城"计划的案例研究》，《公共管理学报》2018 年第 3 期。

王振波：《"短命"政策产生——终结的内在逻辑研究》，《东北大学学报》（社会科学版）2018 年第 2 期。

王卓、胡梦珠：《家庭禀赋、家庭决策与民族地区产业扶贫效果——兼析乡村振兴战略中产业发展的路径与策略》，《西南民族大学学报》（人文社科版）2019 年第 9 期。

王卓、胡梦珠：《民族地区产业扶贫效果及影响因素研究——以川滇彝区为例》，《经济体制改革》2019 年第 3 期。

魏娟、赵佳佳、刘天军：《土地细碎化和劳动力结构对生产技术效率的影响》，《西北农林科技大学学报》（社会科学版）2017 年第 5 期。

魏锴、杨礼胜、张昭：《对我国农业技术引进问题的政策思考——兼论农业技术进步的路径选择》，《农业经济问题》2013 年第 4 期。

温涛、朱炯、王小华：《中国农贷的"精英俘获"机制：贫困县与非贫困县的分层比较》，《经济研究》2016 年第 2 期。

吴晨：《不同农业经营主体生产效率的比较研究》，《经济纵横》2016 年第 3 期。

吴理财、方坤：《典型何以可能：县域政治视角下的典型治理行为分析——对 HF 农业合作社典型生成过程的考察》，《河南师范大学学报》（哲学社会科学版）2018 年第 2 期。

吴业苗：《小农的终结与居村市民的建构——城乡一体化框架下农民的一般进路》，《社会科学》2011 年第 7 期。

吴重庆、张慧鹏:《小农与乡村振兴——现代农业产业分工体系中小农户的结构性困境与出路》,《南京农业大学学报》(社会科学版) 2019 年第 1 期。

伍艳:《欠发达地区农户生计脆弱性的测度——基于秦巴山片区的实证分析》,《西南民族大学学报》(人文社科版) 2015 年第 5 期。

习近平:《决胜全面建成小康社会 夺取新时代中国特色社会主义伟大胜利——在中国共产党第十九次全国代表大会上的报告》,《人民日报》2017 年 10 月 28 日第 1 版。

谢立中:《结构—制度分析,还是过程—事件分析?——从多元话语分析的视角看》,《中国农业大学学报》(社会科学版) 2007 年第 4 期。

谢世清、刘宇璠:《普惠金融政策对我国经济增长的影响研究》,《证券市场导报》2019 年第 4 期。

谢小芹:《"接点治理":贫困研究中的一个新视野——基于广西圆村"第一书记"扶贫制度的基层实践》,《公共管理学报》2016 年第 3 期。

邢成举:《压力型体制下的"扶贫军令状"与贫困治理中的政府失灵》,《南京农业大学学报》(社会科学版) 2016 年第 5 期。

徐朝阳、林毅夫:《发展战略、休克疗法与经济转型》,《管理世界》2011 年第 1 期。

徐勇:《"接点政治":农村群体性事件的县域分析——一个分析框架及以若干个案为例》,《华中师范大学学报》(人文社会科学版) 2009 年第 6 期。

徐勇:《中国家户制传统与农村发展道路——以俄国、印度的村社传统为参照》,《中国社会科学》2013 年第 8 期。

薛建良、朱守银、龚一飞:《培训与扶持并重的农村实用人才队伍建设研究》,《兰州学刊》2018 年第 5 期。

薛泉:《压力型体制模式下的社会组织发展——基于温州个案的研究》,《公共管理学报》2015 年第 4 期。

鄢波、王华:《地方政府竞争与"扶持之手"的选择》,《宏观经济研究》2018 年第 9 期。

杨贵华:《转换居民的社区参与方式,提升居民的自组织参与能力——城市社区自组织能力建设路径研究》,《复旦学报》(社会科学版) 2009

年第 1 期。

杨海生、陈少凌、罗党论、佘国满：《政策不稳定性与经济增长——来自中国地方官员变更的经验证据》，《管理世界》2014 年第 9 期。

杨华、袁松：《行政包干制：县域治理的逻辑与机制——基于华中某省 D 县的考察》，《开放时代》2017 年第 5 期。

杨继东、罗路宝：《产业政策、地区竞争与资源空间配置扭曲》，《中国工业经济》2018 年第 12 期。

杨龙：《多民族国家治理的复杂性》，《社会科学研究》2010 年第 2 期。

杨善华、苏红：《从"代理型政权经营者"到"谋利型政权经营者"——向市场经济转型背景下的乡镇政权》，《社会学研究》2002 年第 1 期。

杨朔、李博、李世平：《新型农业经营主体带动贫困户脱贫作用研究——基于六盘山区 7 县耕地生产效率的实证分析》，《统计与信息论坛》2019 年第 2 期。

杨雪冬：《压力型体制：一个概念的简明史》，《社会科学》2012 年第 11 期。

杨艳、李盼盼、毛育晖：《制度环境对房地产企业跨区域投资地域选择的影响》，《管理评论》2018 年第 11 期。

姚增福、刘欣：《要素禀赋结构升级、异质性人力资本与农业环境效率》，《人口与经济》2018 年第 2 期。

叶敬忠、张明皓：《"小农户"与"小农"之辩——基于"小农户"的生产力振兴和"小农"的生产关系振兴》，《南京农业大学学报》（社会科学版）2019 年第 1 期。

叶良海、吴湘玲：《政策注意力争夺：一种减少地方政府政策执行失效的分析思路》，《青海社会科学》2017 年第 2 期。

殷民娥：《培育乡贤"内生型经纪"机制——从委托代理的角度探讨乡村治理新模式》，《江淮论坛》2018 年第 4 期。

余越：《文化何以能影响经济》，《浙江社会科学》2005 年第 5 期。

袁明宝：《压力型体制、生计模式与产业扶贫中的目标失灵——以黔西南 L 村为例》，《北京工业大学学报》（社会科学版）2018 年第 4 期。

臧雷振、翟晓荣：《政府行为偏好与约束机制的政治学解释》，《公共行政评论》2018 年第 4 期。

张丙宣、华逸婕：《激励结构、内生能力与乡村振兴》，《浙江社会科学》2018 年第 5 期。

张汉：《统合主义与中国国家—社会关系研究——理论视野、经验观察与政治选择》，《人文杂志》2014 年第 1 期。

张恒龙、秦鹏亮：《由"经济建设型"向"公共服务型"政府模式的转型——基于 FDI 省际面板数据的实证分析》，《求是学刊》2013 年第 4 期。

张华泉、申云：《家庭负债与农户家庭贫困脆弱性——基于 CHIP 2013 的经验证据》，《西南民族大学学报》（人文社科版）2019 年第 9 期。

张建雷：《发展型小农家庭的兴起：中国农村"半工半耕"结构再认识》，《中国农村观察》2018 年第 2 期。

张建雷、席莹：《关系嵌入与合约治理——理解小农户与新型农业经营主体关系的一个视角》，《南京农业大学学报》（社会科学版）2019 年第 2 期。

张军、高远、傅勇、张弘：《中国为什么拥有了良好的基础设施？》，《经济研究》2007 年第 3 期。

张连刚、支玲、谢彦明、张静：《农民合作社发展顶层设计：政策演变与前瞻——基于中央"一号文件"的政策回顾》，《中国农村观察》2016 年第 5 期。

张林江：《市场力量是如何建构农村社区的？——路径、机制及其后果》，《新视野》2017 年第 2 期。

张明善：《我国深度欠发达地区"飞地经济"模式的适应性分析》，《西南民族大学学报》（人文社科版）2019 年第 1 期。

张骁虎：《"元治理"理论的生成、拓展与评价》，《西南交通大学学报》（社会科学版）2017 年第 3 期。

折晓叶：《县域政府治理模式的新变化》，《中国社会科学》2014 年第 1 期。

折晓叶、陈婴婴：《产权怎样界定——一份集体产权私化的社会文本》，《社会学研究》2005 年第 4 期。

折晓叶、陈婴婴：《项目制的分级运作机制和治理逻辑——对"项目进村"案例的社会学分析》，《中国社会科学》2011 年第 4 期。

郑扬、胡洁人：《双向嵌入：农村经济能人与基层政府行为——政治社会学视角下的城镇化问题研究》，《上海行政学院学报》2018年第6期。

钟灵娜、庞保庆：《压力型体制与中国官员的降职风险：基于事件史分析的视角》，《南方经济》2016年第10期。

周飞舟：《财政资金的专项化及其问题——兼论"项目治国"》，《社会》2012年第1期。

周飞舟：《锦标赛体制》，《社会学研究》2009年第2期。

周黎安：《行政发包制》，《社会》2014年第6期。

周黎安：《中国地方官员的晋升锦标赛模式研究》，《经济研究》2007年第7期。

周雪光：《"逆向软预算约束"：一个政府行为的组织分析》，《中国社会科学》2005年第2期。

周雪光：《基层政府间的"共谋现象"——一个政府行为的制度逻辑》，《社会学研究》2008年第6期。

周雪光：《权威体制与有效治理：当代中国国家治理的制度逻辑》，《开放时代》2011年第10期。

周雪光：《项目制：一个"控制权"理论视角》，《开放时代》2015年第2期。

周雪光、练宏：《中国政府的治理模式：一个"控制权"理论》，《社会学研究》2012年第5期。

周业安：《地方政府竞争与经济增长》，《中国人民大学学报》2003年第1期。

周业安、宋紫峰：《中国地方政府竞争30年》，《教学与研究》2009年第11期。

周月书、王雨露、彭媛媛：《农业产业链组织、信贷交易成本与规模农户信贷可得性》，《中国农村经济》2019年第4期。

朱冬亮：《贫困"边缘户"的相对贫困处境与施治》，《人民论坛》2019年第7期。

朱富强：《捍卫和尊重何种企业家——兼对企业家精神及其创新活动的性质甄别》，《社会科学辑刊》2019年第1期。

朱富强：《契约主义国家观与有为政府》，《社会科学研究》2018年第

5 期。

朱富强：《如何保障政府的积极"有为"？——兼评林毅夫"有为政府论"的社会基础》，《财经研究》2017 年第 3 期。

朱富强：《如何引导"企业家精神"的合理配置——兼论有为政府和有效市场的结合》，《教学与研究》2018 年第 5 期。

朱天义、高莉娟：《精准扶贫中乡村治理精英对国家与社会的衔接研究——江西省 XS 县的实践分析》，《社会主义研究》2016 年第 5 期。

庄天慧、余崇媛、刘人瑜：《西南民族欠发达地区农业技术推广现状及其影响因素研究——基于西南 4 省 1739 户农户的调查》，《科技进步与对策》2013 年第 9 期。

陈柏峰：《土地流转与农民的阶层分化——以湖北京山为例》，《文化纵横》2012 年第 4 期。

任守云：《市场嵌入与自我剥削——李村商品化过程研究》，博士学位论文，中国农业大学，2012 年。

孙瑜：《乡村自组织运作过程中能人现象研究——基于云村重建案例》，博士学位论文，清华大学，2014 年。

张雨生：《法治程度能不能量化》，《杂文报》1999 年 9 月 17 日。

外文类文献：

Becker, Gary S., "An Economic Analysis of Fertility", in Ansley J. Coale, eds., *Demographic and Economic Change in Developed Countries*, Princeton, NJ: PrincetonUniversity Press, 1960.

C. Qi Jean, *Rural China Takes Off*, Los Angeles: University of California Press, 1999.

Evans Peter B., *Embedded Autonomy: States and Industrial Transformation*, Princeton: Princeton University Press, 1995.

Friedrich Cal J., Curtis Michel and Barber Benjamin R., *Totalitarian in Perspectives: Three Views*, New York: Praeger, 1969.

Popkin S. L., *The Rational Peasant: The Political Economy of Rural Society in Vietnam*, Berkeley and Los Angeles, California: University of California Press, 1979.

Wolf E. R., *Peasants*, Englewood Cliffs: Prentice-Hall, 1966.

Wolf E. R., *Peasant Wars of the Twentieth Century*, New York: Harper and Row, 1969.

Akifumi Kuchiki, "Industrial Policy in Asia", *Japan IDE Discussion Paper*, No. 128, October 2007, pp. 3 – 6.

Becker, Gary S. and Robert J. Barro, "A Reformulation of the Economic Theory of Fertility", *Quarterly Journal of Economics*, Vol. 103, No. 1, 1988, pp. 1 – 25.

Choi, E. K., "Informal Tax Competition among Local Governments in China since the 1994 Tax Reforms", *Issues and Studies*, Vol. 45, No. 2, 2009, pp. 159 – 183.

Eva Sorensen and Jacob Torfing, "Making Governance Networks Effective and Democratic through Meta Governance", *Public Administration*, 2009, Vol. 87, No. 2, p. 245.

Forrest Zhang Q. and Donaldson J. A., "From Peasants to Farmers: Peasant Differentiation, Labor Regimes, and Land-Rights Institutions in China's Agrarian Transition", *Politics & Society*, Vol. 38, No. 4, 2013, pp. 458 – 489.

Gibbons Robert, "Incentives in Organizations", *Journal of Economic Perspectives*, Vol. 12, No. 4, 1998, pp. 115 – 132.

Mann S. A, and Dickinson J. M., "Obstacles to the Development of a Capitalist Agriculture", *The Journal of peasant Studies*, Vol. 155, No. 4, 2008, pp. 461 – 488.

Peter Evans, "Transferable lessons? Re-examining the Institutional Prerequisites of East Asian Economic Policies", *Journal of Development Studies*, Vol. 34, No. 6 (Au-gust 1998), p. 70.

Qi Jean C., "Fiscal Reform and the Economic Foundations of Local State Corporatism in China", *World Politics* 45, 1992 (1): 99 – 126.

R. Freeman, "State Entrepreneurship and Dependence Development", *American Journal of Political Science*, Vol. 26, No. 1, 1982, pp. 90 – 112.

Rhodes V. J., "Industrialization of Agriculture: Discussion", *American Journal of Agricultural Economics*, 1993 (5): 1137 – 1139.

Roberto M. Fernandez and Roger V. Gould, "A Dilemma of State Power:

Brokerage and influence in the National Health Policy Domain," *American Journal of Sociology*, Vol. 99, No. 1, 1994, pp. 1455 – 1491.

Teodor Shanin, *Peasants and Peasant Societies*, Harrmondsworth, UK: Penguin Books, 1971, p. 15.

Smith, Gavin Paul, "Growth Machine Theory: A Qualitative Analysis", *Master's thesis*, Texas A&M University, http://hdl.handle.net/1969.1/ETD-TAMU – 1993 – THESIS-S648.